# ENCUENTROS 1

EDICIÓN 3000

MÉTODO DE ESPAÑOL



Cornelsen

**Encuentros 1 Edición 3000**
Lehrwerk für Spanisch als dritte Fremdsprache

Im Auftrag des Verlages erarbeitet von:
Sara Marín Amann, Jochen Schleyer, Araceli Vicente Álvarez
und Dr. Christine Wlasak-Feik

und der Redaktion Fremdsprachen in der Schule:
Martha Grizel Delgado Rodríguez, Kathrin Rathsam und
Marit Reifenstein

Projektleitung: Heike Malinowski
Bildredaktion: Nadja Hantschel
Redaktionelle Assistenz: Sabine Arnold und Yvonne Miller

Beratende Mitwirkung:
Heide Biermann, Elke Hildenbrand, Doris Jakob-Fuchshuber,
Dr. Ute von Kahlden, Bernhard Preker, Kathrin Sommerfeldt,
Wolfgang Steveker, Ursula Vences, Christina Weber-Bleyle,
Petra Wirtz-Kaltenberg

Layoutkonzept: werkstatt für gebrauchsgrafik, Berlin
Layout: Regelindis Westphal Grafik-Design / Rotraud Biem, Berlin
Illustration: Laurent Lalo
Karten: Dr. Volkhard Binder

Umschlagfoto: © mauritius images / Pixtal

Begleitmaterialien zu **Encuentros 1 Edición 3000**:
ISBN 978-3-06-520366-1 Vokabeltaschenbuch
ISBN 978-3-06-520348-7 Audio-CD
ISBN 978-3-06-520363-0 DVD
ISBN 978-3-06-520336-4 Cuaderno de ejercicios
ISBN 978-3-06-520351-7 Grammatikheft

Die zum Lernmittel gehörige CD und DVD enthalten ausschließlich optionale Unterrichtsmaterialien;
sie unterliegen nicht dem staatlichen Zulassungsverfahren.

**www.cornelsen.de**

Die Mediencodes enthalten ausschließlich optionale Unterrichtsmaterialien;
sie unterliegen nicht dem staatlichen Zulassungsverfahren.

2. Auflage, 6. Druck 2017

Alle Drucke dieser Auflage sind inhaltlich unverändert
und können nebeneinander verwendet werden.



Druck: Firmengruppe APPL, aprinta Druck, Wemding

ISBN 978-3-06-520333-3 (Schülerbuch)
ISBN 978-3-06-520702-7 (E-Book)



## Symbole und Verweise

1 *Punto Final* Lernaufgabe
PF Vorbereitung auf *Punto Final*
1 52 Hörverstehen/Tracknummern
Sprachmittlung
DELE *Diploma de Español como Lengua Extranjera*
20|3 Verweis auf Übung im Cuaderno
GH 10|6 Verweis auf Kapitel im Grammatikheft
Partnerarbeit
Gruppenarbeit
//○ Differenzierungsaufgabe (leicht)
//● Differenzierungsaufgabe (schwer)
Schreibaufgabe
facultativo fakultative Übung
METHODEN ▶ S. 163 Verweis auf das Methodentraining im Anhang
ENTRE CULTURAS Landeskundlicher Hinweis
DVD Verweis auf DVD

Web-Code: ENC 3000-1-19 — Die Eingabe dieser Web-Codes unter www.cornelsen.de/webcodes führt zu den jeweiligen Materialien.

# INHALTSVERZEICHNIS

*Die folgenden aufgelisteten Angebote sind nicht obligatorisch abzuarbeiten. Die Auswahl der Übungen und Übungsteile richtet sich nach den Schwerpunkten des schulinternen Curriculums.*

# ¡HOLA!

**HIER LERNST DU:**
- jemanden zu begrüßen.
- zu sagen, wie du heißt, woher du kommst und welche Sprache(n) du sprichst.

🎧 1|2

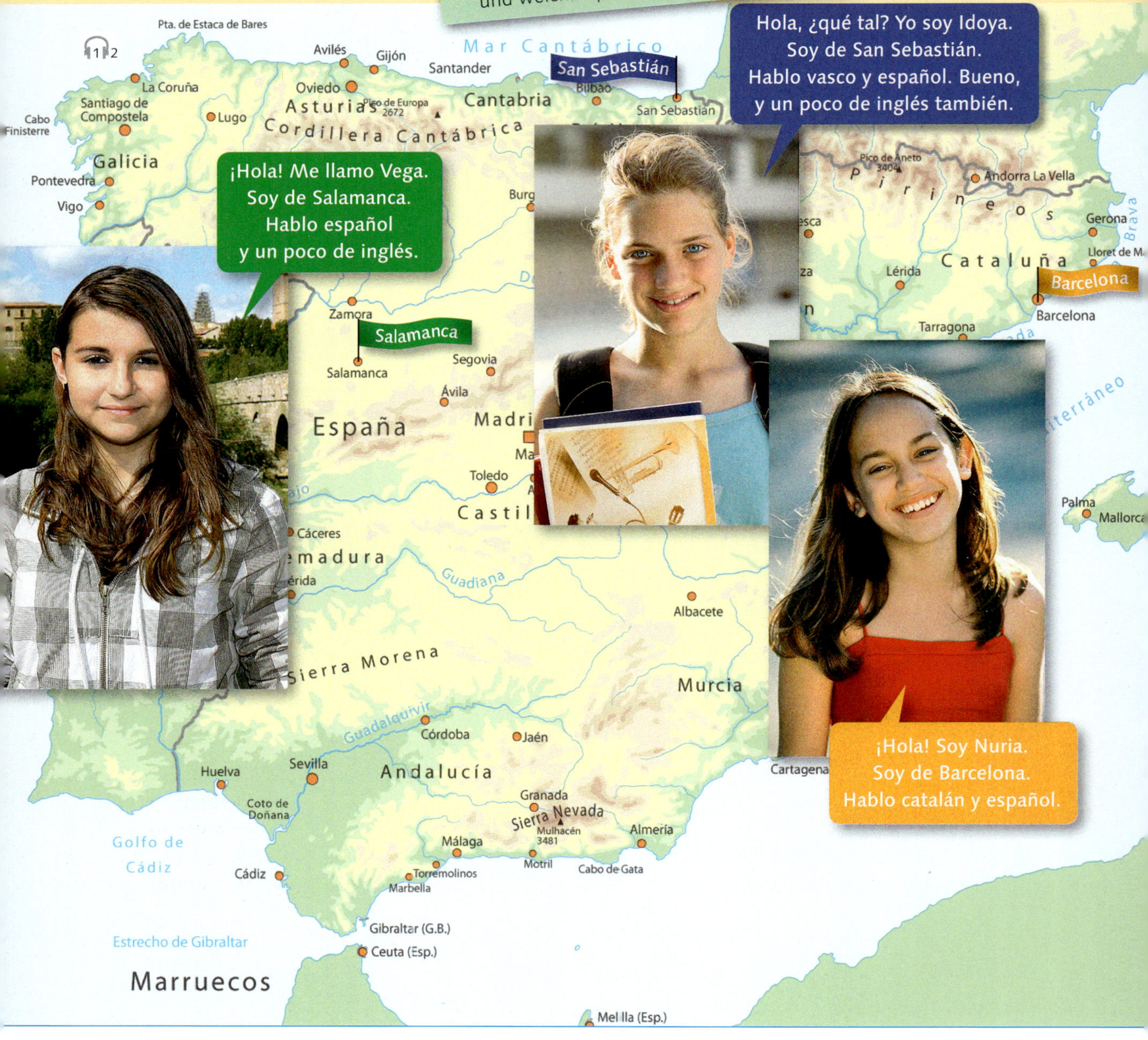


**1 a** Stelle dich als eine/n der fünf Jugendlichen vor, ohne den Namen zu sagen. Deine Mitschüler/innen erraten, wer du bist. (3|1)

> Soy de ___. Hablo ___.

> Te llamas ___.

**b** Stelle dich vor. Sage, wie du heißt, woher du kommst und welche Sprachen du sprichst. (3|2)

alemán francés turco ruso polaco italiano portugués danés chino checo holandés ___

**2 a** Woher kommen Idoya, Vega, Nuria, Sergio und Ricardo? Suche die Länder und die Städte auf den Karten. ▶ Umschlagseiten

1|3 **b** Höre zu: Woher kommen Susana, Enrique, Angélica und Javi?

**METHODEN** ▶ S. 163

Konzentriere dich beim Zuhören nur auf die Informationen, die du für die Antwort brauchst.

**3 a** Welche Buchstaben und Satzzeichen gibt es im Deutschen nicht? Finde Beispiele auf dieser Seite.

1|4
3|3 **b** Escucha y repite. | Höre dir die Wörter an und sprich sie nach.

| [ʎ] | [ɲ] | [tʃ] |
|---|---|---|
| me **ll**amo | espa**ñ**ol | que**ch**ua |
| Sevi**ll**a | ma**ñ**ana | **ch**ino |

# 1 BIENVENIDO A SALAMANCA

1|5

## ¡ACÉRCATE!

1 Salamanca es la Plaza Mayor, el centro de la ciudad.

2 Es el Río Tormes y el Puente Romano.

5 ... y la Universidad.

6 Los monumentos también son Salamanca: las dos catedrales.

7 Y, claro, ¡las fiestas son Salamanca!

**Salamanca: ciudad de encuentros**

**HIER LERNST DU:**
▸ deine Stadt vorzustellen.

Y también es el Parque Huerto de Calixto y Melibea. 3

Es el estadio de fútbol El Helmántico ... 4

Salamanca es la gente: los salmantinos, los estudiantes, los profesores y también los turistas. 8

Para mí, ¡los amigos son Salamanca! 9

## APRENDER MEJOR

4|3 **1 Die Bedeutung spanischer Wörter mit Hilfe anderer Sprachen erschließen**

**a** Welche Wörter auf diesen beiden Seiten verstehst du?

**METHODEN** ▸ S. 159

Einige unbekannte Wörter kannst du verstehen, wenn du andere Sprachen zu Hilfe nimmst.

**b** Was bedeuten diese Wörter? Überlege, ob du ein ähnliches Wort in einer anderen Sprache kennst.

las vacaciones  el equipo de fútbol  el cine  la cafetería  el animal  la clase  la biblioteca  la historia  el teatro  la guitarra  el ordenador  el museo

## ESCUCHAR Y REPETIR

1|6 **2** Escucha y repite. | Wann wird das c wie ein k ausgesprochen?

1. Salamanca: ciudad de encuentros.
2. El estadio «El Helmántico».
3. El centro de Salamanca.

## DESCUBRIR

**3 a** Nenne die Substantive mit dem bestimmten Artikel. Wie viele Artikel gibt es im Spanischen?

universidad  fiestas  centro  parque  amigos  monumentos  puente  estadio  catedrales  río  salmantinos  plaza

**b** Wie bildest du den Plural im Spanischen? ▶ Resumen 2

4|2 **c** Bilde den Plural von encuentro, ciudad, estadio und profesora.

## HABLAR

**4 a** Wie stellt Pablo seine Stadt vor?

Para mí, | Salamanca es el/la ___.
los/las ___ son Salamanca.

Para mí, Salamanca es el estadio El Helmántico.

1 

2 

3 

4 

5 

6 

7 

8 

**b** Ahora tú, presenta tu ciudad como en a. | Stelle deine Stadt vor.

Para mí, Wuppertal/Nürnberg es ___.

Wenn du ein Wort nicht kennst, frage deinen/-e Lehrer/in.

# 1A EL CHICO DE COLOMBIA

**HIER LERNST DU:**
- jemanden vorzustellen.
- zu fragen und zu sagen, wie es jdm/dir geht.

1|7

## COMPRENDER EL TEXTO

**1** **Busca en el texto:**

- Wie fragst du, wie es jemandem geht?
- Wie antwortest du darauf?
- Wie stellst du jemanden vor?

**LANDESKUNDE**

In Spanien begrüßen sich Freunde häufig mit zwei Küssen auf die Wange.

## HABLAR

**2** **Frage jemanden in der Klasse.**

¿Qué tal?

¿Qué tal las vacaciones (en ___)?

| | | |
|---|---|---|
| Fenomenal.<br>Estupendo.<br>Superbien.<br>Muy bien. | Regular.<br>Como siempre.<br>Más o menos.<br>¡Bah! | (Muy) Mal.<br>Fatal. |

5|1

**3** **a** **Presenta a los chicos del texto (p. 13).**

Este / Esta es ___

| | |
|---|---|
| Es | (también) de ___ |
| Es | el amigo / la amiga de ___<br>el vecino / la vecina de ___ |

**b** **Presenta a un chico / una chica de la clase.**

Esta es Kathrin, mi amiga.

Este es Lukas. Es el vecino de Thomas. Y es el amigo de Jonas.

## PRACTICAR

**4** **Jugad con un dado.** | **Spielt mit einem Würfel und übt die Formen von ser.** ▸ Los verbos, p. 181

5|3

- [Yo]
- [Tú]
- [Él/Ella]
- [Nosotros/Nosotras]
- [Vosotros/Vosotras]
- [Ellos/Ellas]

*ser*

de Salamanca.

el amigo / la amiga de ___

de Augsburg

de España.

de ___.

## ESCUCHAR Y REPETIR

1|8 **5 a** Escucha y repite. | Höre zu und sprich nach. Wie werden das v und das b ausgesprochen?

1. Laura es de **B**arcelona.
2. Sois **v**ecinos, ¿**v**erdad?
3. **B**ueno, él es mi **v**ecino.

**b** Lee las palabras. | Diese Wörter kennst du noch nicht, aber du kannst sie schon vorlesen. Wie werden sie ausgesprochen? ▶ Anexo, p. 177

el **v**ídeo   a **v**eces   la tele**v**isión   el mó**v**il
**v**ol**v**er   nue**v**o   la **v**entana   di**v**ertido

## ESCUCHAR

1|9 **6** Escucha y busca las ciudades en el mapa de España. | Höre zu, suche die Städte auf der Spanienkarte und lies die Namen vor.

## DESCUBRIR

**7 a** Für welche deutschen Personalpronomen gibt es je zwei Formen im Spanischen?

nosotros   nosotras   yo
él   ella   vosotros
vosotras   ellos   ellas   tú

ich   er   wir   ihr
du   sie   es   sie

**b** Warum wird hier das Pronomen verwendet? ▶ Resumen 5

## YA LO SÉ

**8** Ihr trefft eine Freundin mit einer Person, die ihr nicht kennt. Sie stellt euch die Person vor. Spielt die Szene und verwendet so viele Elemente wie möglich aus dem Text von S. 13. Wählt mit Hilfe der Spanien- oder Lateinamerikakarte einen Ort aus, aus dem die Person kommt, und gebt ihr einen Vornamen:

Pedro   Andrés   Luis   Tomás
Alejandro   Víctor   Manuel

Lola   Mercedes   Ana   Claudia
Marcela   Carmen   Isabel

# 1B EN EL INSTITUTO

**HIER LERNST DU:**
- nach der Bedeutung von Wörtern zu fragen.
- zu buchstabieren.

1|10

Hoy es el primer día de clase y los chicos charlan en el patio. Como siempre, Vega busca algo: libros, bolis ...

Roberto, Laura y Vega estudian segundo de ESO en el Instituto Lucía de Medrano. Y ahora Diego estudia con ellos. La profesora de Historia se llama Carmen.

**LANDESKUNDE**

In Spanien werden die Lehrer häufig mit dem Vornamen angesprochen und geduzt.

Carmen habla de la historia de España, pero los alumnos no escuchan: para ellos, todavía son las vacaciones y charlan y charlan.

En la clase de Inglés, Roberto es la estrella: habla muy bien inglés, menos mal para Diego.

**Diego:** Oye, ¿cómo se dice mochila en inglés?
**Roberto:** Se dice *backpack*.
**Diego:** Y, ¿cómo se escribe?
**Roberto:** Pues, mira: b-a-c-k-p-a-c-k.
**Diego:** Gracias. Y, ¿qué significa *timetable*?

Pero Roberto no escucha, mira algo:

## COMPRENDER EL TEXTO

8|1

**1** Pon las frases en orden cronológico. | Bringe die Sätze in die richtige Reihenfolge.

a Roberto mira algo y no escucha.
b Pero los chicos no escuchan.
c Los chicos charlan en el patio.
d En la clase de Inglés, Diego pregunta: ¿Cómo se dice mochila?
e Carmen pregunta: ¿Quiénes son los nuevos?
f Vega busca el libro de Historia.
g Carmen habla de la historia de España.

## VOCABULARIO

**2 a** Busca las palabras en el texto (p. 16). | Wie viele Wörter findest du?

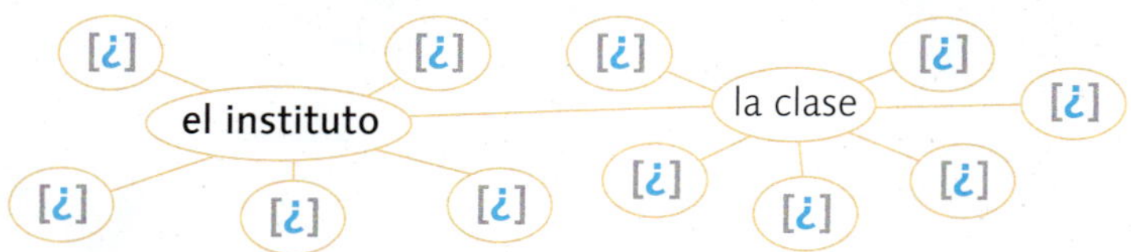


**METHODEN** ▶ S. 160

Du behältst neue Vokabeln besser, wenn du sie thematisch ordnest.

PF

**b** ¿Cómo se dice …? | Frage deine/n Lehrer/in nach den folgenden Gegenständen und ergänze dein Vokabelnetz. Was möchtest du noch benennen können?

¿Cómo se dice «Kuli» en español?

Se dice «boli».

1 2 3 4 5 6

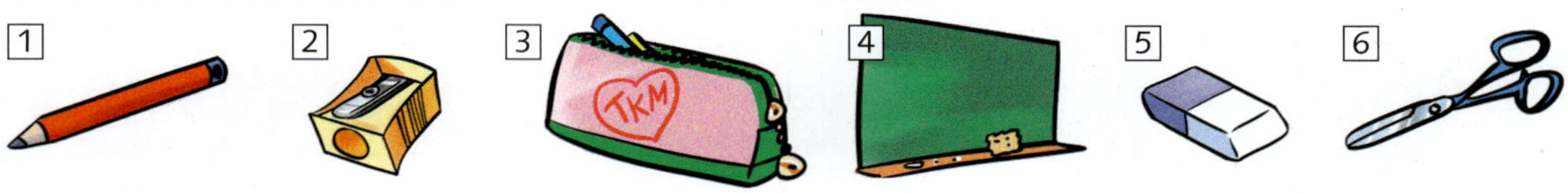


**c** Vergleicht eure Vokabelnetze und fragt euch gegenseitig: «¿Qué significa ___?»

**3** A denkt an ein spanisches Wort. B muss das Wort erraten, indem er/sie nach den einzelnen Buchstaben fragt. ▶ El alfabeto, p. 177

facultativo

## PRACTICAR

9|4
9|5

**4 a** Was passt zusammen? Es gibt mehrere Möglichkeiten. ▶ Los verbos, p. 182

| | | | |
|---|---|---|---|
| 1. Vega | *charl-* | *o* | algo. |
| 2. Diego y Roberto | *busc-* | *as* | en el patio. |
| 3. [Yo] | *habl-* | *a* | con Roberto. |
| 4. [Tú] | *tom-* | *amos* | en el instituto. |
| 5. [Vosotros] | *estudi-* | *áis* | libros. |
| 6. Laura, Vega y yo | *mir-* | *an* | algo en la cafetería. |
| 7. Las amigas | | | inglés. |
| 8. Carmen | | | |

**b** Escribe un texto sobre Laura, Diego, Roberto o Vega con estos verbos. | Schreibe mit den Verben aus a einen Text über Laura, Diego, Roberto oder Vega.

//● **5** Mira las fotos de la página 16 y haz preguntas como en el ejemplo.

Ejemplo:
– No es de Salamanca. ¿Quién es? – Es Diego.

## ESCUCHAR

1|11 **6** Escucha los tres diálogos. | Zu welchen Bildern passen die drei Dialoge? Wie hast du das herausgefunden?

**METHODEN** ▶ S. 163
Um eine Situation zu erfassen, brauchst du nicht jedes Wort zu verstehen.

1

2

3

4

## ESPAÑA EN DIRECTO / MEDIACIÓN

**7 a** Besuche die Seite des Lucía de Medrano. Klicke „visita al centro“ an und finde heraus, was diese Wörter bedeuten.

Web-Code: ENC 3000-1-18

el pabellón de polideportivo
el salón de actos los pasillos
el laboratorio de Ciencias
el aula de Informática

**b** Stelle Freunden, die kein Spanisch sprechen, die Schule vor.

## YA LO SÉ

**8** En un instituto en España. Elegid una situación y preparad el diálogo.

1. Es ist der erste Tag nach den Ferien und du bist neu in der Schule.
   - Du triffst eine Lehrerin: Wie begrüßt du sie?
   - Wie sagst du, dass du deine Klasse suchst?
   - Wie könnte sie antworten?
   - Wie bedankst du dich?
   - Was könnte sie dich noch fragen? (Name, Herkunft …)
2. Während der Pause fragt dich ein Mitschüler etwas.
   - Wie fragt er, was „instituto“ auf Deutsch heißt?
   - Wie antwortest du ihm?
   - Wie fragt er, was „Guten Tag“ auf Spanisch bedeutet?
   - Was antwortest du ihm, wenn er wissen will, wie man das schreibt?

# 1C EN INTERNET

**HIER LERNST DU:**
- etwas über dich zu erzählen.
- dich zu verabschieden.

## ACTIVIDAD DE PRELECTURA

**1** **Überfliege den Text. Du hast eine Minute Zeit. Worum geht es?**

12 Diego pasa mucho tiempo en Internet. Siempre charla con los amigos de Colombia y comparte con ellos fotos y vídeos. Pero hoy, Diego y Roberto preparan los deberes de Historia. Buscan información en Internet. Leen páginas y páginas …

De repente, Diego recibe dos mensajes de chat. Son de Carlitos, de Colombia …

Terra – Chat

http://www.aquichateando.es   Google

Terra – Chat

Iniciar Sesión · Regístrate

terra   Buscar en Internet

Portada Terra España > Chat

Carlitos escribe:
Toc, toc. ¡¡¡¡Parcero!!!!
Carlitos escribe:
¿Diego?
Capitándiego escribe:
Hola, Roberto y yo preparamos los deberes para mañana y claro, escribimos mensajes … Y tú ¿qué tal?
Carlitos escribe:
Más o menos. … ¡Ah! Tu amiga Sandra siempre pregunta: «¿Y Diego? No contesta los mensajes».
Capitándiego escribe:
Sí, sí, sí. Es verdad, siempre recibo mensajes de Sandra, …¿Y TÚ, QUÉ?
Carlitos escribe:
¿Yo? … ahora aprendo a tocar la guitarra.
Capitándiego escribe:
¡Qué bacano! Y … ¿dónde aprendes?
Carlitos escribe:
En casa, aprendo en Internet, miro vídeos.
Capitándiego escribe:
¿Es fácil?
Carlitos escribe:
Bueno, el profesor vive en Londres y los vídeos son en inglés. No comprendo mucho …
Capitándiego escribe:
Oye, Roberto también toca la guitarra y habla muy bien inglés, ahora escribe él. Adiós y ¡hasta pronto!

*¿Habláis con Charlanet o todavía escribís?*

**¡OJO!**

| El español … de Colombia | … y de España |
|---|---|
| el/la parcero/-a | el/la amigo/-a |
| ¡Qué bacano! | ¡Fenomenal! |

## COMPRENDER EL TEXTO

**2** Diego charla en el chat con Carlitos. | Erzähle: Was tun sie?

Roberto

Diego

Carlitos

Roberto y Diego

___ preparan los deberes de Historia.
___ también toca la guitarra.
___ buscan información y leen páginas en Internet.
___ recibe mensajes de Sandra.
___ no contesta los mensajes de Sandra.
___ comparten fotos y vídeos en Internet.
___ aprende a tocar la guitarra.

## HABLAR

**3** Schlagt die Karte von Lateinamerika auf und spielt in kleinen Gruppen: A formuliert einen Satz wie im Beispiel, B nennt das dazugehörige Land.

## DESCUBRIR

**4 a** Ergänze die Tabelle in deinem Heft und markiere die Endungen der Verben farbig. Worauf musst du besonders achten? ▶ Los verbos, p. 182

| | aprender | escribir |
|---|---|---|
| [yo] | [¿] | [¿] |
| [tú] | [¿] | [¿] |
| [él / ella] | [¿] | [¿] |
| [nosotros/-as] | aprendemos | escribimos |
| [vosotros/-as] | [¿] | [¿] |
| [ellos/-as] | [¿] | [¿] |

//O
▶ 12|4
▶ 12|5
▶ 12|6

**b** Practica los nuevos verbos. | Wende die neuen Verbformen korrekt an. ▶ Los verbos, p. 182

1. (*Aprender* / yo) inglés en el instituto.
2. ¿Qué (*leer* / tú)?
3. Carlitos (*aprender*) a tocar la guitarra.
4. Hoy en la clase (*leer* / nosotros) el libro de Historia.
5. ¿(*Comprender* / vosotros) el vídeo?
6. Los chicos (*leer*) páginas y páginas.

7. (*Vivir* / yo) en Bogotá.
8. ¿(*Compartir* / tú) vídeos y fotos?
9. Laura (*escribir*) mensajes en clase.
10. (*Escribir* / nosotros) mensajes de chat.
11. ¿(*Vivir* / vosotras) en Salamanca?
12. (*Recibir* / ellos) mensajes.

## PRACTICAR

**5 a** ¿Qué verbos son?

vviir | apnrdeer | ecrirbirs | cempnoredr | lere | ribecir

**b** Bilde mit jedem Verb zwei Sätze und schreibe sie auf, aber lasse für die Verbform jeweils eine Lücke. Dein/e Nachbar/in ergänzt sie.

## VOCABULARIO

11|3 **6 a** Completa la red de palabras (texto, p. 19).

Internet
- [¿]
- [¿]
- [¿]
- buscar información
- [¿]
- escribir mensajes
- [¿]

**METHODEN** ▶ S. 161
Lerne Wörter immer in ganzen Wendungen.

**b** Y tú, ¿pasas también mucho tiempo en Internet? ¿Qué haces?

## ESCRIBIR

PF **7** Antworte Benjamín und erzähle etwas über dich.

Du kannst z. B. schreiben:
- wie du heißt.
- woher du kommst.
- wo du wohnst.
- dass du Spanisch lernst.
- welche Sprachen du noch sprichst.
- was du liest …

## COMPRENSIÓN AUDIOVISUAL

**8** Mira la escena 1 del DVD.

## 1 PUNTO FINAL

Juan, ein Schüler aus Salamanca, kommt neu in eure Klasse. Spielt seinen ersten Schultag bei euch: Begrüßt ihn, stellt ihm Fragen, stellt euch und eure Klassenkameraden vor, helft ihm, wenn er etwas nicht versteht. Spielt die Szene dann vor. ▶ Para comunicarse, p. 191

# RESUMEN

## SICH ODER JEMANDEN VORSTELLEN — DAS BENÖTIGST DU

**1** **Soy** Pedro.

das Verb ***ser*** ▶ Los verbos, p. 181 ▶ *GH 8|3*

**2** Laura es **la vecina** de Diego.
Diego es **el vecino** de Laura.
Ellos son **los amigos** de Roberto.
Roberto, Vega y Laura son **amigos**.

Substantive mit den bestimmten Artikeln
**el/la** und **los/las** ▶ *GH 7|1*

| | ♂ | ♀ |
|---|---|---|
| Singular | el amigo<br>el estudiante<br>el profesor | la amiga<br>la estudiante<br>la profesora |
| Plural | los amigos<br>los estudiantes<br>los profesores | las amigas<br>las estudiantes<br>las profesoras |

**3** Soy **de** Bogotá.
Vivo **en** Salamanca.

das Verb ***ser*** und die Präposition **de**
das Verb ***vivir*** und die Präposition **en**

**4** Juan **habla** alemán. **Estudia** con Vega.
**Aprende** a tocar la guitarra. **Vive** en Salamanca.

**Verben auf -ar, -er, -ir** ▶ Los verbos, p. 182 ▶ *GH 10|6, 11|8*

**5** **Ella es** Vega y **él es** Diego.
**Ella es** de Salamanca, **él es** de Bogotá.

die Subjektpronomen, wenn nicht klar ist,
von wem die Rede ist. ▶ *GH 8|4*

| | ♂ | ♀ |
|---|---|---|
| Singular | yo<br>tú<br>él | yo<br>tú<br>ella |
| Plural | nosotros<br>vosotros<br>ellos | nosotras<br>vosotras<br>ellas |

**Ellos** (= Laura y Diego) son vecinos.

⚠ Für gemischte Gruppen wird immer die maskuline Pluralform verwendet.

## FRAGEN STELLEN UND BEANTWORTEN — DAS BENÖTIGST DU

**6** ¿**Quién** es Laura?

¿**Quiénes** son ellos?

¿**Qué** significa «Schule»?
¿**Cómo** te llamas?
¿**De dónde** eres?
¿**Dónde** vives?

Fragewörter, zum Beispiel **quién/quiénes, qué, cómo, de dónde, dónde** ▶ *GH 8|2,9|5*
⚠ Das Fragewort **quién** hat eine Pluralform!
⚠ Fragewörter tragen immer einen Akzent!

– ¿Eres de Bogotá?
– **No soy** de Bogotá, soy de Salamanca.

das Verneinungswort **no.** Es steht immer vor dem Verb. ▶ *GH 10|7*

facultativo

## TESTE DEINE GRAMMATIKKENNTNISSE

▶ Lösungen, S. 157

**1** **Bilde den Plural bzw. den Singular und nenne jeweils den bestimmten Artikel.** ▶ *GH 7|1*

| | | | | |
|---|---|---|---|---|
| 1. clase | 4. ciudad | 7. plaza | 10. guitarras | 13. fiestas |
| 2. alumno | 5. libros | 8. instituto | 11. profesora | 14. alumnas |
| 3. amigas | 6. mensajes | 9. página | 12. parques | |

**2 a** **Bilde die korrekte Verbform.** ▶ *GH 10|6*

1. [vosotros] *contestar*
2. [tú] *charlar*
3. [yo] *hablar*
4. [nosotros] *buscar*
5. [ella] *escuchar*
6. [ellos] *tomar*
7. [nosotros] *estudiar*
8. [vosotros] *practicar*
9. [tú] *mirar*

**b** **Bilde die korrekte Verbform.** ▶ *GH 11|8*

1. [tú] *aprender*
2. [nosotros] *comprender*
3. [ella] *leer*
4. [ellos] *escribir*
5. [vosotros] *compartir*
6. [yo] *recibir*
7. [nosotros] *vivir*
8. [vosotros] *comprender*

**3** **Stelle die passenden Fragen.** ▶ *GH 8|2, 9|5*

1. Soy de Colombia.
2. Vivimos en Salamanca.
3. Es Vega, la amiga de Laura.
4. No, pero hablo un poco de alemán.
5. Son Roberto y Diego.
6. Se llama Laura.
7. Se escribe h-o-l-a.
8. Significa «instituto».

**4** **Verneine die Sätze.** ▶ *GH 10|7*

1. Diego *(contestar)* los mensajes de Sandra.
2. Los chicos *(escuchar)*.
3. Laura *(ser)* de Salamanca.

### DAS KANN ICH JETZT!

▶ Para comunicarse, p. 191

- Sage, wie du heißt und woher du kommst.
- Formuliere die passenden Fragen.
- Begrüße deine Freunde und frage sie, wie es ihnen geht. Sage auch, wie es dir geht.
- Verabschiede dich von deinen Freunden.
- Stelle eine Sehenswürdigkeit deiner Stadt oder deinen Lieblingsort vor.

Me llamo Jens.
Soy de Ulm.

# REPASO 1

facultativo

## VOCABULARIO

8|2 **1 a** Encuentra los intrusos. | Welche Wörter gehören nicht zum Thema „Schule“?

el libro   el estadio   el instituto   el boli   el mensaje   la plaza   el centro   el estudiante   la profesora   los turistas   la fiesta

**b** Bilde mit jedem „Eindringling“ einen Satz.

**2 a** Finde zu den Wörtern an der Tafel die fehlenden Vokale. Ergänze dann das jeweils passende Verb und schreibe die Wortgruppen in dein Heft.

*vivir   escribir   hablar   leer   preparar   aprender*

**METHODEN** ▶ S. 161

Du behältst neue Verben besser, wenn du sie mit einer Ergänzung lernst.

**b** Suche fünf weitere Verben und notiere eine passende Ergänzung.

## PRACTICAR

5|3 **3** Ordena las palabras y completa las frases con el verbo ser. | Bilde die Sätze und ergänze die Formen des Verbs ser.

▶ Resumen 1, 3

1. – nosotros / Hola, / [¿] / Luis / Berenice. / y /
2. – Y / ¿ / [¿] / quiénes / ? / vosotras,
3. – [¿] / Comprendo, / Clara Martín González. / tú
4. – la / [¿] / Español / Rosa Martín, / profesora / Ella / de.
5. – y / Roberto / Laura [¿] / Salamanca. / de
6. – Yo / soy / Salamanca. / Bogotá. / no / de / [¿] / de

**4** Preparad preguntas sobre los chicos. ¿Quién sabe la respuesta?

¿Quién?   ¿De dónde?   ¿Dónde?   ¿Cómo?   ¿Quiénes?   ¿Qué?

Diego   Laura   Vega   Sandra   Roberto   Carlitos

10|7 **5 a** ¿Qué (no) hacen los chicos?

1. *estudiar / leer* un libro

2. *buscar* información / *escribir* un mensaje

3. *preguntar* / *contestar* la pregunta

4. *escuchar* / *mirar* el mensaje

5. *mirar* vídeos / *preparar* los deberes

**b** **Da cinco ejemplos: ¿Qué (no) haces en clase / en casa?**

9|4 9|5 12|6

## 6 Completa las frases con la forma correcta del verbo.

1. Diego: yo ahora [¿] en Salamanca.
2. Los amigos de Diego, Carlitos y Sandra, [¿] en Bogotá.
3. Diego ahora [¿] en el Instituto Lucía de Medrano.
4. En el recreo, los chicos [¿] de las vacaciones.
5. Roberto [¿]: «Hola, ¿qué tal las vacaciones?».
6. En la clase, Diego y Roberto [¿] el mensaje de Laura y Vega.
7. Diego y Roberto [¿] los deberes.
8. – Chicos, siempre [¿ / vosotros] y [¿ / vosotros] mensajes en la red.
9. Diego: Mi amigo Carlitos y yo [¿] fotos y vídeos.
10. – Oye, Roberto, ¿[¿] los vídeos en inglés? – Sí, claro.

*hablar*
*escribir*
*preparar*
*vivir* (2x)
*leer* (2x)
*preguntar*
*comprender*
*estudiar*
*compartir*

## 7 a Busca los verbos y haz una lista en tu cuaderno. | Lege eine Tabelle mit allen Verben der Unidad 1 an.

▶ Lista cronológica, p. 186–191

| -ar | -er | -ir |
|---|---|---|
| | | |

**b** **Escribe en tu cuaderno una pequeña historia con diez verbos de la lista. | Schreibe eine kurze Geschichte. Verwende zehn Verben aus der Liste.**

## ESCUCHAR

13 **8** **Escucha: ¿Quién habla?**

## HABLAR

## 9 Erfinde eine Person, schreibe dir Namen, Herkunft, Sprachkenntnisse und Wohnort auf und ergänze dann die dazugehörigen Fragen. Gehe im Klassenraum umher und stelle drei Mitschülern/-innen diese Fragen zu ihren erfundenen Personen.

## 10 a Preparad el diálogo. | Ein/e Deutsche/r (A) trifft einen/e Spanier/in (B) auf der Straße. A bereitet diese Rollenkarte vor, B die von Seite 153.

**b** **Presentad la escena. | Spielt nun die Szene vor.**

**A**

- Du begrüßt den Jungen / das Mädchen.
- Du sagst, wie es dir geht und fragst ihn/sie nach dem Namen.
- Du sagst deinen Namen.
- Du sagst, woher du kommst. Du bist neu hier und suchst das Gymnasium Lope de Vega.
- Du fragst, wie das Gymnasium ist.

facultativo

# ¡ANÍMATE! 1

Para mí, los amigos son Bogotá: Carlitos …

Esta es mi calle.

… y Sandra.

Bogotá para mí es mi equipo de voleibol.

Esta es mi casa.

Y claro, ¡las fiestas son Bogotá!

1|14 **1** Diego zeigt Laura seine Fotos. Höre den Dialog. In welcher Reihenfolge werden die Fotos vorgestellt? Ordne sie.

## 2 Mira las fotos. | Wo kannst du welche Produkte kaufen?

el pan

un bocadillo

una salchicha

sellos

frutas

curitas

caramelos

### Mi barrio[1]

En mi ciudad hay[2] un[3] barrio,
es el barrio de San Juan.
Es mi barrio, sí, es mi barrio.
En mi barrio hay una calle,
es la calle Zamora.
Es mi calle, sí, es mi calle.
En mi calle hay una casa,
es la casa número 13.
Es mi casa, sí, es mi casa.
En mi casa hay una habitación,
es mi habitación, sí, es mi habitación.
En mi habitación hay una mesa,
es mi mesa, sí es mi mesa.
En mi mesa hay un libro,
es mi libro, sí, es mi libro.
Y en el libro hay un poema[4]
«En mi ciudad hay un barrio …»

1 el barrio *das Wohnviertel* 2 hay *es gibt* 3 un/a *ein/e* 4 el poema *das Gedicht*

15 **3 a** Escucha y lee el poema.

**b** Lies das Gedicht laut vor. Achte dabei auf den Rhythmus.

**4 a** Schreibe jetzt „dein" Gedicht nach dem Muster von „Mi barrio" und gestalte ein Plakat mit Bildern deines Stadtviertels / deiner Straße.

**b** Lies dein Gedicht der Klasse vor.

# 2 MI MUNDO

**HIER LERNST DU:**
- dein Alter, deine Adresse und deine Telefonnummer anzugeben.

## ¡ACÉRCATE!

1 16

*Mi nombre:* Laura
*Mis apellidos:* Herrero Rodríguez
*Mi edad:* Tengo 13 años.
*Mi dirección:* Vivo en la Avenida de Portugal 25.
*Mi número de teléfono:* Es el 608425778.
*Mis amigos:* Vega y Roberto
*Mi música favorita:* Escucho pop y también rap.

### COMPRENDER EL TEXTO

**1** ¿Quién es? | Lies eine Information aus den Steckbriefen vor. Dein/e Nachbar/in nennt die entsprechende Person. Manchmal gibt es mehrere Möglichkeiten.

Tengo 14 años.

¡Eres Vega!

### ESCUCHAR

1 17 **2** Escucha a Diego y prepara su ficha.

1 18 **3 a** Escucha y apunta los números de teléfono. ▶ Los números, p. 178

facultativo **b** Frage möglichst viele Mitschüler/innen auf Spanisch nach ihrer Telefonnummer und schreibe sie auf. Wer hat die meisten korrekten Nummern gesammelt?

Mi nombre: Vega
Mis apellidos: Martín González
Mi edad: Tengo 14 años.
Mi dirección: Vivo en la Avenida de Mirat 43.
Mi número de teléfono: Es el 605888352.
Mis amigos: Laura y Roberto
Mi música favorita: Escucho pop, rock y flamenco. Mi grupo favorito es Chambao.

Mi nombre: Roberto
Mis apellidos: Álvarez Vicente
Mi edad: Tengo 14 años.
Mi dirección: Vivo en la Calle Zamora 13.
Mi número de teléfono: Es el 603124488.
Mis amigos: Diego, Laura, Vega y Cristina
Mi música favorita: Escucho rock y heavy metal.

**LANDESKUNDE**

Familiennamen setzen sich in spanischsprachigen Ländern immer aus zwei Namen zusammen.

## ESPAÑA EN DIRECTO

**4** Schaue dir die Adresse von Diego an: Wo musst du klingeln, wenn du Diego besuchen willst?

**LANDESKUNDE**

An spanischen Haustüren stehen häufig keine Namen, sondern nur das Stockwerk und ein Buchstabe, der die Wohnung bezeichnet.

## HABLAR

**5 a** Y tú, ¿quién eres? Prepara tu ficha.

Du kannst mithilfe der Seitenzahlen deines Buches herausfinden, wie die spanischen Zahlen über 20 heißen.

16|2 **b** Pregunta a tus compañeros/-as su edad, sus nombres y apellidos, su dirección y su número de teléfono. ▶ Resumen 1

# 2A EN EL PISO DE ROBERTO

**HIER LERNST DU:**
- über deine Familie zu sprechen.
- zu sagen, wo etwas liegt oder ste

1 19 Roberto espera la visita de Diego. Hoy no tiene clase y sus padres están en casa de los abuelos.

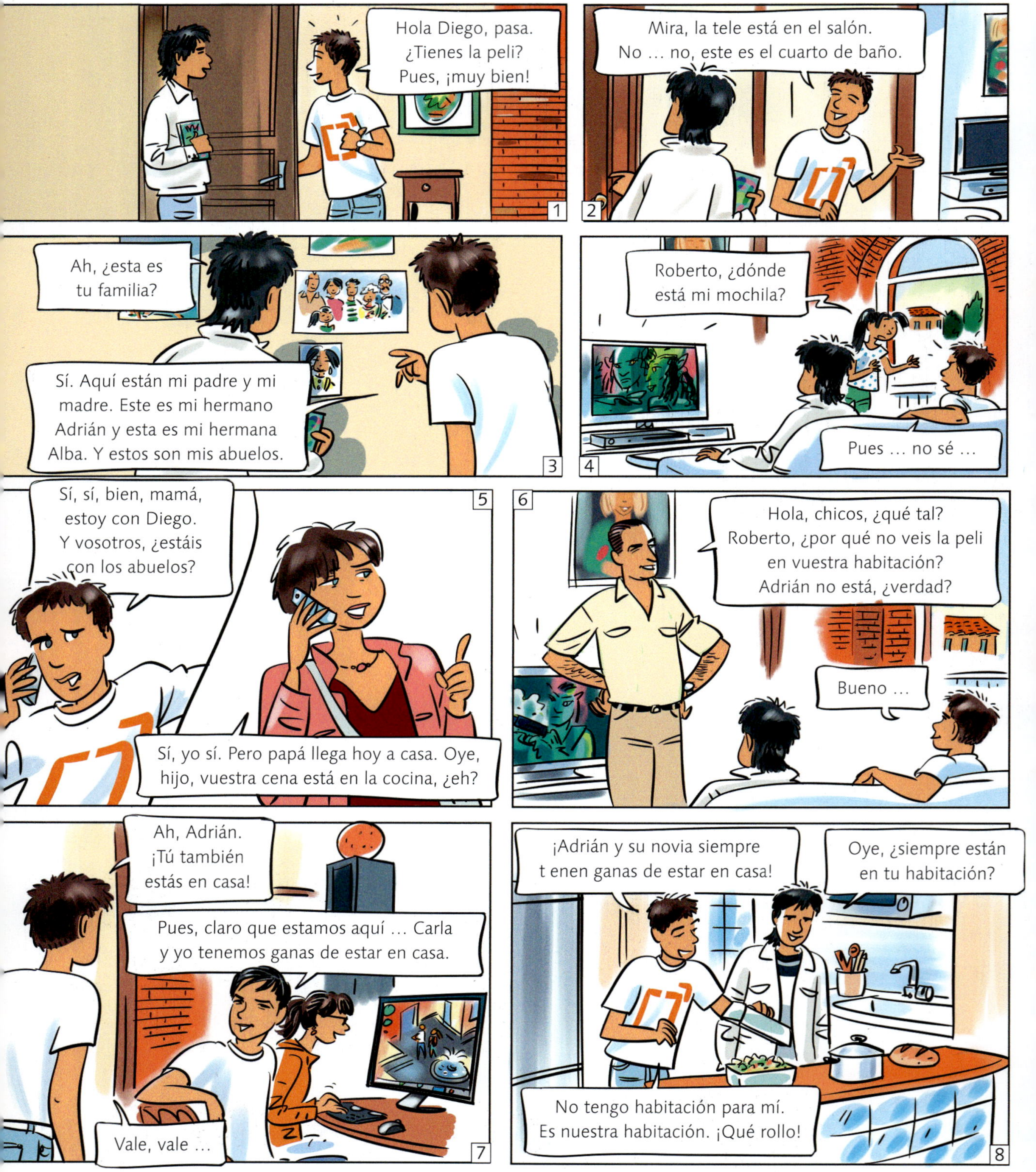

## COMPRENDER EL TEXTO

7|1 **1 a** **Busca las palabras en el texto y haz una red de palabras.**

la familia

**b** **Cuenta y usa las palabras de 1a.**

| | |
|---|---|
| El [¿] de Roberto | se llama Alba. |
| La [¿] de Roberto | está en casa de los abuelos. |
| Roberto | están en el salón. |
| Roberto y Diego | busca su mochila. |
| Adrián y su [¿] | llega a casa. |
| | están también en casa. |
| | espera visita de Diego. |
| | tienen ganas de ver una película. |
| | se llama Adrián. |

## ESCUCHAR Y REPETIR

20 **2 a** **Escucha y repite las preguntas. | Achte besonders auf die Satzmelodie.**

1. ¿Tienes ___?
2. ¿Esta es una foto ___?
3. Y vosotros, ¿estáis ___?
4. Hola, chicos, ¿___?
5. Hijo, ¿por qué no veis la película ___?
6. ¿Dónde está ___?

20 **b** **Escucha otra vez y contesta con la respuesta correcta.**

Sí, yo sí. | Sí, estos son mis padres. | Muy bien. | Pues, no sé. | Sí, claro. | Bueno.

## HABLAR

**3** **El padre de Roberto habla con su hijo. ¿Qué contesta Roberto? Haced diálogos.**

| | |
|---|---|
| ¿Por qué no | ves la película en tu habitación? |
| | preparas la cena? |
| | lees un libro? |
| | ves la tele con tu hermana? |
| | escuchas un poco de música? |
| | preparas tus deberes? |
| | estudias un poco de inglés? |
| | ___? |

Bueno. | ¡Qué rollo! | No. No tengo ganas. | Vale, vale. | Pues, no sé.

## APRENDER MEJOR

### 4 Die Arbeit mit dem zweisprachigen Wörterbuch

**a** Sieh dir den Grundriss der Wohnung an und beschreibe, was du schon benennen kannst.

**b** Schlage in einem deutsch-spanischen Wörterbuch zunächst die Wörter „Flur", „Garten", „Schlafzimmer" und „Balkon" nach. Beschreibe nun mit Hilfe deines Wörterbuchs den Rest der Wohnung.

**METHODEN** ▶ S. 162

Lies dir immer erst den ganzen Wörterbucheintrag durch, bevor du dich für die passende Bedeutung entscheidest.

**c** Fertige einen Grundriss deiner Wohnung an und lasse deinen/-e Banknachbarn/-in die Wohnung beschreiben. Du sagst, ob es richtig ist und korrigierst, wenn nötig.

Nimm, wenn nötig, ein zweisprachiges Wörterbuch zu Hilfe.

Esta es tu habitación.

No, esta es la habitación de mi hermana.

## DESCUBRIR

19|6

### 5 a Welche Antwort passt zu welcher Frage? Überlegt zu zweit: Mit welchem Verb gebt ihr an, wo sich jemand oder etwas befindet? ▶ Resumen 2

¿Quién es Alba? ¿Dónde está Alba? ¿Qué es? ¿Dónde está?

Es nuestra cena. Es la hermana de Roberto. Está en la cocina. Está en el salón.

//O

18|4

**b** Completa las frases con **está** (2x), **estamos**, **estáis** y **eres**, **es** y **soy**.

1. Adrián [¿] el hermano de Roberto. [¿] en su habitación con Carla.
2. Adrián: «Diego, no [¿] de aquí, ¿verdad?» – Diego: «No, [¿] de Bogotá.»
3. Roberto: «Chicos, ¿dónde [¿]?» – Vega: «[¿] en la cafetería Sol.»
4. Roberto: «La cafetería Sol [¿] en la Avenida de Portugal, ¿verdad?»

## PRACTICAR

7|2 **6 a ¿Qué dicen los chicos? | Ergänze die Possessivbegleiter.** ▶ Resumen 7

1. ¿Cómo se llama [¿] profesora?

2. Laura y Vega son [¿] amigas, ¿verdad?

3. – ¿Dónde están [¿] libros?
 – ¿[¿] libros? Mira, están en [¿] mochila.

4. Alba siempre prepara [¿] deberes en el salón.

5. Adrián y [¿] novia también están en casa.

6. La novia de [¿] hermano se llama Carla.

**b Presenta a tu clase de Español. Usa una forma de nuestro/-a.**

▶ Resumen 7

[¿] instituto se llama ___ y está en la calle ___
[¿] clase es la clase ___
En la clase somos ___ alumnos.
[¿] profesor / [¿] profesora de Español se llama ___
En [¿] clase de Español, la estrella es ___
[¿] libro de español se llama ___
Siempre / A veces[1] / Nunca[2] preparamos [¿] deberes.

1 a veces *manchmal* 2 nunca *nie*

## MEDIACIÓN / YA LO SÉ

**7 a Du hast zum ersten Mal Post von deiner Brieffreundin María. Erzähle deinen Eltern, was sie dir geschrieben hat.**

> **METHODEN** ▶ S. 171
> Übersetze nie wortwörtlich, sondern fasse das Wichtigste auf Deutsch zusammen.

Asunto: ¡Hola! :-)

¡Holaaaaaaaa!

Me llamo María, tengo 14 años y estudio 2° de ESO. Escucho música, sobre todo hip-hop. El fútbol es mi deporte favorito, veo los partidos del Real Madrid. También leo mucho, sobre todo revistas y cómics. Vivo con mi madre, mi hermano y mi abuelo en Madrid, en la Calle de Ibiza. Vivir en Madrid es fenomenal, pero estar con mi familia a veces es difícil: comparto la habitación con mi hermano; mi madre y mi abuelo siempre preguntan muchas cosas. Además, mi hermano pasa mucho tiempo con sus amigos en nuestra habitación. Y tú, ¿tienes hermanos? ¿Cómo es tu familia?

Besos y hasta luego,
María

**b Antworte María auf Spanisch und erzähle etwas über dich und deine Familie.**

# 2B Y TÚ, ¿TIENES TU ESPACIO?

**HIER LERNST DU:**
- dein Zimmer zu beschreiben.

1 21–22

A veces es difícil estar con la familia. Necesitas estar en tu mundo ... Pero no siempre es posible. ¿Compartes tu habitación? ¿Tu habitación es grande o muy pequeña? Tres chicos hablan con **Chic@s**.

**Diego, 14**

«Tengo una habitación propia. Para mis amigos, mi habitación es superinteresante, en las paredes hay fotos de Bogotá y de mis amigos. Tengo una estantería con mis DVD de Colombia. Al lado de la estantería, hay pósters. Ah, y encima de la mesa están mis gorras. Mi habitación es genial. Es bastante pequeña, pero tengo mi espacio. Bueno, a veces tengo problemas con mis hermanas. Son muy divertidas, pero siempre escuchan música a todo volumen.»

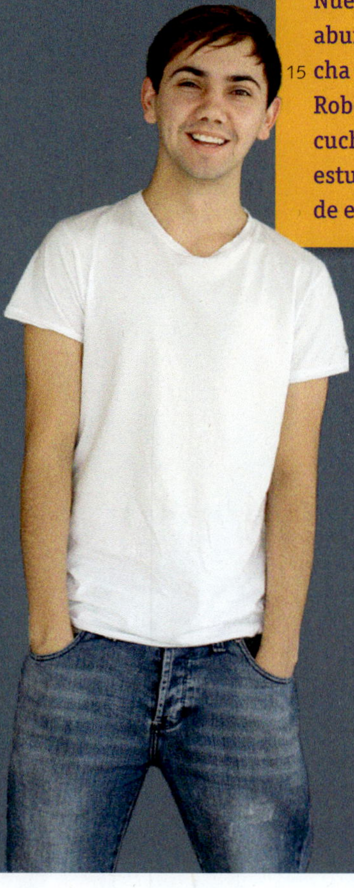

«Comparto una habitación grande con mi hermano Roberto. Nuestra habitación tiene dos lados. Para Roberto, mi lado es aburrido. Hay libros, libros y ... libros: en la mesa, a la derecha y a la izquierda de la cama y ¡debajo de la cama también! Roberto y yo somos muy diferentes: él toca la guitarra y escucha música. Yo paso mucho tiempo en la habitación para estudiar. Pero claro, ¡a veces Roberto también tiene ganas de estar solo en la habitación!»

**Adrián, 18**

**Cristina, 13**

«¿Habitación compartida? ¡Tortura segura! Mi hermano siempre lee mi diario, él tiene ocho años y ¡es muy curioso! Pero yo escondo mi diario detrás del armario, también allí están mis DVD. Nuestro piso tiene un balcón muy grande, allí escucho música y escribo ... Yo también necesito mi espacio.»

## COMPRENDER EL TEXTO

**1 a** **¿Quién habla? ¿Diego, Cristina o Adrián? | Wer könnte das sagen?**

1. «Compartir la habitación con un hermano pequeño es un rollo.»
2. «Mi hermano pasa mucho tiempo en nuestra habitación.»
3. «Tengo dieciséis gorras.»
4. «Mi hermano pequeño es curioso.»
5. «Para mi hermano mi lado es un poco aburrido.»
6. «No comparto mi habitación.»

**b** **Formuliere eine Überschrift für jeden Textabschnitt.**

## DESCUBRIR

**2 a** **Welches Adjektiv passt zu welchem Satz? Woran erkennst du das?** ▸ Resumen 5

Mi hermano es muy [¿]. Mis hermanos son muy [¿].
Mi hermana es muy [¿]. Mis hermanas son muy [¿].

curiosos | curiosas | curiosa | curioso

**b** **Suche im Text die fehlenden Formen.**

una habitación [¿] — habitaciones **grandes**
una habitación [¿] — habitaciones **geniales**

## PRACTICAR

DELE 21|6 22|7

**3 Cristina habla de su habitación. Completa con los adjetivos.** ▶ Resumen 5

Nuestro piso es bastante [¿] y siempre hay gente en casa. Leo un libro o veo una película y mi madre pregunta: «Tienes un libro [¿]? ¿Es [¿]? ¿Qué tal la película? Es [¿]?» Comparto la habitación con mi hermana [¿] pero somos muy [¿]. Ella prepara sus deberes: «Oye, Cristina, ¡mis deberes son muy [¿]! – Mis libros son muy [¿], no tienes un cómic [¿]?» Pero a veces estoy [¿] en casa y ¡es [¿]!

pequeño/-a
interesante
nuevo/-a divertido/-a
pequeño/-a diferente
difícil aburrido/-a
nuevo/-a solo/-a genial

**4 Mira la foto de la p. 34 e inventa adivinanzas. | Gewonnen hat, wer am meisten erraten hat.**
▶ Resumen 4

| | | |
|---|---|---|
| Está | a la derecha<br>a la izquierda<br>al lado<br>detrás<br>delante[1]<br>encima<br>debajo<br>entre[2] | del ___<br>de la ___<br>de los ___<br>de las ___ |

Está al lado de la cama.

¡Es el/la ___ !

1 delante de *vor* 2 entre *zwischen*

21|4 21|5

**5 a ¿Qué hay en las habitaciones? A describe la habitación de Tomás, B describe la habitación de Laura (p. 153).**
▶ Resumen 2, 3, 4

Du kannst die chronologische Wortliste, S. 195 zu Hilfe nehmen.

¿Hay una cama en la habitación de Tomás?

Hay un sofá-cama.

¿Dónde está?

Está al lado de la estantería.

PF

**b Describe tu habitación a tu compañero/-a. | Er/sie stellt dir Fragen, macht sich Notizen und zeichnet danach dein Zimmer.**

¿Hay un armario?

Sí.

¿Dónde está?

Zeichne das Zimmer als Grundriss, ähnlich wie die Wohnung auf S. 32.

## COMPRENSIÓN AUDIOVISUAL

DVD **6 Mira la escena 2 del DVD.**

## VOCABULARIO

**7** Was passt zusammen?

muy grande divertido/-a interesante fácil
a veces un poco pequeño/-a aburrido/-a
Tengo una habitación propia.
¡Es un rollo! Comparto mi habitación con ___.
difícil siempre bastante genial

**METHODEN** ▶ S. 160/161
Du merkst dir Wörter und Ausdrücke leichter, wenn du sie ordnest, z. B. als Gegensatzpaare.

**Ejemplo:** muy – bastante

## ESCRIBIR

**8 a** ¿Cómo es tu mundo? | Schreibe einen Text für die Zeitschrift *Chic@s*.

¿Compartes tu habitación?
¿Cómo son tus fiestas?
¿Cómo es tu habitación?
¿Qué haces[1] en tu habitación?
¿Cómo son tus hermanos/padres?
Estar con tu familia, ¿cómo es?

1 ¿Qué haces? *Was machst du?*

**b** Fertigt eine Collage mit Fotos, Zeichnungen und euren Texten an.

## ESCUCHAR Y REPETIR

**9 a** Escucha y repite las palabras. | Sortiere sie dann nach ihrer Betonung.

pared mundo interesante mesa cama
verdad aburrido diferente estar curioso
problema español

Du kannst die Betonungsregeln auf S. 178 zu Hilfe nehmen.

**b** Diese Wörter kennt ihr noch nicht. Überlegt, wie sie betont werden, und lest sie euch gegenseitig vor.

deporte conmigo favor importante
regalo malo peña mandar

## ESCUCHAR

**10** Pedro habla de su mundo. Escucha y corrige las frases.

1. Pedro tiene 15 años.
2. Tiene dos hermanas.
3. Tiene una habitación propia, muy grande.
4. En la habitación hay una cama, un armario y una estantería.
5. En su habitación lee y charla con sus amigos.
6. Nuria tiene 14 años y comparte la habitación con su hermana.

# 2C ¿AMIGO DE TUS AMIGOS?

**HIER LERNST DU:**
- über deine Freunde zu sprechen.

1|25

***Para nosotros, los amigos son muy importantes. Queremos hacer todo con ellos, compartimos todo. Y tú, ¿eres amigo/-a de tus amigos?***

**1** ***Un/a amigo/-a quiere quedar contigo para hablar de sus problemas. ¿Qué haces?***

✶ Escucho a mi amigo/-a. Siempre compartimos momentos buenos y malos.
❖ Escucho a mi amigo/-a. Pero pienso: ¡Qué rollo!
❊ No escucho sus problemas. No tengo ganas de hablar con él/ella.

**2** ***Es el cumpleaños de un/a amigo/-a:***

❖ Paso mucho tiempo con mi amigo/-a.
❊ Prefiero mandar un SMS con el móvil.
✶ Busco un regalo bonito y hago una fiesta sorpresa con la peña.

**3** ***Ves a tu novio/-a con tu mejor amigo/-a en la cafetería. ¿Qué piensas?***

❊ «Pero ... ¡¿son amigos?!»
❖ «¿Qué hago? ¿Hablo con ellos?»
✶ «¡Qué bien! Ellos también son amigos.»

**4** ***Quieres hacer deporte, pero tus amigos prefieren ver una película en casa. ¿Qué hacéis?***

✶ Hacemos deporte y después vemos la peli.
❊ Contesto: «¡No quiero ver pelis aburridas! ¡Adiós!».
❖ Hago deporte solo/-a.

**5** ***Tu mejor amigo/-a ya no habla contigo, no contesta tus mensajes. ¿Qué haces?***

❖ Prefiero esperar una semana. Después hablo con él/ella.
✶ Busco a mi amigo/-a y pregunto: «¿Ya no quieres hablar conmigo?»
❊ Ya no quiero ser su amigo/-a.

**RESULTADOS**
*Mayoría de* ✶: Tus amigos tienen suerte, ¡eres un amigo genial!
*Mayoría de* ❖: Tus amigos son importantes, pero también tienes un lado egoísta.
*Mayoría de* ❊: ¿Todavía tienes amigos? Eres un poco egoísta.

## COMPRENDER EL TEXTO

**1** Haz el test.

**2** ¿Cómo es un/a amigo/-a genial para ti? Busca ejemplos en el test.

## ESCUCHAR Y REPETIR

1|26

**3 a** Lee las frases. Después escucha y repite. | Welche Wörter werden zusammen wie ein Wort ausgesprochen?

1. ¿Dónde estás tú?
2. Hoy veo a Ana.
3. Ahora llamo a Ana.

**b** **A liest drei Sätze vor, B kontrolliert die Aussprache (S. 153). Dann tauscht ihr die Rollen.**

1. Ana ve el libro de Inglés en la mesa.
2. Jaime esconde el DVD en el armario.
3. ¿Dónde estudia Antonio?

I. Míriam‿mira‿a su‿amiga.
II. Miguel busca‿a su‿amigo‿Óscar.
III. Irene‿escucha‿a su‿madre.

## DESCUBRIR

**4 a** **Übertragt die Tabelle in euer Heft und sucht im Text die Formen der Verben pensar, querer und preferir. Überlegt dann gemeinsam: Wie lauten die fehlenden Formen?**

▶ Los verbos, p. 182

| | pensar | querer | preferir |
|---|---|---|---|
| (yo) | [¿] | quiero | [¿] |
| (tú) | [¿] | [¿] | [¿] |
| (él / ella) | [¿] | [¿] | |

**b** **Completa con la forma correcta del verbo.** ▶ Los verbos, p. 182

1 hablar por teléfono *telefonieren*
2 el/la primo/-a *der Cousin / die Cousine*

1. Laura [¿] *(querer)* ver una peli y habla por teléfono[1] con Vega. «Oye, Vega, ¿[¿] *(querer)* hacer algo? ¿Por qué no quedamos con Roberto en el cine? ¿Qué [¿] *(pensar)*?»
2. **Vega:** «Pues no sé. Mis abuelos están en casa y no [¿] *(querer / yo)* problemas con mis padres. [¿] *(preferir)* ver una peli aquí.»
3. **Laura:** «Hola, Roberto, ¿está Diego contigo? ¿No [¿] *(querer / vosotros)* ver una peli con nosotras?»
4. **Roberto:** «Hmm … no. Ya quedamos con mis primos[2] en su casa. Es el cumple de un amigo. [¿] *(querer / nosotros)* hacer una fiesta sorpresa para él.»

## HABLAR

**5 a** **Piensa en tu compañero/-a. ¿Cómo es? ¿Qué prefiere? Toma apuntes.**

hacer deporte solo/-a
hacer los deberes solo/-a
mandar un SMS a ___
escuchar problemas
tocar la guitarra
escribir un diario
leer un libro en casa
ver una película
ver la tele
___

pasar mucho tiempo con sus amigos
ver a sus amigos
hacer deporte con sus amigos
hacer los deberes con ___
hablar por teléfono con ___
hablar de problemas
escuchar la música de ___
quedar con los amigos
___

*Jonas prefiere hacer deporte solo.*

¿Jonas prefiere hacer deporte solo o hacer deporte con los amigos?

**b** **Pregunta a tu compañero/-a como en el ejemplo. | Überprüfe deine Vermutungen von a. Für jede richtige Antwort bekommst du einen Punkt.**

Jonas, ¿qué prefieres hacer? ¿Hacer deporte solo o hacer deporte con los amigos?

Prefiero hacer deporte solo.

## ESCUCHAR

1|27 DELE

**6 a** Ana habla con Vega sobre su amigo Miguel. Escucha el diálogo y apunta cuatro cosas sobre Miguel: ¿Cómo es? ¿Qué hace?

**METHODEN** ▶ S. 163

Konzentriere dich beim Hören nur auf die für dich wichtigen Passagen.

1|28

**b** Höre dir den zweiten Teil des Gesprächs an: Welchen Rat gibt Vega Ana?

## 2 PUNTO FINAL

**1 a** Bereitet eine Umfrage zu folgenden Themen mit drei bis sechs Fragen für eure Klassenkameraden vor.

Ihr könnt einen schriftlichen Fragebogen erstellen.

familia | casa | amigos | actividades[1] favoritas | ___ | habitación | música favorita

1 la actividad *die Beschäftigung*

**b** Führt die Umfrage durch und interviewt mindestens drei Mitschüler/innen. Präsentiert danach eure Ergebnisse.

**2 a** Du bekommst Besuch von einem/einer spanischen Jugendlichen. Bereitet einen Dialog vor.

- Du stellst ihm/ihr deine Familie vor.
- Du zeigst ihm/ihr eure Wohnung und dein Zimmer, das ihr teilen werdet.
- Du erzählst ihm/ihr von deinen Eltern/Geschwistern/Freunden … Wie sind sie? Was machen sie?

**b** Sucht in der Klasse ein Team, mit dem ihr eure Dialoge vergleicht. Falls nötig, verbessert euch gegenseitig. Spielt die Dialoge dann vor.

# RESUMEN

| ALTER/ADRESSE/TELEFONNUMMER ANGEBEN | DAS BENÖTIGST DU |
|---|---|
| **1** **Tengo** 14 **años**.<br>Vivo en el Paseo de la Estación **43**.<br>Mi número de teléfono es el 6232341. | das Verb ***tener*** ▶ Los verbos, p. 184; ▶ *GH 12\|10*<br>die Zahlen ▶ Los números, p. 178 |

| EINE WOHNUNG / EIN ZIMMER BESCHREIBEN | DAS BENÖTIGST DU |
|---|---|
| **2** ¿Dónde **está** la mochila? **Está** en la cocina. | das Verb ***estar*** ▶ Los verbos, p. 181; ▶ *GH 12\|11* |
| **3** En nuestra habitación **hay** dos camas.<br>Al lado de la mesa **hay una** estantería y **un** armario.<br>**El** armario **está** al lado de la cama.<br><br>En mi habitación **hay un** armario. | die Verbform ***hay***<br>Substantive mit dem unbestimmten Artikel:<br>▶ *GH 14\|15*<br>♂: **un** armario \| ♀: **una** cama<br>⚠ ***Hay*** steht nie mit dem bestimmten Artikel! ▶ *GH 14\|16* |
| **4** Vuestra cena está **en** la cocina.<br>La guitarra está **a la derecha del** armario. | die Präpositionen<br>**a la derecha / a la izquierda / al lado / encima / debajo / detrás / delante** + **del / de la** + Substantiv<br>**en**<br>**entre**<br>⚠ **de + el → del** ▶ *GH 14\|14* |
| **5** Nuestro piso no es **grande**.<br>Las habitaciones son **pequeñas**.<br>En la pared hay un póster de mi peli **favorita**.<br>Los hermanos son muy **diferentes**. | die Adjektive ▶ *GH 13\|13* |

| | ♂ | ♀ |
|---|---|---|
| Singular | Pedro es **curioso** | Marisa es **curiosa** |
| | **genial** / **interesante** | |
| Plural | Pedro y Juan son **curiosos** | Marisa y Ana son **curiosas** |
| | **geniales** / **interesantes** | |

⚠ Spanische Adjektive richten sich in Genus und Numerus immer nach dem Substantiv.

| ÜBER FAMILIE UND FREUNDE SPRECHEN | DAS BENÖTIGST DU |
|---|---|
| **6** Laura **busca** su libro de Inglés.<br>Laura **busca a** Vega. | Verben und die Präposition **a**<br>⚠ Personenobjekte werden immer mit der Präposition **a** angeschlossen. ▸ *GH 16\|20* |
| **7** Mi hermano habla inglés.<br>¿Dónde viven **tus** padres?<br>Diego es de Colombia. **Sus** abuelos viven en Bogotá.<br>**Nuestra** abuela es de Salamanca. | die Possessivbegleiter ▸ *GH 12\|9*<br>**mi / tu / su** – **amigo / amiga**; **mis / tus / sus** – **amigos / amigas**<br>**nuestro/-a / vuestro/-a / su** – **amigo / amiga**; **nuestros/-as / vuestros/-as / sus** – **amigos / amigas** |
| **8** Ya no **quiero** ser su amigo.<br>Mis amigos **prefieren** ver una película en casa.<br><br>¿Qué **hago**? Hablo con ellos? | Verben wie ***querer, preferir, pensar***<br>Diphthongverben **(e → ie)** ▸ Los verbos, p. 182 ▸ *GH 15\|17*<br><br>das Verb ***hacer*** ▸ Los verbos, p. 184 |
| **9** Un amigo quiere quedar **contigo**.<br>Ya no quiere hablar **conmigo**.<br>Un amigo quiere quedar con ella/ellos. | die Präposition **con** + Pronomen ▸ *GH 15\|19*<br>⚠ **conmigo/contigo** |

facultativo

## TESTE DEINE GRAMMATIKKENNTNISSE

▸ Lösungen, S. 157

**1** **Bilde die korrekte Verbform.** ▸ *GH 12|10, 15|17, 15|18*

1. [tú] *tener*
2. [vosotros] *querer*
3. [nosotros] *preferir*
4. [vosotros] *pensar*
5. [yo] *tener*
6. [nosotros] *pensar*
7. [ellos] *querer*
8. [yo] *hacer*
9. [él] *querer*
10. [yo] *pensar*
11. [ellos] *preferir*
12. [ellos] *tener*

**2** **Ergänze den Possessivbegleiter.** ▸ *GH 12|9*

1. nuestr[¿] amigos
2. nuestr[¿] abuelos
3. nuestr[¿] habitación
4. vuestr[¿] profesor
5. nuestr[¿] clase
6. nuestr[¿] libros
7. nuestr[¿] profesoras
8. vuestr[¿] hermana

**3** **Ergänze die passende Adjektivform.** ▸ *GH 13|13*

1. habitaciones [¿] (pequeño/-a)
2. problemas [¿] (difícil)
3. un piso [¿] (grande)
4. una hermana [¿] (pequeño/-a)
5. una película [¿] (divertido/-a)
6. un libro [¿] (aburrido/-a)
7. textos [¿] (fácil)
8. regalos [¿] (bonito/-a)
9. un amigo [¿] (egoísta)

## DAS KANN ICH JETZT!

▸ Para comunicarse, p. 196

- **Sage, wo du wohnst und wie alt du bist.**
- **Nenne deine Telefonnummer.**
- **Stelle jemanden aus deiner Familie vor.**
- **Beschreibe dein Zimmer.**

cultativo

# REPASO 2

## ¿TE ACUERDAS?

**1** **Repasad juntos el vocabulario de la unidad 1.**

¿Cómo se dice en español «Wer ist der Junge»?

Se dice «¿Quién es el chico?».

## ESCUCHAR

29 LE **2 a** **Escucha: Vega describe su habitación, pero en el texto hay errores. | Wenn du einen falschen Satz hörst, melde dich und korrigiere ihn.**

**b** **Esconde el diario de Vega en su habitación. Tu compañero/-a hace preguntas.** ▶ Resumen 4

| | | | |
|---|---|---|---|
| ¿Está | al lado<br>___ | del [¿]?<br>de la [¿]? | No, no está allí.<br>Sí, está allí. |
| | en el/la [¿]? | | |

## HABLAR

3|3 **3** **Vega presenta a su familia. ¿Cómo se llaman? ¿De dónde son? ¿Dónde viven?**

Este/Esta es mi ___.
Estos/Estas son mis ___.

padre · madre · tío/tía[1] · primo/prima[2] · abuelo/abuela · hermano/hermana · abuelos · hermanos · tíos · primos

Se llama ___.
Es/Son de ___.
Vive/n en ___.

1 el tío / la tía *der Onkel / die Tante* 2 el primo / la prima *der Cousin / die Cousine*

Estos son mis padres, mi padre se llama ___.

facultativ

## VOCABULARIO

**4 a** Prepara una red de palabras con el verbo **tener**.

tener — ganas de ___

**b** Escribe un texto sobre Roberto en tu cuaderno. Usa las expresiones de **a**.

## PRACTICAR

//● 19|6

**5** ¿Qué cuenta Alba? Usa las formas correctas de **ser** o **estar**. ▶ Los verbos, p. 181

1. Adrián [¿] mi hermano. Siempre [¿] con su novia.
2. Ella se llama Carla y [¿] de Madrid.
3. Hoy, los dos [¿] en casa de sus padres.
4. Roberto también [¿] mi hermano. Ahora [¿] en el instituto.
5. ¿Y dónde [¿] mis padres? Hoy [¿] con los abuelos.
6. ¡[¿] sola en casa!
7. Quiero ver mi película favorita. La tele [¿] en el salón.
8. La película [¿] genial y [¿] muy divertida.
9. De repente llegan mis padres: «Alba, ¿dónde [¿]?»
10. «¿Haces tus deberes? Mira, aquí [¿], con los abuelos.»

21|6 22|7

**6** Diego escribe a Sandra. Completa su texto con la forma correcta de los adjetivos. ▶ Resumen 5

1. Salamanca y Bogotá son muy (diferente).
2. Salamanca es una ciudad bastante (pequeño/-a), muy (bonito/-a) y a veces un poco (aburrido/-a).
3. El instituto Lucía de Medrano es muy (grande) pero es muy (fácil) hacer amigos[1] con los chicos.
4. Ya tengo tres: Roberto, Vega y Laura. Son muy (divertido/-a).
5. También son muy (curioso/-a): siempre hacen preguntas sobre mis amigos de Bogotá.
6. Mi profesora (favorito/-a) es Carmen, la profesora de Historia.
7. Sus clases no son muy (divertido/-a), pero siempre son (interesante).

1 hacer amigos *Freundschaften schließen*

24|5

**7** **A wählt ein Verb aus und würfelt, B formuliert mit der gewürfelten Verbform einen Satz.** ▶ Resumen 8

| | |
|---|---|
| *querer* | pasar las vacaciones en Sevilla<br>hacer deporte<br>quedar con los amigos |
| *pensar* en | las vacaciones<br>los amigos<br>las clases de mañana |
| *preferir* | estudiar con amigos<br>escuchar música<br>buscar información en Internet |
| *tener* | ___ años<br>clase de Inglés<br>una habitación propia |

⚀ [Yo]
⚁ [Tú]
⚂ [Él/Ella]
⚃ [Nosotros/Nosotras]
⚄ [Vosotros/Vosotras]
⚅ [Ellos/Ellas]

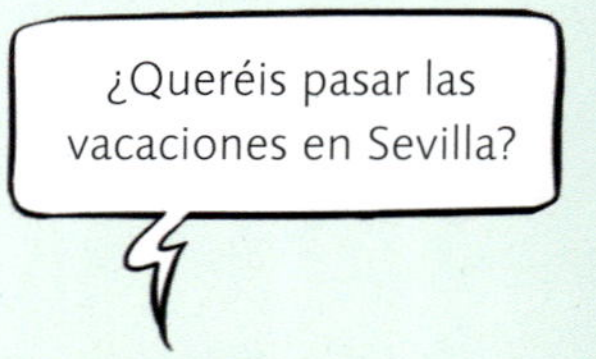

facultativo

## ¿Qué música escuchas?

### CHAMBAO
es un grupo de música de España, Málaga. Tocan flamenco electrónico. Son muy famosos en España.

### SHAKIRA
es una cantante de Colombia, Barranquilla. A la edad de ocho años ya empieza a escribir canciones. Hoy en día es muy famosa en todo el mundo. Su música fusiona rock y pop. Canta en inglés y en español.

### HAZE
es un músico de Sevilla, España. Su música es una mezcla de rap y hiphop con elementos de flamenco.

### PANTEÓN ROCOCÓ
es un grupo mexicano. Tocan música rock, punk, salsa, mariachi con elementos de reggae y ska. En sus canciones hablan de problemas sociales en América Latina. Dan regularmente conciertos en Alemania.

### LANDESKUNDE

**Flamenco** ist ein typischer Musik-und Tanzstil aus Andalusien, entstanden im 18. Jahrhundert. Der traditionelle Tanz und Gesang zu Gitarre und Kastagnetten wird heute von spanischen Bands gern mit modernen Musikstilen gemischt.

**Salsa** ist der bekannteste lateinamerikanische Musikstil. Seine Wurzeln liegen in Kuba. Er ist ursprünglich eine Mischung aus europäischen und afrikanischen Musikelementen. Heute gibt es in fast allen Ländern Lateinamerikas bekannte Salsa-Bands, vor allem in Kuba, Kolumbien, Puerto Rico, Venezuela – aber auch in den USA.

**Mariachi**-Musik ist eine Mischung verschiedener Tanzmusikstile und volkstümlicher Rhythmen. Sie wird vor allem in Mexiko zu Familienfeiern, aber auch an öffentlichen Orten gespielt. Typische Instrumente sind Trompete, Geige und Gitarre.

30 **1** Escucha. ¿Qué grupo o cantante prefieres? ¿Por qué?

**2** Kennst du spanische oder lateinamerikanische Bands? Welche? Stelle sie deiner Klasse vor.

# 3 ¿QUÉ HORA ES?

**HIER LERNST DU:**
- nach der Uhrzeit zu fragen und sie anzugeben.

## ¡ACÉRCATE!

1 31

**LANDESKUNDE**

Auf den Kanarischen Inseln ist es immer eine Stunde früher als auf dem spanischen Festland.

## ESCUCHAR

32 ELE **1** Escucha: ¿qué hora es? ¿a o b?

| 1. | 2. | 3. | 4. | 5. |
|---|---|---|---|---|
| a 13:15 | a 16:05 | a 5:10 | a 3:30 | a 6:10 |
| b 13:05 | b 16:50 | b 5:03 | b 3:13 | b 16:10 |

33 28|3 **2 a** Escucha y apunta la hora. ▶ Resumen 1

a La librería cierra a [¿]
b Diego llega a casa a [¿]
c El bus de Madrid llega a [¿]

33 **b** Escucha otra vez: ¿qué más comprendes? | Wer spricht mit wem? Worüber?

## PRACTICAR

28|2 **3 a** Mira los relojes: ¿qué hora es?

**b** Zeichne fünf weitere Uhren und frage deinen/-e Partner/in, wie spät es ist.

facultativo

## HABLAR

**4** Pregunta a tus compañeros/-as: ¿a qué hora ...?

*hacer* los deberes *llegar* a casa *empezar* tu clase de ___
*hacer* deporte *ver* la tele ___

# 3A ¿QUÉ HACEMOS?

**HIER LERNST DU:**
- Vorschläge zu machen und darauf zu reagieren.
- einen Grund zu erfragen und anzugeben.

## ACTIVIDAD DE PRELECTURA

**1** Schaue dir die Überschrift und die Bilder an. Was glaubst du: Wovon handelt der Comic?

1 34

## COMPRENDER EL TEXTO

**2 a ¿Quién no quiere ir a estos lugares? ¿Por qué? Busca la información en el texto (p. 48).**

| | | | | |
|---|---|---|---|---|
| [¿] | no quiere ir | al centro cultural / a la bolera / al centro comercial / al cine | porque | [¿] |

**b ¿Qué hace Roberto esta tarde?**

## VOCABULARIO

**3 a Encuentra los lugares.**

**b ¿Con quién quedas en esos lugares? ¿Qué hacéis?**

**Ejemplo:** Quedo con ___ en mi casa. Hacemos los deberes y también …

## PRACTICAR

**4 a Jugad con un dado y practicad las formas del verbo ir. | Bildet Sätze.** ▶ Los verbos, p. 184

| | | |
|---|---|---|
| [yo]<br>[tú]<br>[él/ella]<br>[nosotros/-as]<br>[vosotros/-as]<br>[ellos/-as] | *ir* | al<br>a la |

**b Pregunta a tus compañeros/-as.**

Y tú, ¿adónde vas esta tarde / hoy?

Pues, hoy voy al cine.

Roberto y yo vamos al parque.

0|5 **5 a Alba es muy curiosa. ¿Qué preguntas hace? ¿Qué contesta Roberto?** ▶ Resumen 3

Oye, Roberto, ¿por qué …
… papá y mamá no *(estar)* en casa?
… no *(estar / tú)* hoy con Diego?
… Diego y su familia *(vivir)* en Salamanca?
… *(ver / tú)* una peli en el salón y no en tu habitación?
… Adrián *(estudiar)* inglés?
… ya no *(contestar)* mis preguntas?

… *(querer / él)* ir a Londres.
… *(estar / ellos)* con los abuelos.
… su padre *(ser)* profesor en la Universidad.
… *(preguntar / tú)* mucho.
… él y su familia *(ir)* al cine hoy.
… ahora Adrián y Carla *(estudiar)* inglés en nuestra habitación.

**b Haz tres preguntas más.**

## ESCUCHAR

**6 a** Wie kannst du Vorschläge machen, annehmen oder ablehnen? Suche Beispiele im Text (S. 48). ▶ Resumen 2

| einen Vorschlag machen | ablehnen | zustimmen |
|---|---|---|
| ___ | ___ | Claro. |
| ___ | ___ | ___ |
| ___ | ___ | ___ |

1|35

**b** Escucha las propuestas[1]. ¿Qué contestas?

Sí, claro. ¿Dónde vives?

¡¿Al estadio?! ¡Paso! Tengo que hacer los deberes.

¿Hoy? ¡Vale! ¿Ya tenéis la peli?

¿A la plaza? Sí, ¡voy con vosotros!

No, no puedo porque no tengo dinero.

Überlege dir vor dem Hören, welche Vorschläge zu den Antworten passen könnten.

1 la propuesta *der Vorschlag*

## HABLAR

**7** Trabajad en grupos de cuatro y discutid propuestas para esta tarde. Preparad el diálogo y presentad la escena. Usad los apuntes de 6a.

☺ el cine  la bolera  el parque  ___

☹ el estadio  la plaza  la clase de Inglés  ___

## ESCRIBIR

**8 a** ¿Cómo termina la tarde? | Wähle eine der Situationen aus und schreibe eine Schlussszene für den Lektionstext (S. 48).

1

Roberto va a la bolera. Diego, Laura y Vega …

2

Roberto y Cristina van a la bolera. Pero la entrada …

**b** Lest den Text eures Nachbarn / eurer Nachbarin. Wenn ihr Fehler findet, korrigiert sie gemeinsam.

**c** Lies deinen Text vor.

# 3B UN REGALO PARA SANDRA

**HIER LERNST DU:**
- zu sagen, wann du Geburtstag hast.
- dich zu verabreden.
- zu beschreiben, wie jemand ist.

1 -37

Diego a veces echa de menos a sus amigos de Bogotá, sobre todo a Sandra. En dos semanas es su cumpleaños y él quiere comprar con sus amigos un regalo para ella. Llama a Roberto y a Vega, pero ellos no pueden quedar con él. Al final llama a Laura.

**Laura:** ... Hola Diego. ¿Qué pasa?

**Diego:** ¿Podemos quedar hoy? Mi amiga de Colombia cumple quince años en dos semanas. Y quiero buscar un regalo para ella hoy.

**Laura:** ¡Ah! Sandra, la amiga de los mensajes, ¿no? Y, ¿por qué no preguntas a Carlitos? ¿No podéis quedar en Internet hoy y buscar un regalo juntos?

**Diego:** No, no, tengo que mandar el regalo ya.

**Laura:** Mmh ... Ahora tengo que ir a casa de mis abuelos, pero vuelvo a las cinco. ¿A qué hora quedamos y dónde?

**Diego:** ¿A las seis en la plaza?

**Laura:** Vale.

**Diego:** ¡Por fin llegas!

**Laura:** Tranquilo, son las seis y veinte ... ¿Cuándo es el cumple de Sandra?

**Diego:** Es el 27 de enero. ¿Qué puedo comprar?

**Laura:** ... Vale. ¿Qué hace Sandra? ¿Cómo es?

**Diego:** Mmh, pues es un poco tímida ... Pero con los amigos es muy alegre, siempre cuenta cosas divertidas. También es muy deportista: va mucho en bici ... el fin de semana siempre hace deporte. Pero, ¿un regalo para el deporte? No sé.

**Laura:** ¿Escucha música?

**Diego:** Sí, sí, claro.

**Laura:** ¿Qué tal un cedé de flamenco? ¿Un cedé de Chambao?

**Diego:** Mmh, prefiere el hip-hop ...

**Laura:** Entonces no, ... y ¿lee mucho?

**Diego:** ¿Leer? Nooo, ¡qué va! ¡Casi nunca! Porque siempre está con sus amigos.

**Laura:** ¿Ah, sí? Pues es como yo, graciosa y supermaja.

**Diego:** ... Eh ... sí ... más o menos.

**Laura:** Mira, aquí hay camisetas. Son muy bonitas, ¿no? ¿Qué tal una camiseta con la rana? Las ranas son un poco feas, pero aquí son muy simpáticas ... ¿Diego? ... ¡Diego!

**Diego:** ¿Eh? ... Creo que ya tengo un regalo para Sandra.

**LANDESKUNDE**

In Spanien und Lateinamerika ist es nicht ungewöhnlich, zu einer privaten Verabredung zu spät zu kommen.

## COMPRENDER EL TEXTO

DELE **1** ¿Cómo sigue la frase? | Manchmal gibt es mehrere richtige Antworten.

31|1

1. Diego quiere comprar un regalo …
   - a para sus amigos de Colombia.
   - b para Sandra.
   - c para su familia.

2. Esta tarde, Diego queda …
   - a con Laura.
   - b a las tres.
   - c en la plaza.

3. Comprar el regalo para Sandra es muy difícil porque …
   - a Diego no tiene dinero.
   - b Diego tiene que mandar el regalo ya.
   - c Diego no tiene tiempo.

4. Diego va con Laura porque …
   - a no quiere ir con Roberto.
   - b Roberto y Vega ya tienen un regalo para Sandra.
   - c Laura tiene un poco de tiempo.

5. Sandra es …
   - a graciosa.
   - b alegre.
   - c tímida.

## VOCABULARIO

31|3 **2 a** Ordena los meses.

enero · agosto · diciembre · septiembre · noviembre · julio · abril · junio · marzo · febrero · octubre · mayo

**b** Wer von euch hat als Nächste/r Geburtstag? Fragt euch gegenseitig und stellt euch nach Monaten geordnet auf.

¿Cuándo es tu cumpleaños?

Es el 3 de febrero.

## DESCUBRIR / PRACTICAR

**3 a** Suche im Text (S. 51) die fehlenden Formen von poder (Z. 1–25).

| | poder |
|---|---|
| [yo] | [¿] |
| [tú] | puedes |
| [él/ella] | puede |
| [nosotros/-as] | |
| [vosotros/-as] | |
| [ellos/-as] | |

**b** Worauf musst du bei der Konjugation des Verbs poder achten? ▶ Resumen 4

**c** Jugad con un dado y conjugad los verbos. ▶ Los verbos, p. 183

facultativo

| | |
|---|---|
| ⚀ [Yo] | *poder* |
| ⚁ [Tú] | *volver* |
| ⚂ [Él/Ella] | *contar* |
| ⚃ [Nosotros/Nosotras] | |
| ⚄ [Vosotros/Vosotras] | |
| ⚅ [Ellos/Ellas] | |

VO
32|4

**4** **Completa el diálogo con las formas correctas de poder, volver y contar.** ▶ Los verbos, p. 183

puedes cuentan puede pueden podemos puedo puedes pueden vuelven vuelven

**Diego:** Hola, ¿ [¿] quedar hoy a las seis? Tengo que mandar un regalo a Sandra.
**Roberto:** No, no [¿]. Estoy solo con Alba. Y mis padres [¿] a casa a las 8.
**Diego:** ¿Y no [¿] venir con ella?
**Roberto:** ¿Qué? No, no. Paso. ¿Y Vega no [¿] ir contigo?
**Diego:** No, está con una amiga. Ellas no [¿] quedar hoy conmigo.
**Roberto:** ¿Y tus hermanas?
**Diego:** No están. [¿] a las diez de la noche.
**Roberto:** ¿No [¿] mandar un mensaje de cumpleaños y ya?
**Diego:** ¡No! La fiesta de quince es muy importante en Colombia.
Las chicas [¿] mucho de la fiesta porque es muuuy grande y …
**Roberto:** ¿Todos [¿] hacer fiestas grandes para sus hijas?
**Diego:** No siempre.

## HABLAR

**5** **Queda con un compañero / una compañera de clase. Haced diálogos.** ▶ Resumen 4

*hacer* los deberes
*escuchar* ___
*ver* un poco la tele
*preparar* la clase de Español
*ir* a un concierto de rock
*ir* al centro
*hacer* deporte
*escribir* un mensaje
*ir* a casa de ___
*ir* al cine
*tomar* algo
*leer* un poco
*ir* al centro cultural
*charlar* en Internet

¿Qué haces | esta tarde? / hoy? / mañana? → A la/s ___ tengo que ___.

↙

¿Por qué no ___ a la/s? → No quiero / No puedo / No tengo ganas | porque ___. Pero, ¿tienes ganas de ___?

↙

Sí, vale. → ¿Cómo / ¿Dónde / ¿A qué hora | quedamos entonces?

___ ↙

6 a ¿Cómo es Sandra? Busca información en el texto (p. 51) y describe a la chica.

b ¿En qué regalo piensa Diego?

Creo que el regalo de Sandra es ___ porque ___.

No, yo no creo porque Sandra ___.

¡Qué va! Ella no / (casi) nunca / a veces / (casi) siempre ___.

Creo que Sandra prefiere ___ / quiere ___.

## ESCUCHAR

1|38 **7** a Escucha cómo son los chicos. Relaciona las frases con las fotos.

Con sus amigos es graciosa y divertida. ¡Siempre piensa en fútbol! Es un poco tímida. Es muy curiosa. Habla poco. Es muy deportista. Con sus libros sí es egoísta. Siempre escucha música. Es un chico majo.

33|7 b Describe a tu mejor amigo/amiga. ¿Cómo es? ▶ Para comunicarse, p. 201

## COMPRENSIÓN AUDIOVISUAL

DVD **8** Mira la escena 3 del DVD.

## YA LO SÉ

PF **9** Mañana es el cumpleaños de un amigo. Queréis quedar esta tarde para buscar un regalo. ¿A qué hora tenéis tiempo? A prepara esta ficha y B, la ficha de la página 153. | Verabredet eine Zeit, die euch beiden passt, und einen Ort. ▶ Resumen 4

**A**

Mis planes para esta tarde:
15:00 Hacer deporte en el parque (40 minutos)
16:00 Clase de guitarra en el instituto (90 minutos)
19:30 Hacer los deberes en casa (1 hora)

¿Quedamos a las tres y media?

No, porque a las tres voy al parque y hago deporte. ¿Qué tal a ___?

# 3C ¡HOY ES MI CUMPLE!

**HIER LERNST DU:**
- deinen Tagesablauf zu beschreiben.
- jemandem zum Geburtstag zu gratulieren.

## ACTIVIDAD DE PRELECTURA

**1** Describe las fotos. ¿Quiénes son? ¿Dónde están? ▶ Ein Foto beschreiben, S. 166

1–40

De repente llega Carlitos y pregunta algo a Sandra.
¿Nos vemos esta tarde?
¡Ay Carlitos! ¡Tengo que preparar cosas para la fiesta!
¡Su fiesta!
Carlitos se acuerda un poco tarde y se pone rojo como un tomate.
A mediodía
¿Por qué escribe TQM?
En el recreo todos hablan de la fiesta, pero Sandra está en las nubes porque piensa en el mensaje de Diego.
Por la tarde
Son Tus 15 Años
Vive Esta Edad Mágica Con Mucha Alegría...
felicidades
Para Sandra
De Diego
Sandra vuelve a casa y ve el regalo de Diego en la mesa, es una camiseta con un grafiti. También hay una tarjeta de Diego: «¡Feliz cumple! Salamanca es muy linda, pero echo de menos a mi amiga de Bogotá. BSS, Diego».
¿Qué? ¿Todavía faltan cosas?
Sandra tiene que preparar cosas para la fiesta y hace una lista. Después quiere escribir un mensaje a Diego.
Por la noche
A las once, Sandra se acuesta y sueña con una rana …

## COMPRENDER EL TEXTO

**2** **¿Cómo es el día de Sandra? | A liest einen Satz vor, B nennt die passende Zeitangabe.**

por la mañana · a mediodía · por la tarde · por la noche

1. Sandra se despierta y busca su móvil.
2. Sandra ve el regalo de Diego en la mesa.
3. En el recreo, Carlitos pregunta a Sandra: ¿nos vemos después?
4. Sandra se acuesta.
5. Sandra y Daniel van al cole.
6. Sandra sueña con una rana.
7. Sandra se ducha y se pone su uniforme.
8. Hoy las arepas de queso son para Sandra.

## PRACTICAR

**3** **Practicad los verbos reflexivos. | A wählt ein Verb aus und nennt ein Reflexivpronomen. B bildet die passende Verbform. Korrigiert euch gegenseitig.** ▶ Resumen 6

*ducharse* *quedarse* *acordarse* *despertarse* *ponerse* rojo/-a *irse* *levantarse*

me te se nos os se

**4** **¿Qué hacen o dicen las personas en los dibujos? Completa las frases.** ▶ Resumen 6

facultativo

4|2

1. Los padres [¿] a las seis.

2. Daniel [¿] a las seis y cuarto.

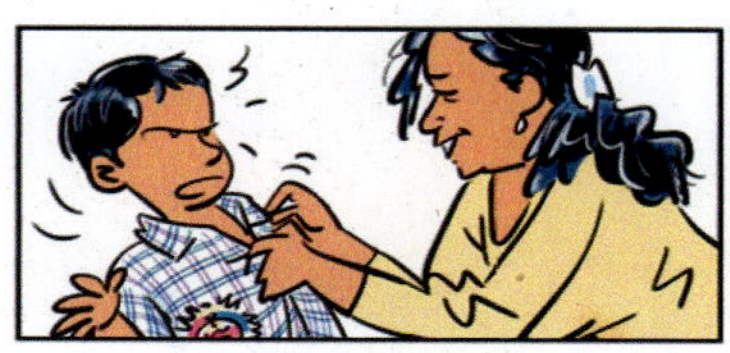

3. «No, ¡no [¿] el uniforme!»

4. «¡Ya [¿]! Adiós.»

5. «¿No [¿] de mi cumpleaños?»

6. «¿[¿] en mi fiesta?»

## APRENDER MEJOR

**5** **Selektives Hörverstehen**

41 ELE

**a** **Escucha: ¿qué hacen Sandra y Daniel por la tarde? ¿A qué hora? Toma apuntes. | Übertrage die Tabelle in dein Heft und fülle sie aus.**

| ¿Quién? | ¿Qué hace por la tarde? | ¿A qué hora? |
| --- | --- | --- |
| Sandra | — | — |
| Daniel | — | — |

**METHODEN** ▶ S. 163

Konzentriere dich beim Hören nur auf die gesuchten Informationen. Notiere dabei Stichwörter.

41

**b** **Höre dir den Text noch einmal an und überprüfe deine Notizen.**

## HABLAR

**6 a** Describe el día de Carlitos. ▶ Resumen 6

Por la mañana   A mediodía   A las tres   Después   Al final

36|5

**b** Y tú, ¿qué haces? ¿cuándo? | Beschreibe deinen Tagesablauf. ▶ Resumen 6

*despertarse*   *levantarse*   *ducharse*   *irse* al instituto   *hacer* los deberes   *escuchar* música
*acostarse*   *hacer* deporte   *ver* la tele   *quedar* con amigos   *ir* a casa de ___ ___

## ESPAÑOL EN DIRECTO

**7** ¿Qué escriben los chicos? Descifra los mensajes.

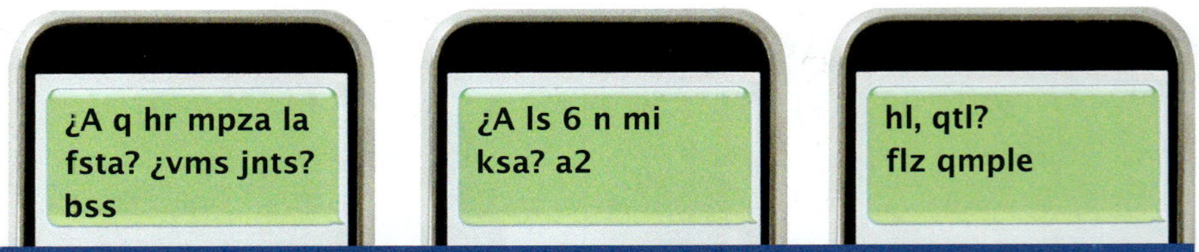


| *Diez palabras importantes en los SMS* | | | | | |
|---|---|---|---|---|---|
| | **a2** adiós | **ksa** casa | **hl** hola | **x fa** por favor | **tb** también |
| | **bss** besos | **fsta** fiesta | **xq** porque | **kdar** quedar | **vms** vamos |

## 3 PUNTO FINAL

Du lebst in Spanien und verabredest dich mit deiner Clique, um ein Geburtstagsgeschenk für eine gute Freundin / einen guten Freund von euch auszuwählen. Ihr diskutiert verschiedene Vorschläge, dann einigt ihr euch. Auf der Geburtstagsfeier überreicht ihr das Geschenk.

1. Schreibt die Szenen in Form eines Drehbuchs auf und verfilmt es.
2. Schreibt drei bis vier Szenen und zeichnet dazu eine Comicgeschichte.

# RESUMEN

### DIE UHRZEIT ERFRAGEN UND ANGEBEN

**1** ¿**Qué hora es**?
Es **la una** y **veinte**.
Son las ocho **de la mañana**.

¿**A qué hora** empieza la peli?
La peli empieza **a las ocho y media**.
¿**A qué hora** haces los deberes?
A las seis **menos cuarto**.

### DAS BENÖTIGST DU

die Fragen **¿Qué hora es?** und **¿A qué hora?**
die Zahlen bis 60 ▶ Los números, p. 178, ▶ *GH 17|21*
die Zeitangaben: **de la mañana/tarde/noche**

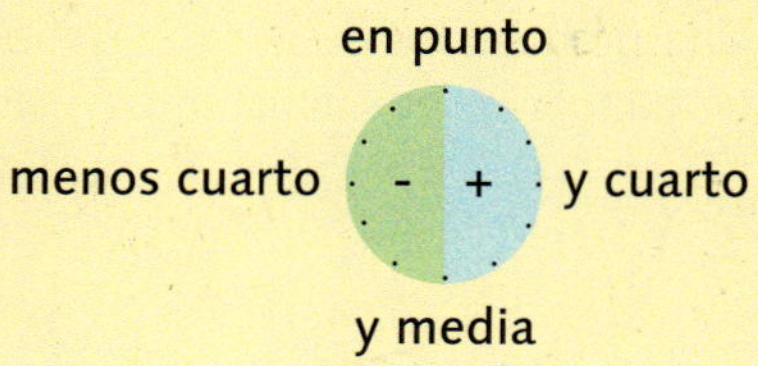


### ETWAS VORSCHLAGEN UND DARAUF REAGIEREN

**2** ¿**Adónde** vamos hoy? ¿**Vamos al** cine?
Sí, yo **voy**.
¡Paso! Yo hoy **voy a** la bolera.

### DAS BENÖTIGST DU

das Fragepronomen **¿adónde?**
das Verb ***ir*** ▶ Los verbos, p. 184, ▶ *GH 17|22*
die Präposition **a** ▶ *GH 18|23*

| | | | |
|---|---|---|---|
| ⚠ **al** | **instituto**<br>**cine**<br>**estadio** | **a la** | **plaza**<br>**cafetería**<br>**bolera** |

### DEN GRUND FÜR ETWAS NENNEN

**3** Y tus amigos, ¿**por qué** no quieren ir a la bolera?
**Porque** no tienen ganas.

### DAS BENÖTIGST DU

das Fragewort **¿por qué?**
die Begründung mit **porque** ▶ *GH 18|24*

### SICH VERABREDEN

**4** ¿**Dónde** quedamos?
En la cafetería. / En mi casa.
¿**Cuándo** quedamos?
Hoy en mi casa.

¿**A qué hora**?
A las seis.

¿**Podemos** quedar hoy? **Quiero** ir al cine.
No, no **puedo**. **Tengo que** hacer los deberes.

### DAS BENÖTIGST DU

die Fragewörter **¿dónde?** und **¿cuándo?**

eine Uhrzeit (s.o.)

die Modalverben ***querer, tener* que**,
***poder*** (o → ue) ▶ Los verbos, p. 182–184, ▶ *GH 19|26*

### SAGEN, WANN JEMAND GEBURTSTAG HAT

**5** ¿**Cuándo** es tu cumpleaños?
Es **el 27 de enero**.
¿Hoy a qué día estamos?
Es 19 de julio.

### DAS BENÖTIGST DU

das Fragewort **¿cuándo?**
die Datumsangabe ▶ Para comunicarse, p. 201
⚠ Das Datum wird im Spanischen **ohne** bestimmten Artikel ausgedrückt.

| EINEN TAGESABLAUF BESCHREIBEN | DAS BENÖTIGST DU |
| --- | --- |
| **6** **A las seis y media** Sandra se despierta y se levanta.<br>**A mediodía** los chicos se van a casa. | die Uhrzeit: **A las ocho ...**<br>Zeitangaben: ▶ Para comunicarse, p. 201<br>**Por** **la la mañana** / **la tarde** / **la noche**<br>**A mediodía** |
| Por la tarde hago los deberes, después **me ducho**.<br>Mi hermano y yo **nos acostamos** a las diez. | einige reflexive Verben ▶ *GH 20\|28*<br>levantar**se**<br>[yo] **me** levanto<br>[tú] **te** levantas<br>[el/ella] **se** levanta<br>[nosotros/-as] **nos** levantamos<br>[vosotros/-as] **os** levantáis<br>[ellos/-as] **se** levantan |

facultativo

## TESTE DEINE GRAMMATIKKENNTNISSE ▶ Lösungen, S. 157

**1** **Escribe el número.**

1. 13 3. 19 5. 4 7. 5
2. 15 4. 20 6. 40 8. 50

**2** **Vervollständige die Fragen mit dem entsprechenden Fragewort.**

1. – ¿[¿] vais? – Vamos al cine.
2. – ¿[¿] quedamos el martes? – A las siete, ¿vale?
3. – ¿[¿] es el cumpleaños de tu hermano? – Es el 29 de enero.
4. – ¿[¿] no estás con tus amigos en la fiesta? – Porque no tengo ganas.
5. – ¿[¿] vamos a Sevilla? – El martes.

**3** **Finde die Formen von ir und poder. Welche Formen fehlen? Ergänze sie.** ▶ *GH 17|22, 19|26*

1. dupeo 3. ovmas 5. eupedn
2. opodems 4. ovy 6. sav

**4** **Ergänze die fehlenden Reflexivpronomen.** ▶ *GH 20 28*

1. [¿] duchas 3. [¿] acordamos 5. [¿] despierto 7. [¿] levantan 9. [¿] ducho 11. [¿] van
2. [¿] despierta 4. [¿] levantáis 6. [¿] acuestan 8. [¿] acuerdas 10. [¿] vamos 12. [¿] duchan

## DAS KANN ICH JETZT! ▶ Para comunicarse, p. 201

- Nenne das heutige Datum und sage, wie spät es gerade ist.
- Verabrede dich mit einem Freund / einer Freundin.
- Beschreibe einen Freund / eine Freundin.
- Sage, was du abends machst.
- Du kannst heute nicht mit den Freunden ausgehen. Sage ab und gib eine kurze Begründung.

acultativo

# REPASO 3

## ¿TE ACUERDAS?

LE **1** **Completa el texto con la forma correcta de los verbos.** ▶ Los verbos, p. 182

Roberto *(cerrar)* el libro de Inglés. Va a la cocina porque *(querer)* comer[1] algo. En la mesa hay un mensaje: «Hola, familia, mañana (*empezar* / yo) un curso de inglés en Londres. Hasta pronto, Adrián.» Al lado hay un mensaje de Alba: «Ya no (*querer* / yo) vivir aquí, (*preferir* / yo) vivir con los abuelos.» ¿Qué pasa aquí? *(pensar)* Roberto. En la mesa del salón hay un mensaje de sus padres: «Hola, chicos, (*pensar* / nosotros) en vosotros, pero (*preferir* / nosotros) vivir solos. Mañana (*empezar* / nosotros) a trabajar[2] en Bogotá, por un año. Vosotros *(preferir)* vivir en Salamanca, ¿no? Pues, muy bien, papá y mamá.»
De repente Roberto *(despertarse)*: ya son las siete de la mañana y (*tener* que) levantarse ¡ya! porque las clases *(empezar)* a las nueve menos diez.

**1** comer *essen* **2** trabajar *arbeiten*

## ESCUCHAR

42 LE **2** **Copia la tabla en tu cuaderno. Después escucha el altavoz[1] y completa la tabla.**

| ¿Adónde? | Llega a las … |
|---|---|
| | |

**1** el altavoz *der Lautsprecher*

43 **3** **Escucha y cuenta: ¿qué hace Sandra? Usa los verbos reflexivos.** ▶ Resumen 6

## PRACTICAR

**4** **Diego ve a Vega. ¿Qué dicen los chicos? Haced minidiálogos como en el ejemplo.**

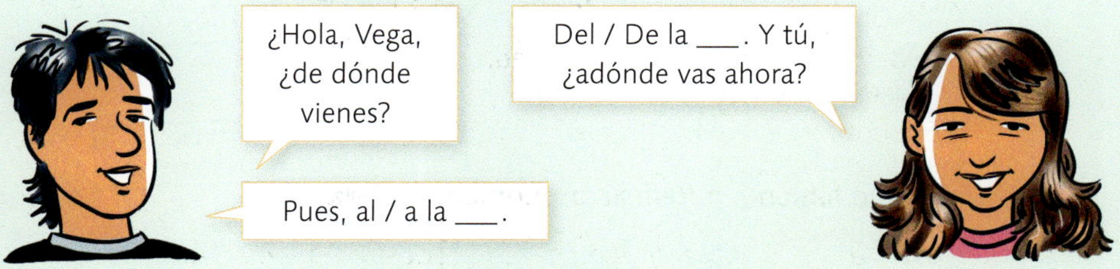


centro cultural · centro comercial · bolera · instituto · plaza · parque · río · librería · cine

**5** **a** **¿Cómo puede ser un chico / una chica? Ordena las letras y encuentra los adjetivos.**

neteresinta · tidivredo · oiuabrrd · ítmdio · oamj · eagoíst · isadeportt · goraciso · riocuso · taronquil

33|7

**b** **Qué crees: ¿cómo es Vega? Escribe un pequeño texto sobre ella.**

| | | | | |
|---|---|---|---|---|
| Creo que es | un poco<br>bastante<br>muy | ___ porque | siempre<br>a veces<br>nunca | *tener* tiempo para sus amigos<br>*acordarse* del cumple de ___<br>*quedar* con ___<br>*pasar* mucho tiempo con ___<br>*escuchar* los problemas de ___<br>*buscar* un regalo bonito para ___<br>*ir* a la bolera con ___<br>*hacer* deporte con ___<br>*escuchar* música en su habitación<br>*contar* cosas divertidas |

32|4

## 6 Completa las frases con la forma correcta de los verbos.

▶ Los verbos, p. 183

**Madre:** Laura, mañana es el cumple de la abuela y (*poder* / nosotros) ir juntos al pueblo[1]. (*volver* / nosotros) el domingo[2].
Laura (*volver*) a su habitación y llama a Vega:
**Laura:** Oye, Vega, mañana vamos a casa de mi abuela y no (*poder* / yo) ir con vosotros a la plaza.
**Vega:** Y ¿cuándo (*volver* / vosotros)? ¿Por la tarde? Pues, entonces (*poder* / tú) venir por la noche a la fiesta de Raúl, ¿no?
**Laura:** ¿Raúl? ¿Qué Raúl?
**Vega:** ¿No (*acordarse* / tú) de él? Siempre (*contar*) cosas divertidas en el recreo.
**Laura:** Ah, sí, ya sé quién es … Bueno, (*poder* / yo) preguntar a mis padres.

**1** el pueblo *das Dorf* **2** el domingo *der Sonntag*

## ESPAÑA EN DIRECTO / MEDIACIÓN

**7 a** **Schaue dir die Preisliste einer spanischen Bowlingbahn an:**

1. Um wie viel Uhr öffnet die Bowlingbahn?
2. An welchen Wochentagen ist sie geöffnet?
3. Du kannst auch Schuhe ausleihen. Wie viel kostet das?
4. Was kostet 32 €?

**METHODEN** ▶ S. 164/1

Viele Elemente können dir helfen, unbekannte Wörter zu entschlüsseln, zum Beispiel Überschriften und die Anordnung des Textes.

**b** **Sechs deutsche Jugendliche möchten an einem Mittwoch in die Bowlingbahn von Salamanca gehen. Sie haben zusammen 30 Euro. Sie verstehen noch nicht viel Spanisch, erkläre ihnen, was sie mit ihrem Geld machen können.**

cultativo

# ¡ANÍMATE! 3

Cumpleaños feliz,
cumpleaños feliz,
te deseamos todos,
cumpleaños feliz.

Cumpleaños feliz,
te deseamos a ti,
cumpleaños, Sandra,
cumpleaños feliz.

Que los cumpla feliz
que los vuelva a cumplir,
que los siga cumpliendo,
hasta el año 3000.

In Spanien wird dem Geburtstagskind pro Lebensjahr je einmal am Ohrläppchen gezogen. Dabei wird zwischen dem rechten und linken gewechselt.

Eine „piñata“

Piñatas gibt es auf jedem Kindergeburtstag in Lateinamerika. Piñatas sind mit Süßigkeiten gefüllte bunte Pappfiguren. Sie werden bei der Feier mit Stöcken zerschlagen, damit die Süßigkeiten herausfallen. Dazu wird das Lied „Dale, dale“ gesungen.

Dale dale dale,
no pierdas el tino,
porque si lo pierdes,
pierdes el camino.
Ya le diste una,
ya le diste dos,
ya le diste tres
y tu tiempo se acabó.

Eine „Quinceañera“

Der fünfzehnte Geburtstag eines Mädchens, der „Quinceañera“, ist in Lateinamerika ein ganz besonderes Fest, das sehr groß gefeiert wird. Es gilt als Übergang zum Erwachsenenalter.

**1** **a** Mira las fotos y lee los textos. | Welche Geburtstagstraditionen kennst du?

**b** Busca más información sobre la fiesta de quince años y la piñata en Internet.

44 **2** Escucha las canciones «Cumpleaños feliz» y canta.

# BALANCE 1

facultativo

Hier kannst du überprüfen, was du in den Unidades 1–3 gelernt hast.

## COMPRENSIÓN AUDITIVA

1|45 DELE **1 a** Escucha los tres mensajes en el contestador automático. | Zu welcher der drei Nachrichten passt das Schild?

1|45 **b** Es martes, son las cuatro y media de la tarde y quieres hacer algo. ¿Puedes ir ahora …

1. al museo[1]?
2. al cine?
3. al centro deportivo?

1 el museo *das Museum*

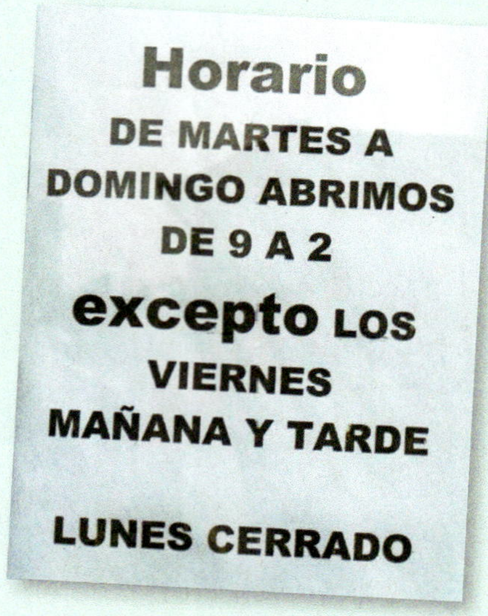


1|46 **2** Escucha: ¿dónde están las personas?

## COMPRENSIÓN LECTORA

DELE **3** Wem wird Timo am ehesten schreiben? Warum? Antworte auf Deutsch.

¡Hola! Busco amigas y amigos por correspondencia. Hablo español e inglés, hago mucho deporte (vóleibol, gimnasia) y escucho rock y heavy metal. ¿Me escribes?
Sergio, 15 años, Sevilla

Hola, ¿quién me escribe? Hablo español, inglés y un poco de alemán y quiero conocer a chicos y chicas de otros países. Toco la guitarra y juego al fútbol en un equipo de chicas. ¿Me envías un mensaje?
Sara, 14 años, Zaragoza

Hola, amigos: ¿Quieren conocerme? Hablo español e inglés, escucho todo tipo de música, voy mucho al cine para ver películas y leo mucho. Escríbanme pronto. ¡Siempre contesto todos los mensajes!
Camila, 15 años, Bogotá

facultativo

## EXPRESIÓN ORAL

**4** **Preséntate en español.**

- Nenne deinen Namen, dein Alter und deine Adresse.
- Stelle deine Familie vor.
- Beschreibe dein Zimmer.
- Erzähle, welche Musik du hörst.
- Schildere den typischen Ablauf eines Schultages.

**5** **Por la mañana, A y B se encuentran en el instituto antes de las clases. Preparad vuestros roles (B → p. 154) y presentad el diálogo.**

**A**

- Du begrüßt B und fragst, wie es ihm/ihr geht.
- Du schlägst vor, dass ihr euch heute Nachmittag trefft, und nennst verschiedene Möglichkeiten (Kino, Einkaufszentrum, bei dir zu Hause, auf einem Platz …).
- Du gibst erst nach, wenn ihr euch auf einen Treffpunkt und eine Uhrzeit geeinigt habt.

## EXPRESIÓN ESCRITA

**6** **Du erhältst folgende E-Mail. Antworte Lola, bedanke dich und schreibe ihr, dass du nicht kannst: Du hast Gitarrenstunde.**

Asunto: Fiesta de Fernando

¡Hola!
Como sabes, mañana es el cumple de Fernando. A las cinco de la tarde hacemos una fiesta sorpresa en su casa. ¿Te apuntas?
BSS, Lola

## MEDIACIÓN

**7** **Ein/e Freund/in will einen Sprachkurs für Anfänger in Spanien machen. Erkläre ihm/ihr, was in die einzelnen Zeilen des Anmeldeformulars eingetragen werden soll.**

**DATOS PERSONALES**

Nombre:
Apellidos:
Dirección:
Teléfono casa:
Teléfono móvil:
Dirección e-mail:
Fecha de nacimiento:

***Nivel de curso:***
- principiante
- intermedio
- avanzado
- superior

***Por favor, reserve el siguiente alojamiento:***

Piso compartido:
- habitación individual
- habitación doble

Estancia en familia:
- media pensión
- pensión completa

# 4 MI VIDA DE CADA DÍA

## ¡ACÉRCATE!

**HIER LERNST DU:**
- über deinen Stundenplan zu sprechen.
- über Schulfächer zu sprechen.

### ACTIVIDAD DE PRELECTURA

**1** Schaue dir den Stundenplan an. Welche Fächer erkennst du? Welche Fächer gibt es auch an deiner Schule?

**Horario de la clase 2°A de ESO**

| | LUNES | MARTES | MIÉRCOLES | JUEVES | VIERNES |
|---|---|---|---|---|---|
| 8.50–9.40 | Música | Matemáticas | Inglés | Música | Tutoría |
| 9.45–10.35 | Matemáticas | Educación Física | Matemáticas | Matemáticas | Educación Física |
| 10.40–11.30 | Inglés | Lengua Castellana y Literatura | Lengua Castellana y Literatura | Lengua Castellana y Literatura | Optativas* |
| 11.30–11.55 | Recreo | | | | |
| 11.55–12.45 | Geografía e Historia | Ciencias Naturales | Música | Inglés | Religión |
| 12.50–13.40 | Lengua Castellana y Literatura | Religión | Ciencias Naturales | Ciencias Naturales | Lengua Castellana y Literatura |
| 13.45–14.35 | Educación para la Ciudadanía y Derechos | Inglés | Optativas* | Geografía e Historia | Geografía e Historia |

*Optativas: Francés, Alemán

1 47

¿Cuál es tu asignatura favorita?
Inglés, porque la profe es muy maja.
2

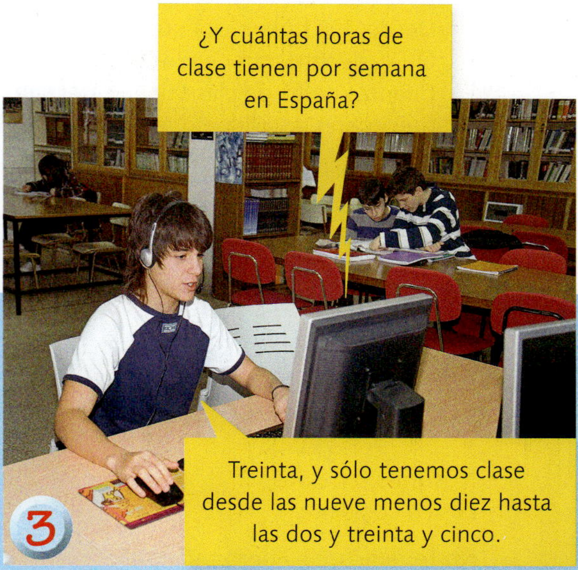
¿Y cuántas horas de clase tienen por semana en España?
Treinta, y sólo tenemos clase desde las nueve menos diez hasta las dos y treinta y cinco.
3

INSTITUTO
UCÍA de MEDRANO
Junta de Castilla y León
4

## COMPRENDER EL TEXTO

**2** **Contesta las preguntas.**

41 | 1

1. ¿Desde qué hora hasta qué hora los chicos del 2°A de ESO tienen clase?
2. ¿Qué asignatura tienen los chicos todos los días[1]?
3. ¿Cuántas horas de clase tienen por semana / por día?
4. ¿Cuáles son las asignaturas favoritas de Laura y Roberto?

1 todos los días *jeden Tag*

## HABLAR

**3** **Comparad vuestro horario con el horario de los alumnos del instituto Lucía de Medrano.**

| | |
|---|---|
| Nosotros tenemos<br>Los chicos tienen | ___ horas de Inglés / ___. |

| | | |
|---|---|---|
| Nosotros tenemos<br>Los chicos tienen | clase | por la mañana.<br>por la tarde.<br>desde la/las ___ hasta la/las ___. |

No tenemos ___, pero tenemos ___.

| | | |
|---|---|---|
| En el instituto de los chicos<br>En nuestro instituto | el recreo<br>una hora de clase | tiene ___ minutos. |

**4** **Mirad la foto 4, p. 67. ¿De qué hablan los chicos? Haced diálogos y presentad la escena.**

quedar con ___ | tener clases de ___ | preparar los deberes | ir a ___ | hacer una fiesta | ___

## YA LO SÉ

**5** **Haz una encuesta en tu clase. Habla con al menos seis compañeros/-as y apunta las respuestas. Después presenta los resultados a tu grupo.**

PF

¿Cuál es tu asignatura favorita?
¿Quién es tu profe favorito?
¿Qué día es interesante/divertido/aburrido para ti? ¿Por qué?
¿Qué asignatura es difícil/divertida ___ para ti?
¿Por qué? ___

## COMPRENSIÓN AUDIOVISUAL

DVD **6** **Mira la escena 4: ¿qué cuentan los chicos?**

# 4A ¿QUÉ TAL EN EL INSTITUTO?

**HIER LERNST DU:**
- über Schule und Noten zu sprechen.
- zu sagen, wie du gelaunt bist.

http://vega-salamanca.blog.es

**9 de febrero 16:07**

¿No pensáis que el instituto es un poco como vuestra segunda casa? Yo, ¡SÍ! … Y NO MOLA NADA. Paso allí mi vida: cada día desde las nueve de la mañana hasta el mediodía … Llego a casa a las tres y ¡me muero de hambre! Como algo y después, tengo que hacer los deberes, ¡qué horror! … Pero tengo mucha suerte con mis amigos: compartimos todo ;-). Odio escribir textos, pero Lengua es el fuerte de Laura, mi mejor amiga, ella me escribe las redacciones. Y yo soy buena en Mates y siempre le doy mis deberes. Así tenemos mucho tiempo para charlar después de los deberes.

P.D.: Hoy estoy muy nerviosa y no os escribo mucho porque mañana ¡nos dan las notas! (¿¿¿Me da un sobresaliente el profe de Mates???)

**Comentarios**

**Rosa_Valencia: 9 de febrero 16:25**

Es verdad, pasamos muuuuuuucho tiempo en el instituto, pero siempre estamos con los amigos, ¿no? En clase, en el patio o en la cafetería … Y los profes a veces son bastante majos. Nosotros tenemos un buen profe de Inglés. Se llama John, tiene 25 años y es de Londres. En clase nos cuenta un montón sobre la vida allí, sobre la gente y sobre la música. Vemos pelis, escuchamos música … y ¡NO nos pone muchos deberes!
Bueno, el instituto no siempre es divertido, claro. A veces tienes un buen día y a veces … uff, te aburres como una ostra …

**AntonioBanderas_Junior: 9 de febrero 16:33**

Estoy harto de ir al instituto. Es verdad, en la ESO, la vida ya no es fácil. Los profes son muy estrictos, tenemos que estudiar un montón y así sólo puedo pasar poco tiempo con mis amigos. A veces tengo un mal día porque en clase no entiendo ni jota. Tengo muchos problemas con Naturales y siempre saco malas notas. Hay un examen el lunes y necesito sacar un suficiente. Ahora aprendo todo DE MEMORIA …

**GranHermano_11: 10 de febrero 17:46**

¿Qué? No, no. Aprender de memoria es una mala idea. Tienes que poner atención en la clase y hacer muchas preguntas a los profes. Yo siempre les pregunto todo y no soy un empollón. ¿Por qué no estudias un poco cada día? Así es fácil sacar buenas notas. Suerte en tu examen.
@ Vega: ¡Qué buena idea!, «compartir» los deberes. Yo también estudio con mis amigos.

**Vega: 20 de febrero 18:56**

¡Estoy superfeliz! Tengo un sobresaliente en Mates (¡qué sorpresa, 5 notables y 3 suficientes!). Mis padres también están muy contentos y tienen una sorpresa para mí …

Crea tu blog

Escribe tu comentario

Nombre

Enviar

Tema del blog: «Así es mi vida en el instituto …»

Ver el perfil

Buscador

Busca en el blog «¿Qué tal en el instituto?»

Buscar

Suscríbete

Invitar como amigo

Escribir mensaje

Enviar a un amigo

Invitar a un grupo

Archivo

Agosto
Septiembre
Octubre
Noviembre
Diciembre
Enero

## APRENDER MEJOR

**1 Leseverstehen**

**a** Schaue dir den Text, S. 69, zehn Sekunden lang an. Um was für eine Textsorte handelt es sich? Woran erkennst du das?

> **METHODEN** ▶ S. 164
> Du kannst oft an der Gestaltung erkennen, um was für einen Text es sich handelt (z.B. Gedicht, Zeitungsartikel, Werbung etc.).

**b** Finde die entsprechenden Stellen auf S. 69.

Wo klickst du, wenn du
– einen Kommentar schreiben willst?
– etwas auf dieser Seite suchen möchtest?
– einen eigenen Blog erstellen möchtest?

## COMPRENDER EL TEXTO

**2 a** ¿Qué cuentan los chicos sobre el instituto? Haz una lista.

| + | – |
|---|---|
| Rosa: estar con los amigos en el instituto | Vega: pasar la vida en el instituto |

**b** Mira la lista de a: ¿qué piensas tú de la vida en el instituto? Completa la lista y cuenta.

## ESCUCHAR

1|50
42|2

**3** Escucha y cuenta: ¿cómo están los chicos? ¿Por qué? ▶ Resumen 4

**Ejemplo:** Cristina está ___ porque ___.

## HABLAR

**4** Ahora cuenta tú: ¿cómo estás hoy? ▶ Resumen 4

| | | | | |
|---|---|---|---|---|
| Hoy | *estar* | super<br>muy<br>bastante<br>un poco | contento/-a<br>feliz<br>nervioso/-a<br>harto/-a de ___ | porque ___. |

**5** Lee las preguntas y busca
6 ejemplos. Cuenta a tu
7 compañero/-a. ▶ Resumen 1

¿Qué es para ti
- un buen profesor / una buena profesora?
- un buen amigo / una buena amiga?
- un buen día?
- un mal día?
- un buen instituto?

Un buen día para mí es el lunes porque ___.

Un buen amigo siempre ___.

Un buen profe no ___.

## DESCUBRIR

**6 a** **Worauf beziehen sich die Pronomen me, le und les in diesen Sätzen?** ▶ Resumen 2

1. Laura **me** escribe las redacciones. Y yo siempre **le** doy mis deberes. (l. 6–7)
2. Tienes que hacer muchas preguntas a los profes. Yo siempre **les** pregunto todo y no soy un empollón. (l. 26–27)

**b** **Wie würdest du die Sätze von a im Deutschen wiedergeben?**

**c** **Wie lautet jeweils der zweite Teil des Satzes?**

| | | | | |
|---|---|---|---|---|
| Pablo pregunta mucho | a su mejor amiga<br>a sus amigas<br>a sus padres<br>a su profe | y | le<br>les | cuenta todo. |

## PRACTICAR

5 **7** **Completa las frases con los pronombres de complemento indirecto.** ▶ Resumen 2

**8** ¿Cómo es la vida en tu instituto? Cuenta y usa las formas correctas de **mucho** y **poco**. ▶ Resumen 3

En nuestro instituto
En mi clase

- [¿] profesores son muy estrictos. / majos.
- [¿] alumnos tienen problemas con [¿].
- los profesores ponen [¿] deberes.
- hay [¿] actividades[1], por ejemplo [¿].
- [¿] alumnos sacan buenas / malas notas.
- [¿] exámenes son fáciles/difíciles.
- pasamos [¿] tiempo en / con [¿].

1 la actividad *die Beschäftigung*

## VOCABULARIO

42|3 **9** ¿Cómo lo dices en español? Busca estas expresiones en el texto, p. 69.

sich langweilen · sich gut fühlen · keine Lust haben · aufgeregt sein · nichts verstehen · etwas nicht mögen · etwas macht keinen Spaß

## YA LO SÉ

**10** PF Escribe un comentario en el blog de Vega y cuéntale sobre tu vida en el instituto. Usa también las expresiones de 9.

Soy | bueno/-a en ___ / malo/-a en ___

*sacar* / *tener* | buenas / malas notas en ___ / muchos deberes / examen de ___ el lunes/martes ___

*tener* un | sobresaliente en ___ / notable / bien / aprobado[1] / suspenso[2]

*estudiar* | juntos/-as / cada día

*aprender* de memoria
*escribir* redacciones
*poner* atención en clase
*hacer* muchas preguntas
*ser* un empollón/una empollona

**METHODEN** ▶ S. 170

Mit Hilfe einer Checkliste kannst du deine Fehler selbst korrigieren.

**LANDESKUNDE**

**Las notas en España**

8,5–10 sobresaliente
7–8,4 notable
6–6,9 bien
5–5,9 aprobado/suficiente
0–4,9 suspenso/insuficiente

1 el aprobado *ausreichend (Schulnote)*
2 el suspenso *ungenügend (Schulnote)*

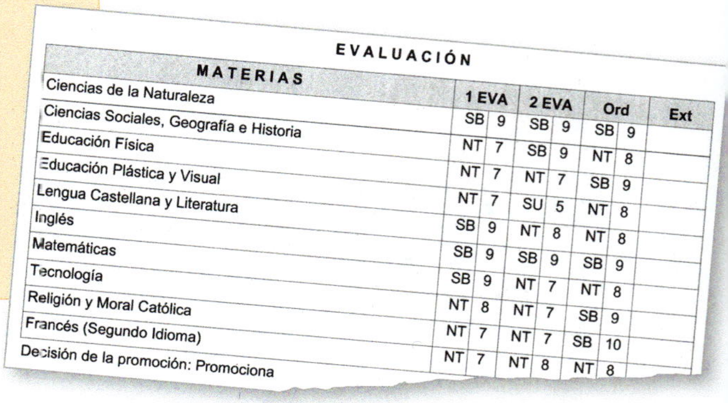

EVALUACIÓN

| MATERIAS | 1 EVA | | 2 EVA | | Ord | | Ext |
|---|---|---|---|---|---|---|---|
| Ciencias de la Naturaleza | SB | 9 | SB | 9 | SB | 9 | |
| Ciencias Sociales, Geografía e Historia | NT | 7 | SB | 9 | NT | 8 | |
| Educación Física | NT | 7 | NT | 7 | SB | 9 | |
| Educación Plástica y Visual | NT | 7 | SU | 5 | NT | 8 | |
| Lengua Castellana y Literatura | SB | 9 | NT | 8 | NT | 8 | |
| Inglés | SB | 9 | SB | 9 | SB | 9 | |
| Matemáticas | SB | 9 | NT | 7 | NT | 8 | |
| Tecnología | NT | 8 | NT | 7 | SB | 9 | |
| Religión y Moral Católica | NT | 7 | NT | 7 | SB | 10 | |
| Francés (Segundo Idioma) | NT | 7 | NT | 8 | NT | 8 | |

Decisión de la promoción: Promociona

# 4B ¿QUÉ TE GUSTA HACER?

**HIER LERNST DU:**
- über deine Hobbys zu sprechen.
- zu sagen, was dir (nicht) gefällt.

## ACTIVIDAD DE PRELECTURA

**1** Was kann man nachmittags im Lucía de Medrano machen? Wo würdest du hingehen?

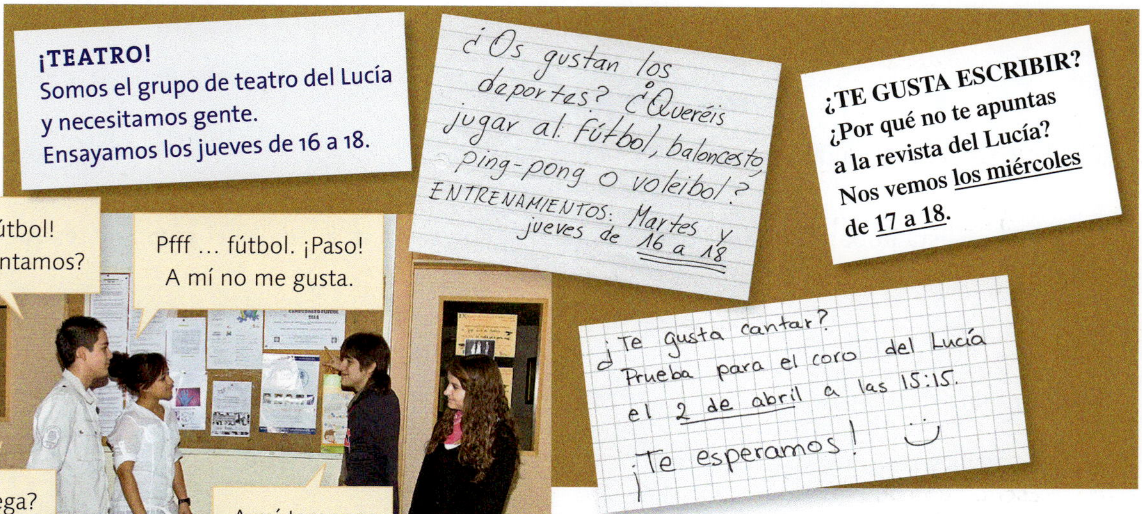

### ¡Vaya partido!

Roberto juega muy bien al fútbol. Por eso se apunta al equipo del instituto. El jueves tienen un partido contra el Instituto Fray Luis de León. Pero el martes Roberto no tiene tiempo para ir al entrenamiento. «No pasa nada, el Fray Luis es un equipo bastante malo» piensa Roberto.
Ya es jueves. El partido no empieza bien para el Lucía … El Fray Luis mete un gol ya en el minuto 4. Pero diez minutos después, Roberto también mete un gol. En el minuto 44, el Fray Luis tiene tiro de esquina. Roberto no quiere problemas y saca el balón, ¡pero mete gol en SU portería!

### En el grupo de teatro

A Laura le gusta mucho el teatro. El jueves a las cuatro está delante de la puerta del aula. Pero en la puerta lee «Hoy prueba para los nuevos.» y ya no quiere entrar. «¡Los nuevos tienen que hacer una prueba! ¡Qué horror!» piensa Laura, «¡creo que me pongo como un flan! Bueno, me voy …» De repente alguien abre la puerta. Es Tomás, un chico de la clase 2B: «Hola, Laura, ¿quieres hacer la prueba? ¡Qué bien! Pues, mira, ensayamos para la fiesta del instituto, bueno, ahora te explico todo, ¿vale? …» Tomás habla y habla, Laura entra con él en el aula y ya no piensa en irse.

## COMPRENDER EL TEXTO

**2 a Contesta las preguntas.**

1. ¿A qué actividades se apunta Roberto?
2. ¿Cuándo es el entrenamiento para los deportes?
3. ¿A quiénes les gusta el fútbol?
4. Es el minuto 44: ¿en qué portería mete gol Roberto?

**b ¿Qué pasa con Laura? Pon las frases en el orden correcto (l. 17–29).**

a Tomás ya está en el grupo de teatro y le explica todo a Laura.

b Por eso no quiere hacer la prueba para los nuevos.

c Pero no puede irse porque Tomás llega.

d Piensa que en la prueba se pone como un flan.

e Al final Laura está muy contenta.

f A Laura le gusta el teatro, pero es un poco tímida.

**c ¿Cómo está Roberto después del partido? ¿Por qué Laura se queda en el grupo de teatro?**

## ESCUCHAR

**3 a Haz una red de palabras.**

jugar al ___ — **el deporte** — el fútbol

1|53 **b Escucha y contesta las preguntas.**

1. ¿Qué equipos juegan?
2. ¿Quién mete el gol: Messi o Raúl?
3. ¿Qué equipo gana[1]?
4. El resultado del partido es: [¿].

1 ganar *gewinnen*

## DESCUBRIR

**4 a Wie würdest du die folgenden Sätze im Deutschen wiedergeben?** ▶ Resumen 5

1. ¿Te **gusta** escribir?
2. ¿Os **gustan** los deportes?
3. A mí, (el fútbol) no me **gusta**.
4. A Laura le **gusta** mucho el teatro.

**b Wann verwendest du me gusta, wann me gustan? Verbinde die Satzteile und formuliere eine Regel.** ▶ Resumen 5

| | |
|---|---|
| | los deportes. |
| Me gusta | jugar al fútbol. |
| Me gustan | los partidos de fútbol. |
| | el teatro. |

## PRACTICAR

//● DELE ▶ 45|2 ▶ 45|3

**5 ¿Qué le gusta a Diego? Completa las frases con las formas de gustar.** ▶ Resumen 5

La peña busca un regalo para Diego. ¿Le [¿] el pop de España? Los amigos preguntan a Diego: «Oye Diego, te [¿] la música de Colombia, ¿verdad? ¿También te [¿] los grupos de España?» Diego les contesta: «Claro que sí. ¡Me [¿] muchos grupos!» Así los amigos le compran el nuevo cedé de Chambao. También les [¿] mucho a ellos. A Diego le [¿] mucho su regalo. En su fiesta a todos les [¿] bailar con la música de Chambao.

## ESPAÑA EN DIRECTO / VOCABULARIO

**6 a** Haz un mapa mental.

**b** Mira la estadística: ¿qué hacen los jóvenes en España? Completa tu mapa mental.

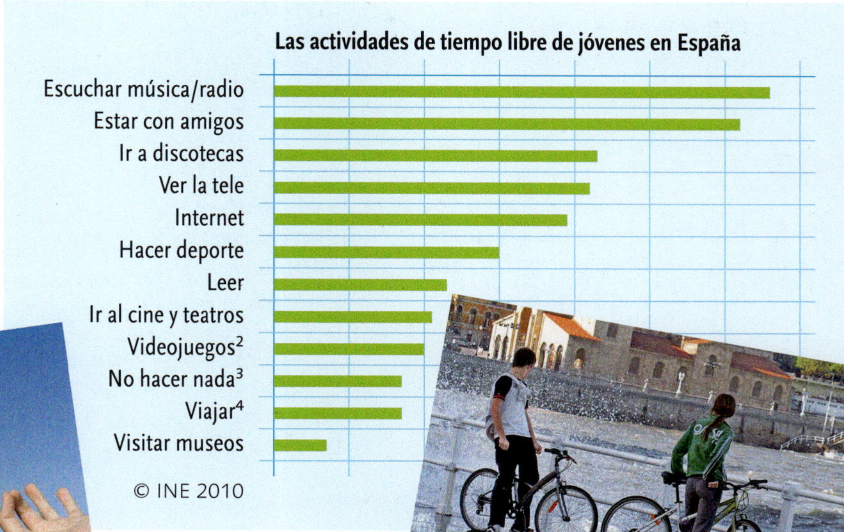


1 el tiempo libre *die Freizeit* 2 el videojuego *das Videospiel* 3 no … nada *nichts* 4 viajar *reisen*

**c** ¿Qué te gusta hacer? Haz una lista de tus actividades favoritas como en **b** y compárala con tu compañero/-a.

## HABLAR

**7** ¿Qué (no) les gusta a tus compañeros/-as? Usad las expresiones de **6a** y **b**. | Finde drei Personen, mit denen du mindestens drei Vorlieben oder Abneigungen gemeinsam hast.

| | |
|---|---|
| – (A mí) me gusta/n ___. | – A mí también.<br>– A mí no. |

| | |
|---|---|
| – (A mí) no me gusta/n ___. | – A mí tampoco.<br>– A mí sí. |

## MEDIACIÓN

**8** Hay un alumno nuevo en vuestra clase: Alejandro, de Sevilla. Todavía no entiende muy bien el alemán. Explícale en español los mensajes.

*An die Klasse 8d:*
*Die Mathestunde fällt heute aus. Wir proben von 12–13 h in der Aula mit der Theatergruppe für die Abschlussfeier.*

DAS TRAINING FÜR DAS SPIEL GEGEN DIE MANNSCHAFT DER SOPHIE-SCHOLL-SCHULE FÄLLT HEUTE AUS!
WIR TREFFEN UNS AM FREITAG UM 15:00 H VOR DEM STADION!

## ESCRIBIR

1|54 **9 a** Escucha el poema. Después cierra el libro y cuenta: ¿qué le gusta a la chica?

1 el grano *der Pickel*
2 dime *sag' mir*

*Me gusta sacar una buena nota,*
*pero a veces no entiendo ni jota.*
*Me gustan los amigos curiosos,*
*pueden ser muy graciosos.*

*Me gusta pasar tiempo contigo*
*porque eres mi mejor amigo.*
*Tener granos[1] no me gusta a mí*
*y ahora dime[2]: ¿qué te gusta a ti?*

**b** Escribe tu poema. Puedes usar:

| | | | | | |
|---|---|---|---|---|---|
| ranas | en el salón | helado[1] | princesa | temprano | favorito |
| mañanas | el balón | resultado | mesa | hermano | bonito |
| hermanas | en mi habitación | pesado[2] | sorpresa | ___ | ___ |
| ganas | un montón | aprobado | ___ | | |
| ___ | ___ | ___ | | | |

cantar tener recibir jugar levantarse

*Me gusta/n ___ y también ___.*
*Me gusta/n ___ pero ___.*
*Me gusta/n ___ porque ___.*
*___ no me gusta/n a mí*
*y ahora dime: ¿qué te gusta a ti?*

1 el helado *das Eis* 2 el pesado *die Nervensäge*

## YA LO SÉ

1|60 **10 a** Escucha la canción. | Was ist das Thema des Liedes?

1|60 **b** Escucha otra vez y lee la letra[1] con ayuda de un diccionario. ¿Qué (no) te gusta?

▶ ¡Anímate! 4, p. 85

| | | |
|---|---|---|
| Me gusta/n | mucho<br>bastante | el estilo[2]<br>el ritmo<br>la voz[3]<br>la melodía<br>la letra |

No me gusta la canción porque ___.

**METHODEN** ▶ S. 161

Prüfe immer, ob die ausgewählte Bedeutung eines unbekannten Wortes zum jeweiligen Satz passt.

1 la letra *der Text* 2 el estilo *der Stil* 3 la voz *die Stimme*

# 4C SEMANA BLANCA

**HIER LERNST DU:**
- jemanden zu etwas aufzufordern.
- zu sagen, was dir weh tut.

En febrero los chicos pasan la Semana Blanca en Baqueira, un pueblo en los Pirineos: cada invierno se van a la nieve con el instituto. El lunes a las ocho de la tarde el bus por fin llega. Los chicos bajan, pero no van al pueblo, quieren ver sus habitaciones y ¡cenar! Después de la cena, Germán, el profesor de Educación Física, y Carmen charlan un poco con los chicos. De repente Germán mira la hora y dice: «Chicos, a dormir … el desayuno mañana es a las siete.» Pero … ¿quién quiere dormir a las diez? En la habitación de Roberto y Diego los chicos escuchan cedés a todo volumen, todos charlan y cuentan chistes … ¡Vaya caos!

El martes a las nueve de la mañana los chicos ya están en la pista. Roberto y Laura ya saben esquiar y se van con su grupo. Vega y Diego están en el grupo de principiantes. Vega tiene miedo de esquiar y cierra los ojos. «¡Me caigo!» piensa ella. Pero Germán está a su lado: «Anda, Vega, tú puedes … ¡Despacio! ¡Muy bien! Ahora vosotros, ¡Diego y Cristina, bajad juntos!» Los chicos bajan por la pista, ¡se caen los tres!

Cristina y Vega se levantan, pero ¿qué pasa con Diego? Germán le pregunta: «¿Estás bien? Toma mi mano …» Diego se levanta pero no habla. Hoy ya no tiene muchas ganas de esquiar …

El miércoles a las ocho, Diego todavía está en su habitación. «¿Qué te pasa?», le pregunta Carmen. «Hoy no salgo, no puedo esquiar porque me duele todo: me duelen las piernas, me duele la espalda y tengo dolor de cabeza.» Carmen mira al chico: «¡Qué va!, Diego, no estás enfermo, ahora ¡levántate ya!» Claro, esquiar es genial, pero bastante agotador, también para un chico deportista como Diego. Los días pasan y sobre todo las noches son geniales: Roberto sabe muy bien tocar la guitarra, Vega canta y los chicos escuchan y hablan de muchas cosas …

**LANDESKUNDE**

Viele spanischen Schüler/innen fahren im Winter mit ihrer Klasse für eine Woche zum Skifahren. Diese Woche heißt „Semana Blanca".

## COMPRENDER EL TEXTO

DELE **1** Corrige los errores.

En febrero, los chicos del Lucía de Medrano pasan dos semanas en Baqueira, una ciudad en los Pirineos. El lunes, a las ocho de la mañana llegan. Están con Carmen y Germán, el profesor de Música. Por la noche, Germán escucha música con los chicos en sus habitaciones y les cuenta chistes.
El martes, los chicos están en la pista a las 11 de la mañana. Roberto y Laura no saben esquiar, pero no tienen miedo de bajar. De repente, Roberto se cae. Pero no pasa nada, él todavía tiene muchas ganas de esquiar.
El miércoles, Roberto no quiere levantarse porque le duele la espalda. Pero Carmen no comprende que el chico está enfermo. Por eso Carmen le dice: «Puedes dormir media hora más.»
A los chicos no les gusta mucho la Semana Blanca. Sobre todo las noches son muy aburridas: Diego toca la guitarra y Vega cuenta chistes ... Al final casi todos quieren volver a casa.

## ESCUCHAR

1|58 DELE 47|2

**2 a** Escucha: ¿en qué orden hablan los chicos? Apunta los números en tu cuaderno.

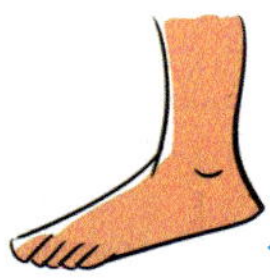
1. el pie

2. el brazo

3. la boca

4. la nariz

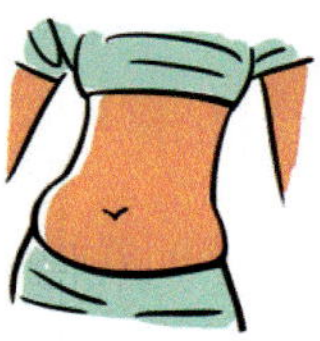
5. la barriga

facultativo

**b** ¡A tu compañero/-a le duele todo! Haz preguntas y él/ella contesta como en el ejemplo. ▶ Resumen 8

**Ejemplo:** – ¿Por qué no juegas al fútbol? – Porque me duele el pie.

*ir* en bici *jugar* al fútbol/baloncesto/___ *escribir* *leer* una revista / un libro / ____ *comer* *levantarse* *tocar* la guitarra *dormir*

## DESCUBRIR

**3 a** Relaciona las frases con el dibujo correcto. | Wann benutzt du saber, wann poder?

No sabe esquiar.
No puede esquiar.

DELE 48|7

**b** Completa las frases con saber o poder.

1. Roberto [¿] tocar muy bien la guitarra.
2. Vega no [¿] bajar por la pista porque tiene miedo.
3. Vega [¿] cantar muy bien.
4. Paco todavía no [¿] escribir. Solo tiene dos años.
5. Daniel no [¿] ir en bici porque le duele el pie.
6. Diego no [¿] levantarse porque le duele la espalda.

## HABLAR

**4** Estás en Baqueira y haces un curso de esquiar. Un chico español quiere saber muchas cosas de ti y te hace preguntas. ¿Qué le contestas?

facultativo

esquiar · bajar por las pistas difíciles · hablar español · tocar la guitarra · ir al cine hoy por la tarde · jugar a ___ · hoy cenar conmigo · ___

¿Puedes ___?

Claro. Pero hoy no puedo porque ___.

¿Sabes ___?

No, pero sé ___. Podemos ___.

**5** Diego tiene un mal día porque todos le dan órdenes. Dadle órdenes también. ▶ Resumen 7

7|3
8|5
PF

**Ejemplo:** ¡Levántate!

*abrir* ___

*levantarse*

*escribir* un SMS a ___ / un texto ___

*contar* ___

*cerrar* la puerta

*llamar* a ___

*jugar* al ___ conmigo

___

*leer* ___

*dar* ___ a ___

## ESCRIBIR

**6** **a** ¿Qué le pasa a Diego? Escribid la historia juntos.

LE

Überlegt euch vorher, welche spanischen Wörter ihr für jedes Bild verwenden wollt.

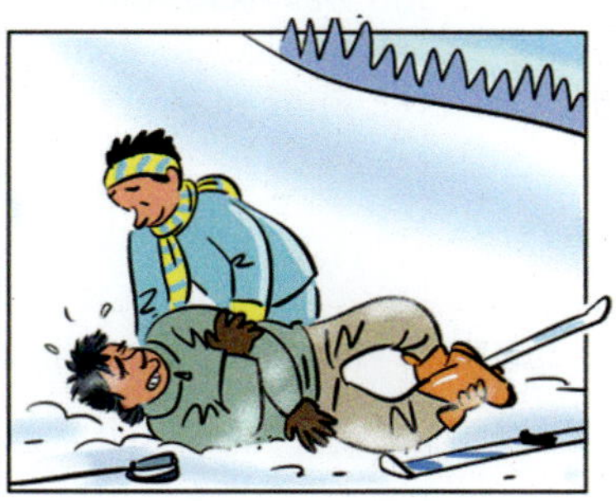

**METHODEN** ▶ S. 168
Gestalte den Text, indem du Konnektoren verwendest.

**b** Presentad la historia en clase.

## ESPAÑA EN DIRECTO

**7** El profesor de Educacion Física de tu instituto quiere tener información sobre la Semana Blanca en Andorra, pero no habla español. Lee el folleto y contesta sus preguntas.

1. Wann findet die Semana Blanca statt? Wer hat sie organisiert?
2. Wie viele Plätze gibt es insgesamt?
3. Wo wohnen die Jugendlichen während ihres Aufenthaltes?
4. Wie viele Stunden Skiunterricht erhalten die Jugendlichen pro Tag?

***XVI SEMANA BLANCA***

**FECHAS:** 5 al 10 de abril de 2010
**LUGAR:** Andorra, Estación Gran Valira
**RÉGIMEN DE ALOJAMIENTO:**
Hotel *** Cérvol (Andorra La Vella)

**DESTINATARIOS:**
De 14 a 17 años (25 plazas)
De 18 a 30 años (25 plazas)

**PLAZAS:** 50

**SALIDA:** Domingo 5 de abril a las 8:00 horas. En Avda. Mirat (frente Pz. Gabriel y Galán)

**REGRESO:** Sábado 11 de abril a las 5,00 horas en Avda. Mirat (frente Pz. Gabriel y Galán)

**CUOTA:**
De 14 a 17 años **230 €**
De 18 a 30 años **300 €**
***Suplemento Snow:* + 35 €**

**AGENCIA DE VIAJES:** Viajes Salamanca

***El precio incluye:*** Autocar empresa AUTIN o similar de 52 plazas
Estancia de 5 noches. Media pensión
Forfait 5 días de Gran Valira
Habitaciones múltiples
5 comidas en pista
Alquiler equipos 5 días
Curso 10 horas (2h/día)
Seguro

## 4 PUNTO FINAL

**a** Eine spanische Schule hat mit eurer Schule Kontakt aufgenommen und möchte die Schüler/innen kennen lernen, die Spanisch lernen. Erstelle in einem Blog ein Portrait von dir.

Diese Informationen sollten enthalten sein:

- was du (nicht) gerne magst.
- was du an deiner Schule magst und was nicht. (Stundenplan, Lieblingsfächer, Noten, AGs)
- was du in deiner Freizeit machst (Sport, Musik, andere Aktivitäten …).
- die Leser/innen auffordern, einen Kommentar zu schreiben.
- ___.

**b** Lies den Blog deines Nachbarn / deiner Nachbarin. Korrigiert euch gegenseitig.

**METHODEN** ▶ S. 170
Mit Hilfe einer Checkliste kannst du systematisch Fehler korrigieren.

**c** Erstellt mit Hilfe eurer überarbeiteten Texte einen Blog, in dem ihr eure Klasse vorstellt.

# RESUMEN

| ÜBER DIE SCHULE SPRECHEN | DAS BENÖTIGST DU |
|---|---|
| **1** Nuestro profe de Mates es **bueno/malo**.<br>Tenemos un **buen/mal** profe de Naturales.<br>A veces saco **malas** notas en Francés. | die Adjektive **bueno/-a** und **malo/-a** ▶ *GH 24\|36*<br>⚠ Vor einem maskulinen Substantiv im Singular verlieren **bueno** und **malo** das **-o** |
| **2** A veces mi amiga **me** manda mensajes.<br>Vale, **te** doy mi libro.<br>¿Por qué no **le** contestas?<br>El profe no **nos** pone muchos deberes.<br>Hoy no **os** escribo mucho.<br>Siempre **les** pregunto todo. | Verben wie ***dar, poner, escribir, preguntar, contestar, mandar***<br>die indirekten Objektpronomen: ▶ *GH 28\|33*<br>Singular: **me**, **te**, **le**<br>Plural: **nos**, **os**, **les** |
| **3** Hoy no tengo **mucho** tiempo.<br>Hoy hay **poca** gente en la calle.<br>El profe de Mates nos pone **pocos** deberes.<br>En nuestro instituto hay **muchas** profesoras. | die Begleiter **mucho** und **poco** ▶ *GH 24\|37* |

| | ♂ | | ♀ | |
|---|---|---|---|---|
| Singular | **mucho**<br>**poco** | tiempo | **mucha**<br>**poca** | gente |
| Plural | **muchos**<br>**pocos** | chicos | **muchas**<br>**pocas** | chicas |

| SAGEN, WIE DU GELAUNT BIST | DAS BENÖTIGST DU |
|---|---|
| **4** ¿Cómo **estás**?<br>Hoy **estoy** un poco **nervioso**.<br>Ana **está bastante harta** de Mates. | das Verb ***estar*** und einige Adjektive wie **feliz, nervioso/-a, contento/-a, harto/-a, enfermo/-a**<br>Adverbien wie **muy, bastante, un poco, super-**<br>▶ *GH 23\|34* |

| SAGEN, WAS DU (NICHT) MAGST | DAS BENÖTIGST DU |
|---|---|
| **5** ¿Qué te **gusta** hacer?<br><br>Me **gusta** el teatro.<br>¿Os **gustan** los deportes?<br>No le **gusta** escribir mensajes. | das Verb ***gustar*** mit den indirekten Objektpronomen ▶ *GH 24\|38*<br>(a mí) / (a ti) / ___ — me / te / le / nos / os / les — **gusta** + Substantiv im Singular; **gustan** + Substantiv im Plural; **gusta** + Infinitiv eines Verbs |
| A **mí** sí/no.<br>¿Y **a ti**? | die Präposition **a** mit den unverbundenen Personalpronomen ▶ *GH 24\|39*<br>a **mí** / **ti** / **él/ella**<br>a **nosotros/-as** / **vosotros/-as** / **ellos/ellas** |
| A mí **también** (me gusta/n).<br>A él **tampoco** (le gusta/n). | die Adverbien **también** und **tampoco** |
| **6** **Juego al** ordenador.<br>¿Te gusta **jugar al** baloncesto? | das Verb ***jugar*** (u → ue) ▶ Los verbos, p. 183<br>⚠ ***jugar*** **+ a** + Sportart/Spiel |

## JEMANDEN ZU ETWAS AUFFORDERN

7 ¡**Baja** el volumen!
¡**Levántate**!
¡**Lee** el mensaje!
¡**Subid** al bus!

¡**Ten** cuidado!
¡**Ven** aquí!

## DAS BENÖTIGST DU

den Imperativ der Verben ▶ *GH 26|40*

| **Infinitiv** | **tú** | **vosotros/-as** |
|---|---|---|
| bajar | ¡baj**a**! | ¡baj**ad**! |
| leer | ¡le**e**! | ¡le**ed**! |
| subir | ¡sub**e**! | ¡sub**id**! |

einige unregelmäßige Imperativformen

## SAGEN, DASS DIR ETWAS WEH TUT

8 ¿Te **duele** algo?
**Me** duele la **mano**.
A Diego **le** duelen las **piernas**.
Tengo dolor de **cabeza**.

## DAS BENÖTIGST DU

das Verb ***doler*** ▶ Los verbos, p. 183, ▶ *GH 28|45*
die indirekten Objektpronomen

facultativo

## TESTE DEINE GRAMMATIKKENNTNISSE ▶ Lösungen, S. 157

**1** **Ergänze die richtige Form von bueno.** ▶ *GH 24|36*

1. Tengo un [¿] amigo en España.
2. Nuestra profe de Inglés es [¿].
3. Daniel es un [¿] profe. Pone pocos deberes.
4. Tenemos [¿] amigos en Colombia.

**2** **Bilde die korrekte Form der indirekten Objektpronomen.** ▶ *GH 22|33*

1. – ¿Cuándo [a nosotros] [¿] escribes?
   – [¿] escribo mañana.
2. [A Juana] [¿] doy mi libro.
3. El profe siempre [a ellos] [¿] da buenas notas.
4. ¿No [a vosotras] [¿] explican todo?

**3** **Ergänze die korrekte Form von gustar.** ▶ *GH 24|38*

1. Nos [¿] contar chistes.
2. A Pablo le [¿] los grupos de flamenco de España.
3. ¿Os [¿] el libro de español?
4. Me [¿] los regalos.

**4** **Bilde die korrekte Form des Imperativs.** ▶ *GH 26|40*

1. [vosotros] *cantar*
2. [tú] *subir*
3. [tú] *venir*
4. [tú] *jugar*
5. [vosotros] *leer*
6. [vosotros] *venir*
7. [tú] *levantarse*
8. [tú] *tener* cuidado

## DAS KANN ICH JETZT! ▶ Para comunicarse, p. 208

- Beschreibe deinen Stundenplan für den Freitag.
- Sage, was dein Lieblingsfach ist. Wie fragst du jemanden danach?
- Sage, wie du dich nach einer Klassenarbeit fühlst.
- Sage, was du gerne machst.
- Fordere deine/n Nachbarn/-in auf, fünf Dinge zu tun.
- Sage, dass du Kopfschmerzen hast und dir der Rücken weh tut.

acultativo

# REPASO 4

## ¿TE ACUERDAS?

**1** **A mira un minuto los dibujos, después cierra el libro. B hace preguntas, A contesta.**

**Ejemplo:**
– ¿Dónde está Laura a las ocho y cuarto?
– Está en la cocina, en casa.
– ¿Adónde …?

¿adónde? ¿por qué? ¿quién? ¿quiénes? ¿dónde? ¿cuándo? ¿a qué hora? ¿cómo? ¿qué? ¿de dónde?

**2** **Diego hace propuestas para quedar con Roberto, pero él no puede. A formula una propuesta de Diego, B una respuesta de Roberto (p. 154).**

¿Podemos quedar hoy a las tres en la plaza?

No puedo, tengo que ir a casa de mi abuela.

| | | |
|---|---|---|
| *quedar* en la plaza<br>*ir* a la bolera<br>*hacer* los deberes juntos<br>*preparar* el texto para mañana<br>*comprar* el cedé para Laura<br>*hacer* deporte<br>*mandar* las fotos a Sandra y Carlitos<br>*buscar* información sobre la rana de Salamanca<br>*ver* vídeos en Internet | hoy<br>mañana | por la tarde<br>a las ___<br>a la una |

## ESCUCHAR

59 **3** **a** **Escucha los diálogos: ¿De qué asignaturas hablan? | Woran hast du das erkannt? Nenne jeweils ein Schlüsselwort.**

59 ELE **b** **Copia la tabla, escucha otra vez y toma apuntes: ¿qué día es? ¿Qué hora es?**

| diálogo | asignatura | día | hora |
|---|---|---|---|
| 1 | | | |
| 2 | | | |
| 3 | | | |
| 4 | | | |

facultativo

## PRACTICAR

**4** **¿Quiénes son? | Von wem ist die Rede?**
▶ Resumen 2

1. Diego le manda un regalo.
2. Le duelen las piernas y la espalda.
3. No le gusta Lengua.
4. Le gustan mucho las arepas.
5. Le gusta mucho el teatro.
6. Laura le escribe las redacciones.
7. No les gusta el fútbol.

Nimm die Texte der Unidades 3 und 4 zu Hilfe.

45|3

**5 a** **Cuenta tú: ¿Qué (no) te gusta?**
▶ Resumen 5

A mí me gusta/n
No me gusta/n
No me gusta/n nada

cantar / estudiar / hacer los deberes / escribir redacciones.
ir al cine / ver la tele / leer / escuchar música a todo volumen.
los domingos / los exámenes de ___ / las películas con ___.
las clases de ___ / los recreos / las vacaciones.
jugar al ping-pong/voleibol/baloncesto/fútbol.
hacer teatro / pasar tiempo con mis amigos.

**b** **Presenta a tu compañero/-a: ¿Qué le gusta?**

A ___ | (no) le gusta ___.
(no) le gustan ___.

48|5

**6** **Uno de vosotros es el profesor / la profesora y da órdenes a la clase en singular o en plural. | Die Klasse darf nur Anweisungen ausführen, die im Plural sind!** ▶ Resumen 7

*escribir* la palabra «instituto»
*abrir* el libro en la página 120
*cerrar* el libro
*contar* en español hasta diez
*tomar* un boli
*mirar* al profesor / a la profesora
*escuchar* al profesor / a la profesora
*esconder* el móvil debajo de la mesa

## HABLAR

**7** **Andrés habla con Lisa, una chica alemana, sobre las clases. Presentad la escena.**

**A (Andrés)**
- sagt, dass er drei Stunden Deutsch in der Woche hat.
- fragt, ob Lisa Spanisch mag.
- fragt, warum.
- sagt, dass er Deutsch nicht sehr mag.
- antwortet, dass die Lehrerin ziemlich streng ist und ihnen eine Menge Hausaufgaben aufgibt. Er lernt immer alles auswendig, aber bekommt immer schlechte Noten.
- fragt, ob er Lisa seine Hausaufgaben für Deutsch schicken kann.

**B (Lisa)**
- sagt, dass sie vier Stunden Spanisch hat.
- antwortet, dass sie Spanisch sehr mag, es ist ihr Lieblingsfach.
- sagt, weil sie einen guten Lehrer hat, er ist aus Salamanca und erzählt ihnen eine Menge über das Leben dort.
- will wissen, warum.
- sagt, dass Auswendiglernen eine schlechte Idee ist. Sie ist keine Streberin, aber fragt im Unterricht immer ganz viel den Lehrer.
- findet das eine gute Idee. Die beiden können ihre Hausaufgaben austauschen: Er schickt ihr seine Hausaufgaben für Deutsch, sie schickt ihm ihre für Spanisch.

facultativo

# ¡ANÍMATE! 4

Bailar, cuando todo está mal
cuando quiero estar ahí
pero no puedo.
Bailar, cuando todo sigue igual
cuando busco una razón[1]
y no la encuentro.

Bailar, cuando todo está mal
bailar, cuando todo sigue igual
bailar al compás[2] de la canción que más me gusta[3].

Bailar, cuando todo me va mal
cuando quiero estar mejor pero no puedo.
Bailar cuando todo me da igual[4]
y no me gusta lo que[5] veo en el espejo[6].

Bailar, y olvidarme[7] de quien soy.
Bailar, sin[8] saber con quien estoy.
Bailar, al compás de la canción que más me gusta.

Bailar, y olvidarme de quien soy.
Bailar, y que me lata el corazón[9].
Bailar al compás de esa canción que no se acaba[10].
Bailar y ver como el sol se esconde[11].
Bailar y encontrarme con la noche.
Bailar al compás de la canción que más me gusta.

Cuando todo está mal, cuando todo sigue igual,
cuando todo lo que vivo deja de tener sentido[12].
Y yo quiero estar allí pero no puedo
cuando todo me va mal, cuando todo me da igual
cuando en todo lo que creo, se convierte[13] en un reflejo[14]
y no me gusta lo que veo en el espejo.

Jarabe de Palo: Bailar

**1** la razón *der Grund* **2** el compás *hier: der Rhythmus* **3** que más me gusta *das mir am besten gefällt* **4** me da igual *etw. ist mir egal* **5** lo que *das was* **6** el espejo *der Spiegel* **7** olvidar(se) *vergessen* **8** sin *ohne* **9** que me lata el corazón *dass mein Herz klopft* **10** acabarse *aufhören* **11** esconderse *sich verstecken* **12** tener sentido *Sinn haben* **13** convertirse *sich verwandeln* **14** el reflejo *der Widerschein, das Abbild*



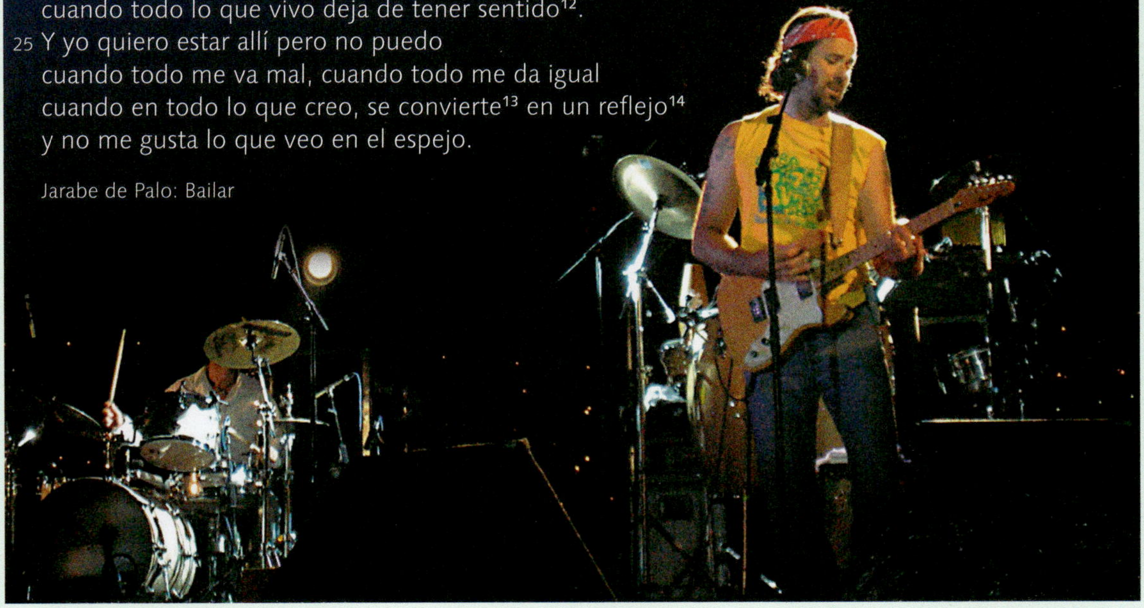

1 60 **1** Escucha. | In was für eine Stimmung versetzt dich das Lied? Begründe deine Antwort.

1 60 **2** Escuchad y cantad.

# 5 PADRES E HIJOS

**HIER LERNST DU:**
- das Aussehen von Personen zu beschreiben.

2|2

## ¡ACÉRCATE!

**Laura:** … Es muy simpático… y tiene los ojos verdes…
**Vega:** ¿Y cómo es?
**Laura:** Pues es alto,… rubio… Lleva gafas… ¡Mira! Vega, ¿ves a ese chico?
**Vega:** ¿A cuál? ¿Dónde?
**Laura:** Allí, con Diego, el chico que lleva la cazadora negra y vaqueros …
¡Pues él es Tomás!
**Vega:** Ah, ¿ese es Tomás, eh?

### VOCABULARIO

**1** **¿Quién es?**
▶ Resumen 1

| | | | |
|---|---|---|---|
| | tiene | el pelo corto/largo.<br>los ojos verdes/azules. | |
| | es | rubio/-a.<br>moreno/-a.<br>alto/-a. | |
| Tomás<br>Laura<br>Vega<br>Diego | lleva | gafas. | |
| | | un jersey<br>una cazadora<br>una camisa | blanco/-a.<br>rojo/-a.<br>verde.<br>azul.<br>negro/-a.<br>amarillo/-a. |
| | | pantalones/vaqueros | |

**METHODEN** ▶ S. 160
Um dir Wörter besser merken zu können, solltest du sie in Gruppen anordnen.

**Tomás:** Oye, esa chica que tiene el pelo largo, ¿va a tu clase?
**Diego:** ¿Cuál? ¿La chica morena que tiene el pelo castaño?
**Tomás:** No, no. La chica del jersey rojo.
**Diego:** Ah, esa. Sí, se llama Laura. ¿Por qué? ¿Te gusta?

**2** **Describe a un/a compañero/-a de clase. Tus compañeros/-as adivinan quién es.**

▶ Para comunicarse, p. 214

¿Quién tiene el pelo ___ y lleva ___?
¿Quién es el chico / la chica de ___?
¿Quién es el chico / la chica que lleva ___?

## ESCUCHAR

12 3
DELE

**3** **Mira el dibujo y escucha el diálogo: ¿quiénes son Nora, René y Enrique?**

# 5A VAQUEROS NUEVOS

**HIER LERNST DU:**
- über Kleidung zu sprechen.
- nach dem Preis zu fragen.

2 4–5

Diego se lleva bastante bien con su madre, pero siempre discute con ella por la ropa.

**Madre:** Pero, Diego, hijo, ¿adónde vas con esos jeans? Están muy viejos … ¡y rotos! ¡Así no sales a la calle!
**Diego:** Sí, pero a mí me gustan … Además, es la moda.
**Madre:** ¿Y con esas zapatillas? … ¡Cámbiate esas zapatillas ahora mismo, por favor! ¿Por qué no te pones los zapatos nuevos?
**Diego:** Uff, esos son muy de fiesta. Estas son mis zapatillas favoritas …
**Madre:** Bueno, pero el fin de semana te compras unos jeans y unas zapatillas nuevas …
**Diego:** Mamá, … No tengo tiempo …
**Madre:** ¿Prefieres ir de compras conmigo?
**Diego:** No, no, no, está bien, voy con mis amigos … ¿Me das la plata, por favor?

A Diego le gusta la ropa que lleva y no le gusta mucho ir de compras. El sábado queda con Roberto y Vega. Ella lleva a los chicos a su tienda favorita.

**Diego:** ¿Dónde empezamos?
**Vega:** Mira este jersey, ¿no te gusta? Es bonito y no es muy caro.

Pero Diego necesita pantalones y no jerséis.

**Vendedor:** Hola, chicos. ¿Qué buscáis?
**Diego:** … Mmh … busco unos vaqueros …
**Vendedor:** Pues, aquí hay pantalones, ¿no te gustan estos de aquí?
**Diego:** No sé, son un poco estrechos, ¿no?
**Roberto:** Mira, estos son anchos … y están de oferta …
**Diego:** Sí, pero son un poco oscuros … Me gustan claros … ¡Ahí, esos de ahí me gustan! Y seguro que me quedan bien …
**Vendedor:** Bueno, … ¿qué talla necesitas?
**Diego:** Pues no sé, creo que la talla 38 ó 40.
**Vega:** Mira, aquí. Estos son la talla 38 … Oye, Diego, los vaqueros que llevas son igualitos.
**Diego:** Claro, por eso me gustan … ¿Qué? ¿A ti no?
**Vega:** No, no. Te quedan muy bien.
**Diego:** Bueno … ¿todavía hay talla 40?
**Vendedor:** Sí, toma, estos son talla 40 … Mira, allí está el probador.

**¡OJO!** ¡!

**El español …**

| de Colombia | de España |
| --- | --- |
| la plata | el dinero |
| los jeans | los vaqueros |

**Diego:** Y ¿cuánto cuestan?
**Vendedor:** Pues, están de oferta, cuestan 28 euros.

## COMPRENDER EL TEXTO

ELE 53|1

**1 a Elige el resumen correcto.**

a
Diego y su madre discuten por los pantalones de Diego porque están rotos. Por eso, Diego recibe dinero y va con Vega y Roberto a una tienda de ropa. Ahí compra un jersey y una camiseta.

b
Diego y su madre discuten por la ropa de Diego porque está rota. Por eso, su madre le da dinero. Diego va de compras con sus amigos. Diego compra unos vaqueros iguales a sus vaqueros viejos.

c
Diego y su madre discuten porque Diego quiere dinero para pantalones nuevos. Su madre no le da mucho dinero porque no tiene. Por eso, Diego tiene que comprar pantalones de oferta. En la tienda, Diego compra unos pantalones estrechos y claros.

**b Finde in den beiden anderen Zusammenfassungen jeweils zwei inhaltliche Fehler.**

**2** facultativo
**Diego vuelve a casa con sus pantalones nuevos. ¿Qué dice su madre? Escribid la escena y presentadla.**

Verwende Redewendungen aus den Texten und den Kästen in der Vokabelliste (S. 214).

## DESCUBRIR

**3 a Suche die passenden Demonstrativbegleiter im Text.** ▶ Resumen 2

| | ♂ | ♀ |
|---|---|---|
| Singular | ___/___ jersey | esa/___ falda |
| Plural | ___/estos vaqueros | ___/___ gorras |

53|3

**b Relaciona cada sustantivo con una forma de este y ese.**

alumnos camiseta tienda libro camisa mochila cuaderno cazadora gafas amigos

54|4

**4 Warum sagt der Verkäufer „estos" (Z. 31) und Diego „esos" (Z. 36)? Nimm das Foto 2 zu Hilfe, um die Frage zu beantworten.** ▶ Resumen 2

## HABLAR

### 5 Diego busca ropa. Vega hace propuestas.

▶ Resumen 2

| | | |
|---|---|---|
| ¿Te gusta/n | este<br>esta<br>estos<br>estas | pantalones?<br>zapatillas de deporte?<br>chaqueta?<br>cazadora?<br>vaqueros?<br>camisetas?<br>jersey? |

| | | | |
|---|---|---|---|
| No sé.<br>No me gusta/n.<br>El color no me gusta.<br>No me queda bien. | Prefiero | ese<br>esa<br>esos<br>esas | de ahí. |

### 6 Estáis en una tienda de ropa. A tiene 50 € y quiere comprar algo. B es el vendedor / la vendedora y ayuda al cliente (p. 154). Haced diálogos como en el ejemplo.

**Ejemplo:**

– Y esos pantalones, ¿cuánto cuestan?
\+ Cuestan ___.
– Ah, pues (no) son muy caros.
\+ ¿Qué talla necesitas?
– ___.

### 7 a Describe tu prenda[1] favorita y una que no te gusta.

//●

> Mi prenda favorita es una camiseta negra porque es nueva y muy ancha.
> Me gusta mucho porque el negro es mi color favorito.

Mi prenda favorita es ___ | porque ___.
(No) me gusta/n ___

1 la prenda *das Kleidungsstück*

### b «¿Qué te pones para …?» Pregunta a tu compañero/-a qué ropa se pone.

facultativo

1 una boda *eine Hochzeit* 2 un bautizo *eine Taufe*

hacer deporte   el cumple de la abuela   ir al cine
ver un partido de fútbol con tus amigos
una boda[1]   ir a una fiesta   un bautizo[2]   ___

## BÚSQUEDA DE INFORMACIÓN

**8** facultativo

Mira esta página web y contesta las preguntas. | Worauf müsstest du klicken, wenn du nach Folgendem suchst:

- einem Gürtel
- kurzärmligen T-Shirts
- Mode für Mädchen
- Schuhen?

## ESCUCHAR

2|6 **9** Los chicos van de compras. Escucha los tres diálogos y contesta: ¿qué buscan? ¿Cuál es su problema?

Mache dir Notizen oder trage die gesuchten Informationen in eine Tabelle ein.

## COMPRENSIÓN AUDIOVISUAL

DVD **10** Mira la escena 5 del DVD.

## YA LO SÉ

**11** Vais de compras. A quiere comprar ropa. B prepara la ficha de la página 155. Haced el diálogo.

**A**

Du suchst in einem Geschäft nach etwas zum Anziehen (z. B. einer Jeans, einem Pullover, ...). Ein Freund / eine Freundin begleitet und berät dich.

1. Du findest ein Teil, das dir gefällt. Du fragst deinen Freund / deine Freundin, wie er/sie es findet.
2. Du entscheidest dich für eine Farbe und fragst, ob es das Teil noch in deiner Größe gibt. Dann fragst du deinen Freund / deine Freundin, wie dir das Teil steht.
3. Du bittest deinen Freund / deine Freundin, dir eine andere Größe zu bringen (z. B. S, M).
4. Du probierst die andere Größe an und fragst deinen Freund / deine Freundin, ob es dir jetzt steht.
5. Du entscheidest dich, das Teil zu kaufen.

# 5 B ESTOY HABLANDO POR TELÉFONO

**HIER LERNST DU:**
- dich am Telefon zu melden und zu reagieren.
- zu sagen, was du gerade machst.

2 7–8

**Madre:** Pues no, no está. ¿Quién es?
**Tomás:** Soy Tomás, un amigo.
**Madre:** ¿Le quieres dejar un recado?
**Tomás:** No, gracias. Llamo más tarde.

A la hora de comer, Laura vuelve a casa. Su madre y Sergio, el novio de su madre, están preparando una tortilla.

**Madre:** Hola hija, por fin estás aquí, muy bien. Pon la mesa por favor. En media hora comemos.

Laura está harta y piensa: ¿Por qué yo tengo que poner la mesa? ¿Dónde está Manuel? Seguro que está leyendo o viendo la tele.

**Madre:** Ah, acaba de llamar un chico, Tomás, creo. Llama después. ¿Quién es ese Tomás? … ¿Laura?

Pero Laura ya no escucha a su madre. Se va a su habitación y pone su música favorita. A veces tiene ganas de estar sola para poder leer … o pensar … o escuchar música A TODO VOLUMEN como ahora.

**Sergio:** Laura, ¿qué estás haciendo? La tortilla ya está. Ven, por favor.
**Laura:** Sí, sí. Estoy escribiendo un mensaje a Vega, pero ya voy …
**Sergio:** Manuel, lleva la ensalada al comedor, por favor …
**Sergio:** Toma, pero creo que le falta sal. Y tú, Laura, … ¿Laura? ¿Qué te pasa? ¿En qué estás pensando?
**Laura:** ¿Yo? … pues …
**Madre:** Laura, ¿me pasas el pan? … Oye, hija, ¿ese Tomás es de tu clase?
**Laura:** Es un amigo del instituto … ¿Quién quiere agua?
**Manuel:** ¿Tomás? ¿No es el chico que lleva tres piercings en la cara? … Siempre tiene problemas con los profes, ¿no, Laura? … Una vez …
**Laura:** ¿Pero qué dices, Manuel? No es verdad …
**Sergio:** Ya, Manuel, tranquilo. Deja en paz a Laura.

*Ring … Ring … Ring …*

**Madre:** ¡Por favor! ¡Estamos comiendo!
**Laura:** ¡El teléfono! Seguro que es para mí …

Sergio contesta el teléfono: «¿Laura? Sí, ¿de parte de quién? … ¿Tomás? … Sí, un momento, ahora se pone». Laura toma el teléfono y se va al salón. No quiere hablar con Tomás delante de su familia. Media hora después vuelve al comedor.

**Laura:** Bueno, ¿qué hay de postre? Ah, ¿ya estáis terminando? ¡Uy, ya son las tres y media! Me tengo que ir a las cuatro …
**Madre:** Pero, ¿adónde vas? ¿Sales con Tomás? … ¿Laura?

**LANDESKUNDE**

Die Essenszeiten in Spanien:
Mittagessen: 13.30–15.00
Abendessen: 21.00–22.30

## COMPRENDER EL TEXTO

**1 a Estas frases son un resumen del texto. Busca las partes que van juntas.**

1 Pero no habla mucho con Laura …
2 Tomás llama a Laura …
3 Después Laura tiene que …
4 A la hora de comer Laura llega …
5 En la comida, su madre …
6 Laura no está comiendo con su familia …

a porque Laura quiere estar sola en su habitación.
b poner la mesa con Manuel.
c porque está hablando por teléfono con Tomás.
d y contesta la madre de Laura.
e y habla con su madre.
f le hace muchas preguntas a Laura.

**b Pon en orden las frases y escribe el resumen en tu cuaderno.**

**2 ¿Cómo está Laura a la hora de comer? ¿Por qué?**

facultativo

nerviosa | triste | contenta | alegre | harta

## ESCRIBIR

**3 Escribe un pequeño texto en tu cuaderno y cuenta: ¿qué piensa Laura de Tomás y de su hermano Manuel?**

*ser* simpático/curioso/alegre  *leer* mis mensajes
*tomar* mis cosas / mi diario / ___  *hablar* por teléfono
*hacer* muchas/pocas preguntas

## DESCUBRIR / PRACTICAR

**4 a Wie wird das *gerundio* gebildet?** ▶ Resumen 3

**b Was wird mit estar + *gerundio* ausgedrückt? In welcher anderen Sprache kennst du eine ähnliche Zeitform?** ▶ Resumen 3

**c** Describe el dibujo. ¿Qué está haciendo la gente?

**Ejemplo:** La chica de la chaqueta azul está bailando y escuchando música.

## 5 Practicad estar + gerundio y acabar de + infinitivo como en el ejemplo. Haced minidiálogos.

*comer* *leer* *escribir* una redacción para mañana *charlar* en el chat *hacer* deporte *ver* una peli *escuchar* música *hacer* los deberes *esperar* a ___ *estudiar* *llegar* a casa *comprar* ___ *poner* la mesa *terminar* los deberes

**Ejemplo:** Hola, Laura, ¿qué haces? → Estoy escuchando música, ¿y tú?
Acabo de llegar a casa. ↙

## ESCUCHAR

## 6 a Mira las fotos. ¿Qué comes tú por la mañana?

2|9 **b** Escucha: ¿qué comen Roberto y Vega por la mañana?

## ESPAÑA EN DIRECTO

**7 a** Ein Freund von dir, der kein Spanisch spricht, möchte eine Prepaid-Karte kaufen. Beantworte seine Fragen.

> In wie viele Länder kann ich SMS schicken?

> Wie schicke ich eine SMS ins Ausland?

**b** Wie sagt man auf Spanisch „Smiley"?

## VOCABULARIO

**8** Finde im Text (S. 92) alle Wendungen, die du zum Telefonieren brauchst (Z. 1–4 und Z. 47–50).

> **METHODEN** ▶ S. 160/161
> Du kannst Wortschatz auf verschiedene Weise ordnen.

## YA LO SÉ / HABLAR

**9 a** Tomás llama a Diego. Elegid un rol, preparad la llamada telefónica (p. 155) y presentadla en clase.

**A** (Mutter/Vater von Diego)
- nimmt den Hörer ab und meldet sich.
- ___

**B** (Tomás)
- begrüßt die Person und fragt nach Diego.
- ___

**C** (Diego)
- ___

> ¡Usad el vocabulario del ejercicio 8!

**b** Elegid una situación y preparad las llamadas como en 9a. Inventad roles y presentad las llamadas telefónicas en clase.

1. Necesitas ayuda con Historia y llamas a una amiga, la estrella de la clase.
2. Te gusta un chico / una chica y necesitas su número. Llamas a un amigo que tiene el número.

# 5 C ¡YA SOY MAYOR!

**HIER LERNST DU:**
- einen Rat zu geben.
- die Aussage von jemandem wiederzugeben.

## ACTIVIDAD DE PRELECTURA

**1** Was bedeuten diese Wörter auf Deutsch? In welchen Sprachen kennst du ähnliche Wörter?

rebelde independiente responsable el secreto triste el consejo la paciencia

2 10–11

¿?

***Ya no soy una niña.*** No sé qué hacer, tengo problemas con mi madre. Se mete mucho en mi vida. Siempre me pregunta: «¿ya te vas? ¿Adónde? ¿Con quién estás hablando?» ... No deja de hacer preguntas. A veces no quiero hablar con ella, entonces me pregunta: «¿qué te pasa? ¿Estás triste?» Me controla mucho. Así es siempre. ¡Qué rollo! No la aguanto ... ¡Ya no soy su «Laurita»! Bueno, ella piensa que sí. Todavía me llama así delante de mis amigos y amigas ... ¡Qué corte! Y además, tampoco puedo hablar por teléfono a mi aire, porque mi hermano escucha todo y claro, ¡es un chivato! A veces, entra en mi habitación sin preguntar, también cuando estoy con mis amigos. Por eso, ahora prefiero quedar con ellos en el parque o en la plaza. En casa sólo quiero estar a solas en mi habitación, ¿pido demasiado? ***¿Qué puedo hacer?***

**LAURA, 14 AÑOS**

«»

Mis padres también se meten mucho en mi vida y no me dejan en paz. Siempre preguntan cuándo termino la ESO, o preguntan si quiero estudiar o trabajar. Me hacen muchas preguntas, por ejemplo, mi padre: «¿quién es Ana? ¿La conozco?» Y cuando ya estoy harto, contesto mal y se enfadan conmigo. Así empieza la bronca. Mis padres dicen que soy rebelde. Pero yo pienso que no está mal. Por eso, ahí te va mi consejo: creo que tú también tienes que ser un poco rebelde ...

**PACO, 14 AÑOS**

«»

¿Por qué no te pones en el lugar de tu madre? Para ella es difícil comprender que tú ya no la necesitas como antes y que quieres ser independiente. Quiere hablar contigo, conocer tus secretos ... quiere ser tu amiga. Es muy normal. Pero también quiere saber si eres responsable, ¿no? También es normal. Tienes que tener un poco de paciencia. Habla con ella de tus problemas pero sin empezar una bronca.

**LUISA, 15 AÑOS**

@

*Y tú, ¿qué opinas? Contesta a Laura. ¿Le quieres escribir un mensaje? Lo puedes mandar a* **tu-espacio@chicos.com**

## COMPRENDER EL TEXTO

**2** **Relaciona las frases con Laura, Paco y Luisa.**

Su madre se mete mucho en su vida. | Quiere estar sola. | Prefiere quedar con sus amigos en el parque. | Tiene broncas con sus padres. | Es rebelde. | Tiene que hablar con su madre. | Tiene bronca con su madre. | Su hermano es un chivato. | Contesta mal a sus padres. | Es importante hablar con los padres.

## DESCUBRIR

5 **3 a** **Ordne die Substantive den Pronomen in den Sätzen 1 bis 4 zu.** ▶ Resumen 7

a las madres   a mi madre   el mensaje   a los hijos

1. **Lo** puedes mandar a tu-espacio@chicos.com.
2. ¿Quién **las** entiende?
3. No **la** aguanto.
4. ¿Quién **los** entiende?

**b** **Schlage im Resumen die fehlenden Formen der direkten Objektpronomen nach und vergleiche sie mit den indirekten Objektpronomen (S. 81). Was stellst du fest?**

6 **c** **Ordne die Objekte den Sätzen zu. Welche davon sind die direkten Objekte? Welche die indirekten?**

el mensaje   la falda   a Josefina   a Roberto y a Adrián

1. ¿Por qué no **lo** escribes ahora?
   ¿Por qué no **le** escribes ahora?
2. ¿Por qué no **la** compras hoy?
   ¿Por qué no **les** compras los libros hoy?

## PRACTICAR

**4** **Laura habla con Vega. ¿Qué contesta ella? Usa un pronombre de complemento directo.**
▶ Resumen 7

1. Oye, Vega, tú conoces a Tomás, ¿no? — No, no / *conocer*.
2. Mira, está hablando con los chicos allí, ¿ves? — Ah, sí, ahora / *ver*.
3. Oye, ¿quién sabe la dirección de Tomás? — Seguro que Diego / *saber*.
4. ¿Cuándo ves a Diego? — *Ver* esta tarde.
5. ¿Ya tienes las entradas para el cine? — Sí, Diego / *acabar* de comprar.
6. ¿También viene Roberto? — No sé, / *llamar* ahora.
7. ¿No puedes hacer los deberes más tarde? — No, / *tener que* hacer ahora.
8. Tengo problemas con Química. ¿Qué hago? — Tranquila, yo / *ayudar*.

## HABLAR

59|4 **5** a **Vega le cuenta a Roberto los problemas de Laura (p. 96). ¿Qué dice?** ▶ Resumen 4, 5

**Ejemplo:** Laura dice que ya no es una niña, ___.

| | | |
|---|---|---|
| Laura | dice<br>piensa | que ___ |
| | pregunta | si ___<br>qué ___ |

b **Tú eres Andrés o Sara. Cuenta de tu familia a un amigo. ¿Cómo te llevas con tus padres y hermanos? ¿Tus padres o tus hermanos se meten mucho en tu vida? ¿Te dejan a tu aire?**

*Llevarse* bien/mal con ___
*Dejar* en paz / a mi aire.
Siempre / A veces *querer* saber ___
*Ser* un/a chivato/-a
*Hacer* muchas/pocas cosas juntos/-as
*Pasar* mucho/poco tiempo juntos/-as
*Ir* a ___
Es (muy) divertido estar con ___ porque ___

## APRENDER MEJOR

**6** **Selektives und detailgenaues Hörverstehen**

a Schaue dir die Aussagen von Laura an (6b): Was könnte Tomás wohl jeweils sagen?

**METHODEN** ▶ S. 163
Wenn du dir vorher überlegst, was Tomás sagen könnte, kannst du vieles verstehen.

2|12 b Höre das Telefonat und notiere so viel wie möglich von dem, was Tomás sagt.

| Tomás | Laura |
|---|---|
| ___ | → Pues bien, ¿y tú? |
| ___ | → Ganas sí, pero hoy no puedo. Tengo que ayudar a Manuel con sus deberes, tiene problemas con Lengua. |
| ___ | → Sí, mañana tengo tiempo. ¿Por qué no vamos al cine? |
| ___ | → ¿De quién es la peli? |
| ___ | → Ah, qué interesante. ¿Compras tú las entradas? |
| ___ | → No, ahí no, siempre hay mucha gente. ¿Qué tal en la Plaza de Colón a las siete y cuarto? |

c **Formuliert mit Hilfe eurer Notizen die Redebeiträge von Tomás und spielt das Telefonat vor.**

## ESCRIBIR

**7 a** ¿Qué consejos le dan Luisa y Paco a Laura (p. 96)? Apúntalos en tu cuaderno.

**b** ¿Qué consejo le das tú a Laura? Escribe un comentario para la revista.

Tienes que ___ Habla con ___ Puedes ___
¿Por qué no ___? Pienso que ___ Creo que ___
¿Por qué no te pones en el lugar de ___?

**METHODEN** ▶ S. 170
Überprüfe, ob du die Pronomen richtig angewandt hast.

## 5 PUNTO FINAL

**a** Lest die Zuschriften der Leser/innen einer Jugendzeitschrift: Welche Probleme haben die Jugendlichen? Was können sie tun?

*«En la comida mis padres me hacen muchas preguntas. No me dejan en paz. Además, quieren pasar los fines de semana conmigo. Pero yo prefiero estar con mis amigos. Ya no soporto a mis padres. ¿Qué hago?»* JORGE (15)

*«A mi madre no le gusta mi ropa. Dice que no me queda bien, que me veo mal. Y, claro, a veces discutimos porque yo quiero algo y ella no me da dinero porque a ella no le gusta.»* ROSARIO (15)

*«En mi clase hay una chica que me gusta mucho. Ella me mira mucho en clase. Pero en el recreo no habla conmigo. Ahora tengo su número de teléfono. ¿Qué hago? ¿La llamo?»* RAFAEL (14)

Gestaltet eine Seite für eine Jugendzeitschrift und wählt eine der beiden Möglichkeiten aus:

**I. Formuliert jeweils einen Leserbrief für jede Zuschrift.**

1. Diskutiert eure Ideen in der Gruppe.
2. Schreibt dann Textentwürfe und zeigt sie einer anderen Gruppe.
3. Überarbeitet dann die Texte einer anderen Gruppe.
4. Gestaltet jetzt eine Seite für die Jugendzeitschrift.

**II. Wählt eine der Situationen aus und gestaltet einen Fotoroman mit 6–10 Fotos und Text.**

1. Fertigt vor dem Fotografieren eine Skizze für jede Szene an: Was soll zu sehen sein (Personen, Aussehen, Ort)?
2. Entwerft die Texte für die Sprechblasen: Was sagen die Personen?
3. Macht die Fotos und gestaltet die Seite.

**b** Schreibt das Manuskript für die Seite und verbessert euch gegenseitig.

**c** Macht eine Ausstellung und wählt die gelungensten Seiten aus.

**METHODEN** ▶ S. 168
Mit Hilfe eines Evaluationsbogens könnt ihr eure Seiten besser bewerten.

# RESUMEN

## DAS AUSSEHEN VON PERSONEN BESCHREIBEN

**1** La chica **que** lleva la cazadora azul es Laura.
El chico rubio **de** la chaqueta es Jorge.
La chica morena **del** jersey rojo es mi amiga.

### DAS BENÖTIGST DU

das Relativpronomen **que** ▶ *GH 29|47*
die Präposition **de**

## ÜBER KLEIDUNG SPRECHEN

**2**

**Este** jersey está de oferta.
**Esta** falda me queda muy bien.
**Estos** vaqueros son anchos.
**Estas** zapatillas son mis favoritas.

**Ese** jersey es muy caro.
**Esa** falda no te queda bien.
**Esas** zapatillas no me gustan nada.
¡Cámbiate **esos** vaqueros!

– Aquí hay pantalones. ¿No te gustan **estos**?
– No, me gustan **esos** de ahí.

### DAS BENÖTIGST DU

die Demonstrativbegleiter und -pronomen **este** und **ese** ▶ *GH 30|48*

| | ♂ | ♀ |
|---|---|---|
| Singular | **este** (jersey) | **esta** (camisa) |
| Plural | **estos** (pantalones) | **estas** (gafas) |

**Este** verweist auf Dinge in der unmittelbaren Umgebung des Sprechers.

| | ♂ | ♀ |
|---|---|---|
| Singular | **ese** (jersey) | **esa** (camisa) |
| Plural | **esos** (pantalones) | **esas** (gafas) |

**Ese** verweist auf Dinge, die sich nicht direkt beim Sprecher befinden.

Die Demonstrativpronomen **este** und **ese** ersetzen Substantive.

## SAGEN, WAS JEMAND GERADE MACHT

**3** ¿Qué estás **haciendo**?
Estoy **cenando**.
Estamos **leyendo**.

### DAS BENÖTIGST DU

das Verb ***estar*** + **gerundio** ▶ *GH 31|49*

| | |
|---|---|
| estoy<br>estás<br>está<br>estamos<br>estáis<br>están | trabaj**ando**<br>corr**iendo**<br>escrib**iendo** |

⚠ *leer:* **leyendo**, *ver:* **viendo**

## DIE AUSSAGE VON JEMANDEM WIEDERGEBEN

**4** Laura **dice que** su madre se mete en todo.
Paco **piensa que** está bien ser un poco rebelde.
Mi hija siempre **contesta que** no tiene tiempo.

### DAS BENÖTIGST DU

die indirekte Rede ▶ *GH 34|55*

| | |
|---|---|
| Dice<br>Piensa<br>Cree<br>Contesta | que ___ |

| | |
|---|---|
| **5** Miguel **quiere saber adónde** vamos.<br>Tus padres **quieren saber si** eres responsable. | die indirekte Frage ▶ *GH 34\|55*<br>Pregunta / Quiere saber \| si / cuándo / dónde / adónde / quién \| — |

| ÜBER ETWAS/JEMANDEN BEKANNTES SPRECHEN | DAS BENÖTIGST DU |
|---|---|
| **6** – ¿**Conoces** a esta chica?<br>– No, no la **conozco**. | das Verb ***conocer*** ▶ Los verbos, p. 183<br>⚠ (yo) conozco |
| **7** – ¿Conoces a esta chica? – Sí, **la** conozco.<br>– ¿Estas zapatillas te gustan? ¿Por qué no **las** compras? – Sí, ¿verdad?<br>– ¿Ves a Carlos? – Sí, **lo** veo.<br>– ¿Por qué quieres estos libros? – ¡Porque **los** necesito! | die direkten Objektpronomen ▶ *GH 32\|51*<br>Tomás \| **me** / **te** / **lo/la** / **nos** / **os** / **los/las** \| conoce / mira. / busca. |

facultativo

## TESTE DEINE GRAMMATIKKENNTNISSE ▶ Lösungen, S. 158

**1** **Formuliere die Sätze um. Verwende estar + *gerundio*.** ▶ *GH 31|49*

1. Hablo por teléfono.
2. Leo un libro muy interesante.
3. Vemos una peli en la tele.
4. ¿Qué haces?
5. Diego escribe un mensaje a Sandra.

**2** **Ergänze die Objektpronomen.** ▶ *GH 32|51*

1. – ¿Conocéis esta peli? – Sí, [¿] conocemos.
2. – ¿Ves a Mari y Ana? – Sí, [¿] veo.
3. – Mis padres a veces son un poco difíciles. – ¿No [¿] comprenden?
4. – Chicos, [¿] estoy buscando. ¿Dónde estáis? – En la plaza.
5. – ¿Ramón? Tú eres Ramón, ¿verdad? – ¿Cómo? ¿[¿] conoces?
6. – ¿Ya está la ensalada? – Sí, ¿[¿] puedes llevar a la mesa?

**DAS KANN ICH JETZT!** ▶ Para comunicarse, p. 214

- Was hat dein/e Nachbar/in an? Beschreibe seine/ihre Kleidung.
- Wähle drei Personen aus deiner Klasse aus und sage, was sie gerade tun.
- Frage, wer am Telefon ist und was die Person möchte.
- Ein Freund / eine Freundin von dir streitet sehr oft mit seinen/ihren Geschwistern. Gib ihm/ihr einen Rat.

facultativo

# REPASO 5

## ¿TE ACUERDAS?

**1** ¿Qué piensa Laura? Completa las frases con el verbo correcto en primera persona singular.

1. Esta tarde [¿] llamar a Vega.
2. Pero, … ¿qué le [¿]?
3. Pues no [¿] …, no [¿] ni idea.
4. ¿Qué [¿]?
5. ¿Qué [¿] para esta tarde?
6. Bueno, ahora [¿] y ya está …

*tener* *ponerse* *hacer* *decir* *saber* *salir* *tener* que

## ESCUCHAR

2|13 DELE

**2** Escucha los anuncios de chicos que buscan a sus padres. ¿Quiénes son Ana, Antonio y Julia?

## VOCABULARIO

**3 a** ¿Qué significan los colores para ti? Busca palabras como en el ejemplo.

Ejemplo: El blanco para mí es la nieve.

**b** Erfinde mit den Farben drei Rätsel wie im Beispiel. Stelle sie dann einem/-er Mitschüler/in.

1. ¿Qué es? ¿Qué es?
   Es negro y pequeño,
   no habla pero cuenta cosas …
   (el boli)
2. ¿Qué es? ¿Qué es?
   No son blancas, no son negras,
   pero con ellas ves fuera[1].
   (las gafas)
3. ¿Qué es? ¿Qué es?
   No es rojo,
   pero está en él.
   (el ojo)

1 fuera *hinaus*

facultativo

## PRACTICAR

**4** **Vega prepara su ropa para la Semana Blanca. ¿Qué quiere llevar? Usa la forma correcta de este o ese.** ▶ Resumen 2

| | | | | | |
|---|---|---|---|---|---|
| ¿Qué llevo? | ¿[¿] | pantalones azules<br>jersey<br>zapatos<br>cazadora<br>vestido amarillo | de aquí o [¿] | vaqueros blancos<br>camisa de manga corta<br>zapatillas de deporte<br>chaqueta<br>falda verde | de ahí? |

**5** **Trabajad en grupos. | Wählt drei Tätigkeiten aus und stellt sie pantomimisch dar. Die anderen erraten sie.** ▶ Resumen 3

Sara está hablando por teléfono.

⚠ *ver* *escribir* *escuchar* *buscar* *charlar* *mirar* *pensar* *correr* ⚠ *leer* *hacer* deporte *cantar* *comprar* *discutir* *esquiar* *contar* *jugar* al fútbol *soñar* ___

LE **6** **Laura escribe en su diario. Completa su texto con las preposiciones que faltan.**

*Manuel siempre se mete [¿] todo. Yo quiero quedar [¿] Vega – y Manuel quiere saber si me llevo bien [¿] ella. Estamos cenando – y Manuel habla [¿] Tomás. Mi madre no se acuerda [¿] él y empieza [¿] hacer preguntas: «Quedas [¿] él después del instituto?» ¡Por qué no dejan [¿] preguntar!*

## HABLAR

**7** **Eine Familie (Bruder, Vater, Schwester) sitzt beim Abendessen. Verteilt die drei Rollen (B und C im Anhang, S. 155), bereitet die Dialoge vor und spielt die Szene dann vor.**

**A (der Bruder)**

Du antwortest auf die Fragen deines Vaters nur kurz und versuchst abzulenken: Du möchtest mehr Salat, du bittest um eine Serviette oder etwas Salz. Du bietest den anderen Wasser oder Brot an. Am Ende sagst du, dass du Kopfschmerzen hast und in dein Zimmer gehen willst.

**METHODEN** ▶ S. 166

Überlege: Wen stellst du dar und was verlangt deine Rolle von dir? In welcher Stimmung bist du?

# 6 COLOMBIA

**HIER LERNST DU:**
- wichtige Daten eines Landes vorzustellen.
- Angaben zu den Himmelsrichtungen zu machen.

## ¡ACÉRCATE!

Bogotá es la capital de Colombia. Tiene 8 millones de habitantes.

Colombia es un productor importante de café y flores. Hay muchas plantaciones de café cerca de Medellín.

**Bienvenido**

El Instituto Distrital de Turismo (IDT) en alianza con TransMilenio S.A.,
presenta **TURISMILENIO**, la mejor ruta para conocer Bogotá.
**TURISMILENIO** le permite a turistas y visitantes ubicar fácilmente los
principales lugares y atractivos turísticos de Bogotá, organizar y
realizar recorridos a partir de las rutas y estaciones del Sistema de
Transporte Masivo TransMilenio.
TransMilenio es el Sistema BRT (Bus Rapid Transit) más grande en
América Latina, con mayor número de estaciones.

**Tenga en cuenta:**

Para que la visita a los diferentes atractivos turísticos que ofrece la
ciudad la realice de una forma agradable, tenga en cuenta las
siguientes recomendaciones:
- Lea bien esta guía para que pueda acceder a todos los servicios que
ofrece nuestra ciudad de una manera fácil y efectiva.
- Lleve ropa cómoda y utilice zapatos deportivos: es posible que
tenga que caminar, pues las estaciones en algunos casos quedan a
alguna distancia del destino que usted desea.
- Verifique bien la dirección, los horarios y las reglas del atractivo
turístico.
- Procure no portar grandes sumas de dinero.
- Infórmese previamente de las rutas de TransMilenio y los horarios
de servicio en:
  - Puntos de Atención al Usuario (PAU) ubicados en los 7 portales
del Sistema y en la Estación Ricaurte (atienden de lunes a
sábado de 6 a.m. a 10 p.m.)
  - www.transmilenio.gov.co
  - www.surumbo.com
- El mejor horario para utilizar el Sistema y disfrutar su recorrido es
en las horas valle (9 a.m. a 4 p.m.) utilizando los servicios de Ruta
Fácil, los cuales paran en todas las estaciones del Sistema por
donde circula cada servicio y se identifican de forma sencilla por
tener sólo un digito: B1-F1, D3-H3, C4-H4 y B5-G5.
- En las siguientes páginas encontrará las respuestas que hacen de
**TURISMILENIO** la mejor ruta para conocer Bogotá.

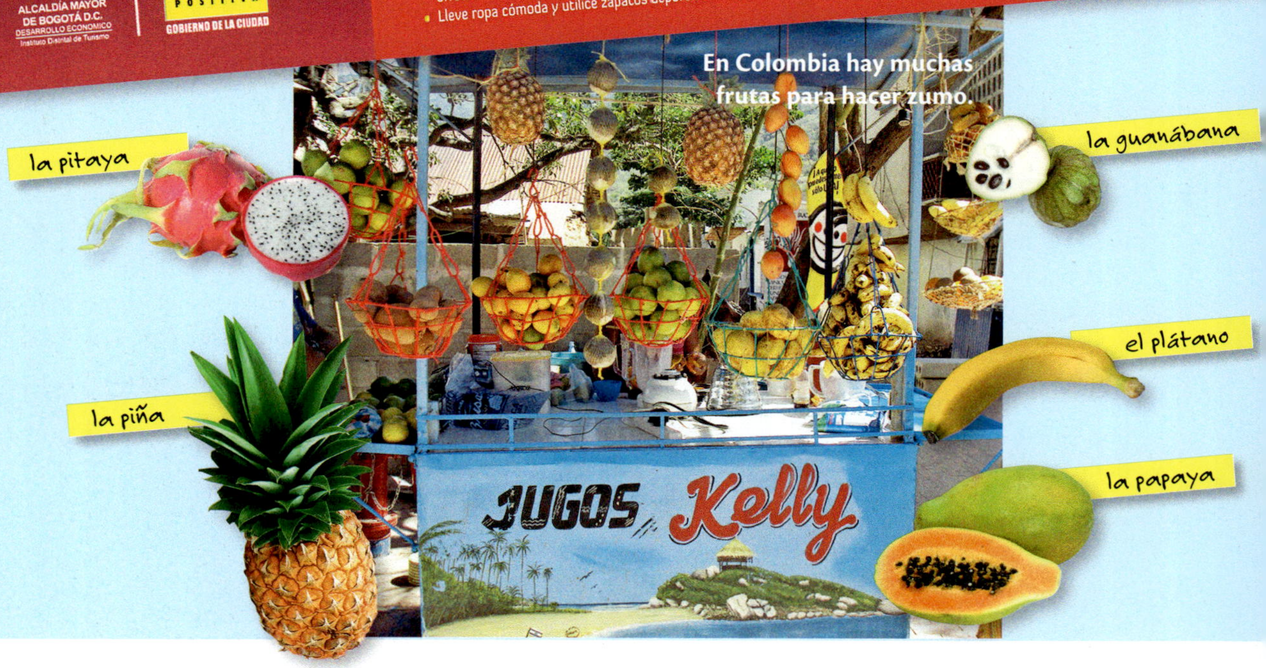


En Colombia hay muchas frutas para hacer zumo.

El Pico Simón Bolívar está en el norte del país. Tiene una altura de 5775 metros.

El río Magdalena es muy importante. Tiene 1538 kilómetros de largo.

**1.** ¿De dónde viene el nombre de Colombia?
- **a** de una región del país
- **b** de Cristóbal Colón
- **c** Es el nombre de una fruta

**2.** ¿Dónde está situada Colombia?
- **a** en el norte de América del Sur
- **b** en el sur de América del Sur
- **c** en el este o ...
- **d** ... en el oeste

**3.** ¿Cuál es la capital del país?
- **a** Caracas
- **b** Lima
- **c** Bogotá

**4.** Colombia es dos veces más grande que España y limita con cinco países. ¿Cuáles NO limitan con Colombia?
- **a** Brasil y Venezuela
- **b** Chile y Bolivia
- **c** Panamá y Ecuador

**5.** En el norte del país empieza ...
- **a** ... la Cordillera de los Andes.
- **b** ... el Río Amazonas.
- **c** ... el Canal de Panamá.

**6.** Las lenguas oficiales de Colombia ...
- **a** ... son el inglés y el español.
- **b** ... es sólo el español.
- **c** ... son el español y el quechua.

**7.** ¿Cuáles de estos productos son típicos de Colombia?
- **a** café y plátanos
- **b** azúcar y tomates

**8.** ¿Cuál de estas personas famosas NO es colombiana?
- **a** Juanes
- **b** Shakira
- **c** Alejandro Sanz

**¡OJO!**

| El español en Colombia | en España |
|---|---|
| ¿Quiubo? | ¿Qué tal? |
| el carro | el coche |
| el jugo | el zumo |
| camellar | trabajar |
| nos pillamos | nos vemos |

## COMPRENDER EL TEXTO

**1** **a** Haz el quiz. Puedes usar el Pequeño diccionario (p. 172) y el mapa de América Latina.

2 14 **b** Escucha a Sandra: ¿qué cuenta de Colombia? Compara con tus soluciones de a.

Der Hörtext liefert dir die Lösungen für das Quiz!

## APRENDER MEJOR

**2** **Ein-Minuten-Referat**

**a** Busca las expresiones para hablar de un país en las páginas 104/105 y completa la ficha.

___: Bogotá
___: en el [¿] de América del Sur.
___: con Panamá y Ecuador
___: 5775 metros ___
___: 1538 kilómetros ___
___: muchas frutas
___: 8 millones
___: de café y flores
___: plátanos
___: empieza la Cordillera de los Andes.
___: el español
___: Shakira

**b** Presenta Colombia en clase.

**METHODEN** ▶ S. 167

- Sammle zuerst alle Ausdrücke und Redewendungen, die du für deinen Vortrag brauchst.
- Formuliere dann schriftlich einen kurzen Text.
- Fertige danach einen Stichwortzettel an.
- Halte nun dein Kurzreferat mit Hilfe deines Stichwortzettels. Sprich dabei so frei wie möglich.

## HABLAR

**3** **a** Busca información sobre otro país de América Latina y prepara una ficha como en 2a.

**b** Tu compañero/-a hace preguntas sobre el país. Tú le contestas.

¿Dónde está situado el país?

En el norte de América Latina.

## MEDIACIÓN

**4** Schau dir den Prospekt auf S. 104 an und erkläre jemandem, der kein Spanisch spricht,
- was der *Turismilenio* ist,
- für wen er gedacht ist,
- wo und zu welchen Zeiten man weitere Informationen zum *Turismilenio* erhält und
- zu welchen Zeiten man ihn am besten nutzt.

## YA LO SÉ

**5** PF Un grupo de chicos colombianos quiere ir a vuestro instituto por una semana. Es su primera visita a Alemania. Presentadles Alemania / vuestra región / vuestra ciudad. | Ihr könnt z. B. ein Quiz, eine Collage oder eine Präsentation vorbereiten. Macht auch Programmvorschläge für die Woche.

# 6A AYER EN BOGOTÁ

**HIER LERNST DU:**
- zu erzählen, was du erlebt hast.
- wie du reagieren kannst, wenn dir jemand etwas erzählt.

Sandra habla con su prima.

Eh, prima, ¿por qué no llamaste ayer?

Pues, disculpa, por el momento estoy sin celular, este mes no tengo plata para pagar la cuenta. Mira, ayer pasé el día fuera, llegué muy tarde a casa y cuando llegué, cenamos. Después me fui a la cama. Fíjate, me acosté ¡a las diez! Fue un día muy largo, porque pasé el día en el festival de verano. Ya sabes, cada verano hay programa en el Parque Bolívar, con conciertos y un montón de cosas más … y allí, ¿sabes qué pasó? …

Cuéntame …

Bueno, Andrés y yo tomamos el bus ya a las doce pero cuando llegamos, buscamos primero media hora a Manuela, sabes, mi compañera del cole. Después buscamos el lugar del concierto hip-hop y casi nos perdimos. Menos mal que entonces, justo antes del concierto, llegó Carlitos … ¡con Diego! Casi me muero …

¡Vaya sorpresa!

Sí, hablamos un poco pero no mucho porque, claro, empezó el concierto. Bueno, hoy quiere pasar por mi casa y seguro que me cuenta por qué está aquí. Es que hace cuatro semanas me escribió por última vez y desde entonces nada … Creo que se queda ¡dos semanas en Bogotá! Espera, alguien llama a la puerta, seguro que es él, ¡hasta pronto!

Carlitos habla con un amigo.

¿Qué tal el fin de semana?

Pues ayer fui a la playa …

¡Pero ustedes no tienen playa …! ¡¿O estás aquí en Cartagena?!

el Parque Simón Bolivar

No, ahora tenemos una playa en Bogotá, en el lago del Parque Bolívar. No es el Caribe, pero puedes jugar al voleibol y los fines de semana por la tarde siempre hay conciertos.

¿Y fuiste solo?

Claro, no hace falta ir con alguien, siempre hay gente que conoces. Pero cuando salí de casa, ¿sabes con quién me encontré en la calle? Con Diego, mi amigo que vive en España, te acuerdas de él, ¿verdad?

No me digas …

Sí, llegó hace tres días con sus padres porque su abuela está muy enferma. Pues, entonces fuimos juntos al parque y todo el tiempo Diego contó cosas de Salamanca. Ya casi habla como la gente en España. Pero cuando llegamos, de repente se calló.

¿Cómo que se calló?

Pues no sé, ni idea …

**LANDESKUNDE**

In Lateinamerika wird für „ihr“ anstatt *vosotros* immer *ustedes* + 3. Person Plural gebraucht.

## COMPRENDER EL TEXTO

**1 a** Busca las frases para cada dibujo en el texto, p. 107.
Cuenta en presente.

**b** Haced un juego de rol y presentad las escenas en clase.

**METHODEN** ▶ S. 166
Verwende beim Rollenspiel nur einen Stichwortzettel.

## BÚSQUEDA DE INFORMACIÓN

**2** Web-Code: ENC 3000-1-108

Los chicos del texto, p. 107, hablan de los conciertos en el Parque Bolívar. ¿Qué música escuchan en Colombia? Busca información en Internet sobre los 40 principales.

PRINCIPALES

## VOCABULARIO

**3 a** Wie kannst du in einem Gespräch reagieren? Suche Beispiele im Text, S. 107, und mache eine Liste.

2 17 //●

**b** Escucha y mira tu lista de a. | Wie reagierst du in diesen Gesprächssituationen?

**c** Inventad para cada expresión de la lista de a un minidiálogo.

## DESCUBRIR

**4 a** Lies die beiden Sätze. Wozu brauchst du hier das *pretérito indefinido*?

1. Ayer **pasé** el día fuera, **llegué** muy tarde a casa y cuando **llegué** cenamos. (l. 3–4)
2. Después me **fui** a la cama, fíjate, me **acosté** ¡a las diez! (l. 4–5)

**b** Suche im Text alle Formen des *pretérito indefinido* und notiere sie mit dem jeweils passenden Infinitiv und Personalpronomen. Erstelle dann ein Konjugationsschema und ergänze die fehlenden Formen. Was fällt dir bei den Verben auf -er und -ir auf? ▶ Resumen 1

pasé (yo) → pasar

| | -ar | -er | -ir |
|---|---|---|---|
| yo | pasé | | |
| tú | | | |

**c** Zwei Verben haben im *pretérito indefinido* die gleichen unregelmäßigen Formen. Welche sind es? ▶ Resumen 2

## PRACTICAR

**5** **¡A jugar! | A nennt ein Verb im Infinitiv, B würfelt und nennt die entsprechende Person im *pretérito indefinido*.**

facultativo

*llegar pasar cenar tomar perderse acostarse ir escribir salir buscar callarse ser encontrarse*

**6** **Completa los diálogos con las formas del pretérito indefinido.** ▶ Resumen 2

1. – Oye, ¿Adónde *(irse)* Diego la semana pasada?
   – Él y sus padres *(irse)* a Bogotá, a Colombia.

2. – ¡Hola Sandra!, ¿qué tal? ¿*(ir / tú)* el fin de semana al parque con Diego y Carlitos?
   – Yo sí *(ir)* al parque el domingo. Pero no con Diego y Carlitos. Ellos *(irse)* el sábado muy temprano a Cali, a casa de un primo de Diego.

3. – Carlitos, ¿es verdad que tú y Diego (*ir* / vosotros) el fin de semana a Cali?
   – Si, (*ir* / nosotros) con los padres de Diego a casa de unos tíos de ellos. ¡*(ser)* superdivertido!

**7** **¿Qué pasó ayer? | Mache so viele Aussagen wie möglich über den Text, S. 107.**

Ayer | Sandra / Sandra y Andrés / Diego / Diego y Sandra / Carlitos | ___.

## HABLAR

**8** **Cuenta tú: ¿qué hiciste[1] el sábado o el domingo pasado?**

*pasar* el día / la tarde / ___ *ir* a / al / a la ___ *acostarse* a las ___ *levantarse* a las ___ *hablar* con ___ *llamar* a ___ *escuchar* *escribir* *jugar* al ___

1 ¿Qué hiciste? *Was hast du gemacht?*

**9** **a** Toma apuntes para cada dibujo y presenta la historia de Sandra y Diego en clase.

*ir*

*encontrarse / callarse*

*empezar* a hablar / *bailar*

*escribir*

*llamar / quedar*

*llegar* a las 3 / *buscar / esperar*

**b** ¿Cómo termina la historia? Escribe el final en tu cuaderno. Puedes usar:

66|3

primero   después de una hora / dos horas ___   a las cinco/seis/___   luego
entonces   de repente   enseguida   al final

**c** Tauscht eure Texte aus und überarbeitet sie gemeinsam.

**METHODEN** ▶ S. 170

Konzentriert euch bei der Überarbeitung der Texte auf die Verbformen.

## YA LO SÉ

**10** Preparad diálogos como en el ejemplo. Usad las expresiones de 9b. | A fragt, B denkt sich ausführliche Ausreden aus.

*ir* al cine / al estadio / al parque / a casa de ___   *escribir* un mensaje a / ___
*pasar* la tarde en casa de ___   *levantarse/acostarse* a las ___
*tomar* el desayuno / *comer* / *cenar* a las ___   *preparar* los deberes / una fiesta / ___
*llegar* tarde a ___   *hablar* una hora con ___   *llamar* a ___   *encontrarse* con ___

# 6B EL GOLOMBIAO

**HIER LERNST DU:**
- über ein Projekt zu berichten.
- einen Zeitungsartikel zu lesen.
- etwas zu bewerten.

## ACTIVIDAD DE PRELECTURA

**1** ¿Qué palabras de fútbol ya conoces? Haz una red de palabras.

«¡Gol!» ... Grita uno de los chicos cuando Miguel mete el primer gol. «No, no, ese gol no vale,» le explica Marisela, «una de las chicas tiene que meter el primer gol.» Miguel y sus amigos participan en un campeonato de fútbol en la calle. En este campeonato las reglas del juego son un poco diferentes al fútbol «normal»: en cada equipo hay al menos tres chicas. No hay árbitro y tampoco hay tarjetas amarillas o rojas. Además, antes de empezar, los equipos discuten las reglas del juego: para ganar no sólo cuentan los goles sino también el respeto y el trabajo en equipo.

Este campeonato tiene lugar en uno de los barrios pobres de Medellín. Aquí muchos chicos de 14 o 15 años no van al cole, pasan su tiempo en la calle y tienen que vivir con violencia. Hace unos años alguien tuvo una idea para ayudar a estos chicos: jugar al fútbol contra la violencia. Así nació el Golombiao. Este nombre es una mezcla de gol y Colombia. Por primera vez en estos barrios organizaron equipos de fútbol. Tres años más tarde, 3.000 chicos participaron en el proyecto. La idea de jugar al fútbol y luchar así contra la violencia tuvo mucho éxito, no sólo en Colombia. Otros países tomaron el ejemplo y allí también juegan al fútbol por la paz. En 2005 tuvo lugar el primer campeonato internacional de fútbol en la calle en Manrique, un barrio de Medellín. «Vinieron equipos de muchos países: de Ruanda, Argentina, Alemania, Chile y Ecuador y también equipos de otras regiones de Colombia,» explica Juan Ruíz, un asesor de juego.

¿Y quién gana el partido? Después de terminar, los equipos lo deciden juntos. «Sí, claro, cuentan los goles.» explica Juan Ruíz. «Pero cuentan también los puntos por el comportamiento.» Termina el partido y todos están contentos: en este juego todos ganan.

**Malena, 15 años**
Hace dos años no pude participar en el campeonato porque mi madre no quiso. Para ella, el fútbol es un deporte para chicos. Pero mi profe habló con ella y ahora está de acuerdo.

**Jairo, 14 años**
Claro, todavía hay problemas en el barrio, pero ahora hay más respeto entre los chicos.

**Pablo, 15 años**
El año pasado estuvimos en Bogotá. No ganamos el partido pero fue un viaje genial. Al final hicimos una fiesta con todos los chicos – ¡fue superbacano!

**Paloma, 14 años**
Al principio fue difícil: los chicos no quisieron jugar en un equipo con las chicas y discutieron mucho.



**LANDESKUNDE**

Wie in vielen Ländern Lateinamerikas gibt es auch in Kolumbien große soziale Unterschiede. In den ärmeren Stadtvierteln gehört Gewalt für viele Jugendliche zum Alltag.

## COMPRENDER EL TEXTO

**2** **a** ¿Qué es el Golombiao ? Busca información en el texto, p. 111 y apúntala en una ficha.

| ¿quiénes juegan? | ¿dónde? | las reglas |
|---|---|---|
| | | |

**b** Explica las reglas del Golombiao.

**c** «En este juego todos ganan.» (l. 40) Explica esta frase.

## VOCABULARIO

**3** **a** Completa tu red de palabras de p. 111/1 con ayuda del texto.

el fútbol

**b** ¿Qué significan estas palabras? Completa con ellas tu red de palabras de a.

| | |
|---|---|
| la chilena | der Fallrückzieher |
| el capitán | [¿] |
| el portero | [¿] |
| el córner | [¿] |
| tirar un penalty | [¿] |
| el jugador / la jugadora | [¿] |

Du kannst den Wortschatz nach unterschiedlichen Kriterien anordnen, z. B. nach Wortarten.

## ESCUCHAR

2|20 **4** **a** Daniel cuenta de un partido de Golombiao. Escucha y contesta las preguntas.

1. ¿Cuántos chicos y cuántas chicas juegan en el primer partido?
2. ¿Quién metió el primer gol?
3. ¿Quién metió el último gol? ¿Un chico o una chica?

**METHODEN** ▶ S. 163

Konzentriere dich beim Hören nur auf die Informationen, die du zum Beantworten der Fragen brauchst.

2|20 **b** ¿Qué más entiendes? Puedes contestar en alemán.

## PRACTICAR

70|4 **5** ¿Cómo es el día de Sandra? Usa antes de / después de + infinitivo. ▶ Resumen 6

**Ejemplo:** Antes de levantarse Sandra recibe un mensaje. Después de levantarse ___.

**6 a** Busca todas las formas del pretérito indefinido en el texto, p. 111. Apúntalas en tu cuaderno y escribe también los infinitivos. ▶ Resumen 1–3

9|3 **b** Dos chicos colombianos se encuentran en la calle. Representad el diálogo en clase.

Verwendet die Verben im *pretérito indefinido*!

– ¿(*estar* / tú) ayer en el partido de Golombiao?
+ Sí, (*estar* / nosotros) mi hermano y yo.
– ¿Y qué tal?
+ ¡Bacano! (*venir*) muchos amigos del barrio. Sólo al principio, nosotros no (*querer* / nosotros) jugar. ¡Es que hay chicas en los equipos!
– ¡Ay! ¡Qué divertido! ¿(*estar*) también Catalina?
+ Sí. ¡Y (*meter*) el primer gol! Oye, y ¿por qué no (venir) tú ayer?
– No (*poder* / yo). Es que (*tener* / yo) que ayudar a mi abuelo. Casi no puede moverse[1].
+ ¡Qué pena! Pero la próxima vez[2] tienes que venir. Catalina (*preguntar*) por ti[3] …
– ¡¿Ah sí?! Oye, y ¿a dónde (*ir* / tú) después del partido?
+ (*ir* / nosotros) todos a la plaza cerca de mi calle y allí (*hacer* / nosotros) una fiesta. ¡(*ser*) superbacano! (*venir*) los vecinos y (*bailar* / nosotros) hasta las 11 …

**1** moverse *sich bewegen* **2** la próxima vez *das nächste Mal* **3** preguntar por alguien *nach jemandem fragen*

## HABLAR

**7** ¿Qué hiciste la semana pasada? Toma apuntes y cuenta a tu compañero/-a.

PF

El sábado fui al concierto. ¡Fue genial!

## ESCRIBIR

**8** ¿Hay proyectos de jóvenes en vuestro instituto o en vuestro pueblo / vuestra ciudad? Escribid un pequeño artículo sobre este proyecto y presentadlo a un instituto en España.

21 **9 a** Lee los oncitos con ayuda de un diccionario. Después elige uno y léelo en voz alta.

alegre
el sol
en tus ojos
vamos por la playa
verano

divertidos
los amigos
siempre están conmigo
para mí son hermanos
genial

feliz
el mundo
a todo volumen
se volvió mi habitación
música

guay
un hermano
mi mejor amigo
siempre hacemos todo juntos
amistad

**b** Escribe un oncito. Si quieres haz un dibujo para tu oncito y preséntalo en clase.

Un oncito es un poema con once palabras sobre un tema.
**Las reglas para escribir un oncito:**

| | |
|---|---|
| una palabra (adjetivo/color) | ¿Cómo es? |
| dos palabras (artículo + sustantivo) | ¿Qué es? |
| tres palabras | ¿Qué pasa? |
| cuatro palabras | más información |
| una palabra | resumen |

## COMPRENSIÓN AUDIOVISUAL

DVD **10** Mira la escena 6 del DVD.

**11 a** Busca en Internet información sobre la ciclovía en Bogotá.

**b** Mira el plano de la ciclovía en Bogotá y contesta las preguntas.

1. Wann findet sonntags die **ciclovía** statt?
2. An welchen Stationen der **ciclovía** kannst du dienstags ab 18:00 Sport machen?
3. In welchem Park kannst du unter der Woche morgens und abends Sportangebote nutzen?
4. Wo kannst du noch mehr Informationen zur **ciclovía** finden?
5. Wie lang ist die **ciclovía**?

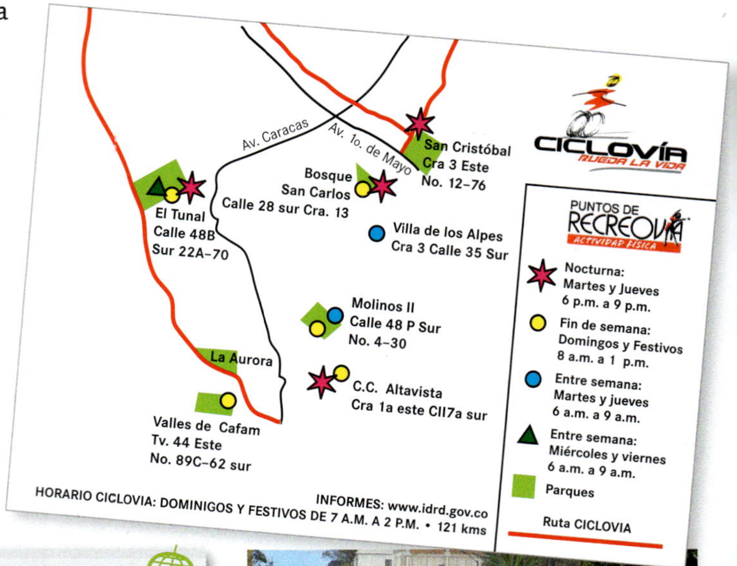


### LANDESKUNDE

In Bogotá werden an allen Sonn- und Feiertagen einige zentrale Straßen für den Autoverkehr gesperrt, damit sie ausschließlich von Fußgängern und Radfahrern genutzt werden. Diese Straßen heißen **ciclovía**. Zusätzlich gibt es die **recreovía**: Das sind Stationen an der **ciclovía** – häufig große Parks –, an denen Sportkurse angeboten werden, z.B. Yoga, Aerobic und Extremsportarten. Jede Woche nehmen über zwei Millionen Menschen an der **ciclovía** und **recreovía** teil.

## 6 PUNTO FINAL

**a** Ihr hattet Besuch von einer kolumbianischen Jugendgruppe. Ihr habt gemeinsam eine Woche verbracht und eine Menge unternommen. Gestaltet für die Kolumbianer ein Erinnerungsalbum. Jede Gruppe berichtet über je einen Tag.

el lunes / el martes / ___

a las ocho | entonces | a la una | al final | primero | después

- Was habt ihr unternommen? Nehmt für eure Ideenfindung euer Quiz von S. 106 zu Hilfe.
- Ist etwas Unvorhergesehenes oder Komisches passiert? Berichtet auch darüber.
- Wie fandet ihr und wie fanden die Kolumbianer den Tag? Verwendet Zitate wie im Text, S. 111.
- Was ist den Kolumbianern evtl. besonders aufgefallen (Essgewohnheiten, Umgang mit Lehrern etc.)?

**b** Tauscht eure Entwürfe untereinander aus und korrigiert euch gegenseitig.

**METHODEN** ▶ S. 170
Nehmt eine Fehlercheckliste zu Hilfe.

**c** Gestaltet gemeinsam das Album.

# RESUMEN

| ÜBER VERGANGENES BERICHTEN | DAS BENÖTIGST DU |
|---|---|
| **1** Ayer **pasé** el día fuera.<br>Andrés y yo **tomamos** el bus a las doce.<br>En el parque casi **nos perdimos**.<br>Hace cuatro semanas Diego me **escribió**.<br>El sábado pasado Sandra y Andrés **buscaron** 30 minutos a Manuela. | oft eine Zeitangabe der Vergangenheit, z.B. einen konkreten Zeitpunkt sowie das **pretérito indefinido** ▸ *GH 36\|57* |

| | tomar | | comer/escribir | |
|---|---|---|---|---|
| Singular | tom- | **é**<br>**aste**<br>**ó** | com-<br>escrib- | **í**<br>**iste**<br>**ió** |
| Plural | | **amos**<br>**asteis**<br>**aron** | | **imos**<br>**isteis**<br>**ieron** |

| | |
|---|---|
| Yo **empecé** a preparar mis deberes a las ocho. ¿Y tú?<br>**Llegué** a las nueve y cenamos.<br>**Busqué** a mis amigos. | Die Verben auf *-zar*, *-gar* und *-car* haben im **pretérito indefinido** jeweils eine orthografische Besonderheit in der 1. Person Singular. |
| **2** A las diez **me fui** a la cama.<br>Ayer **fuimos** juntos al parque.<br>Mis amigos **fueron** al concierto.<br>El concierto **fue** muy bueno.<br>La fiesta **fue** muy divertida. | ⚠ Die Verben ***ser*** und ***ir(se)*** werden im **pretérito indefinido** gleich konjugiert. ▸ *GH 36\|57* |

| | ser / ir |
|---|---|
| Singular | **fui**<br>**fuiste**<br>**fue** |
| Plural | **fuimos**<br>**fuisteis**<br>**fueron** |

| | |
|---|---|
| **3** ¿Dónde **estuviste** ayer?<br>A las ocho **vinieron** todos mis amigos.<br>Malena no **quiso** jugar al fútbol.<br>Ayer mis amigos y yo no **tuvimos** tiempo.<br>¿Qué **hicisteis** el sábado pasado? | ⚠ Die Konjugation von ***estar, querer, poder, tener, venir*** und ***hacer*** ist im **pretérito indefinido** unregelmäßig. ▸ Los verbos, p. 181, 184 ▸ *GH 38\|60* |
| **4** **Primero** fuimos a Bogotá, **después** tomamos el bus para Medellín y **entonces** fuimos a Baranquilla. | die Zeitadverbien **primero, después, luego, de repente, entonces** und **al final** mit den Verben im **pretérito indefinido** ▸ *GH 39\|60* |
| **5** **Cuando** llegó Diego, fuimos al concierto.<br>**Cuando** llegué a casa, empezamos a cenar. | die Konjunktion **cuando**, um einen temporalen Nebensatz einzuleiten ▸ *GH 38\|59* |
| **6** **Después de** llegar a casa, me fui a la cama.<br>**Antes de** ir al concierto, buscamos a Manuela. | **antes de** + Infinitiv bzw. **después de** + Infinitiv im Temporalsatz, wenn das Subjekt des Haupt- und Nebensatzes gleich ist ▸ *GH 39\|61* |

facultativo

## TESTE DEINE GRAMMATIKKENNTNISSE ▶ Lösungen, S. 158

### 1 Bilde die Formen des *pretérito indefinido*. ▶ GH 36|57

1. Juan *(llegar)* a casa a las ocho.
2. Ayer *(ir / nosotros)* al cine.
3. El domingo Carlos *(acostarse)* ya a las diez.
4. Después de llegar al concierto los amigos *(perderse)*.
5. Ayer *(encontrarse / yo)* con Manolo en la calle.
6. En el campeonato *(participar)* diez equipos.
7. A las siete, los amigos *(ir)* al estadio.
8. Hace media hora *(empezar / yo)* a estudiar.

### 2 Bilde die Formen des *pretérito indefinido*. ▶ GH 38|60

1. ¿Por qué tú no *(venir)* al concierto ayer?
2. Ana no *(querer)* ir con nosotros.
3. El domingo pasado *(estar / nosotros)* en Medellín.
4. No *(poder / yo)* porque no *(tener)* tiempo.
5. ¿Y vosotros? ¿Qué *(hacer)* ayer?
6. Ayer yo *(estar)* en el estadio y Sandra *(ir)* en el cine.

### 3 Bilde Temporalsätze mit Cuando + *pretérito indefinido*. ▶ GH 38|59

1. Sandra – *llegar* al concierto – hablar con Diego
2. Los amigos – *llegar* / *empezar* el concierto.
3. Yo – llegar a casa / *empezar* [nosotros] a cenar.
4. Diego – *salir* a la calle / *encontrarse* con Carlitos.

**Ejemplo:** → Cuando Sandra llegó al concierto, habló con Diego.

### 4 Bilde Sätze mit Antes de / Después de + Infinitiv. Verwende im Hauptsatz jeweils das *pretérito indefinido*. ▶ GH 39|61

1. (Comer) Carlos *(empezar* a estudiar) para el examen de Inglés.
2. (Llegar) a la playa, las chicas *(empezar)* a jugar al fútbol.
3. (Acostarse) a la cama, *(hacer / yo)* mis deberes.
4. (Entrar) al cine, yo *(comprar)* las entradas en Internet.
5. (Salir) del concierto, *(ir / nosotros)* a comer algo.

**Ejemplo:** → Después de comer, Carlos empezó a estudiar para el examen de Inglés.

**DAS KANN ICH JETZT!** ▶ Para comunicarse, p. 219

- Stelle dein Land vor.
- Schaue dir die Spanienkarte an und beschreibe, wo die Städte Valencia, Santander, Salamanca und Málaga liegen.
- Erzähle, was du gestern oder am letzten Wochenende gemacht hast und wie es war.
- Berichte über ein Projekt an deiner Schule und sage, was du davon hältst.

acultativo

# REPASO 6

## ¿TE ACUERDAS?

ELE **1** **En el texto faltan las formas correctas de ser o estar. Complétalas.**

¿Cómo [¿] Sandra? Pues, tiene el pelo largo, [¿] morena y no [¿] muy alta. En clase [¿] un poco tímida, pero también [¿] muy alegre, además [¿] graciosa y supermaja. [¿] buena en casi todas las asignaturas, menos en Naturales. Por la tarde, ella siempre [¿] con sus amigos y hace mucho deporte. Hoy sus amigos [¿] en la plaza, pero Sandra no viene. ¿Dónde [¿] la chica? Pues, todavía [¿] en casa: [¿] bastante nerviosa porque mañana tiene un examen en Naturales.

## VOCABULARIO

**2 a** **Busca una palabra de la misma familia.**

**Ejemplo:** la visita → visitar

la visita   entrar   trabajar   preguntar   aburrirse
cumplir ___ años   el libro   estudiar   el deporte   la cena

**b** **No conoces estas palabras, pero conoces palabras de la misma familia. ¿Cuáles son?**

la diferencia   producir   la discusión   empollar
la enfermedad   histórico   la decisión   viajar
la ayuda   el turismo   respetar   la organización

**Ejemplo:** la diferencia → diferente

**METHODEN** ▶ S. 159

Manche unbekannte Wörter kannst du verstehen, wenn du ein Wort aus der selben Familie kennst.

**c** **¿Qué significan las palabras de b?**

## PRACTICAR

22 **3 a** **Escucha los números y escríbelos en tu cuaderno.** ▶ Los números, p. 178

23
4|2 **b** **Escucha, después calcula[1] y apunta los resultados.**

1 calcular *rechnen*

| | |
|---|---|
| 212 más 25 igual a 237. | + más |
| 212 menos 25 igual a 187. | – menos |
| | = igual a |

24 **c** **Escucha y compara con tus resultados.**

**4 a** **Escribe diez números entre 100 y 1.000.000 y díctalos a tu compañero/-a. Él/ella los apunta. Después compara con tus números.**

**b** **Jugad en clase. | Bereite fünf Rechenaufgaben wie in 3b vor. Ein/e Schüler/in fängt an und stellt eine Aufgabe. Wer die Lösung weiß, ruft sie in den Raum und stellt nun seine Aufgabe. Wer seine fünf Aufgaben gestellt hat, gewinnt.**

facultativ

**5 a** Ayer fue el cumpleaños de Sandra. Cuenta su día y usa el pretérito indefinido.

*despertarse* a las seis de la la mañana
*recibir* un mensaje *leer* el mensaje
*ducharse* *ir* al comedor
su madre / *preparar* arepas de queso
Sandra y Daniel / *irse* al cole
Sandra / *hablar* con sus amigas en el patio
*llegar* / Carlitos Carlitos / *preguntar* algo
*callarse* *preparar* las cosas para la fiesta
Sandra / *volver* a casa *acostarse*
*soñar* con una rana

por la mañana por la tarde por la noche a mediodía primero después al final cuando de repente a la/s ___

**b** ¿Qué tal tu cumpleaños del año pasado? Cuenta tu día y usa el pretérito indefinido.

## ESCUCHAR

2 25
DELE

**6 a** ¿Qué cuenta Pablo de su vida en Cartagena (Colombia)? Copia la tabla en tu cuaderno, después escucha y apunta una información para cada tema.

| Cartagena | la familia de Pablo | su barrio | su vida |
| --- | --- | --- | --- |

**b** Vergleiche deine Aufzeichnungen mit denen deines Nachbarn / deiner Nachbarin und korrigiere bzw. ergänze sie. Erzähle dann jemandem, der kein Spanisch versteht, was du alles über Pablo erfahren hast.

# ¡ANÍMATE! 6

**1** **a** Cuenta: ¿qué ves en el afiche?

**b** ¿Cuál es el tema de «Rock al Parque 2009»? ¿Qué quiere decir?

# 7 DE VIAJE POR ESPAÑA

**HIER LERNST DU:**
- einen Weg beschreiben.
- nachzufragen, wenn du etwas nicht verstehst.

2 26

## ¡ACÉRCATE!

1

**Turista:** ... Oye, por favor, ¿dónde hay una farmacia por aquí?
**Roberto:** Hay una cerca de la Universidad Pontificia.
**Turista:** ¿Y cómo voy hasta ahí?
**Roberto:** Pues, ... cruza esta calle, ve todo recto. Después tienes que girar a la derecha en la calle Cervantes.
**Turista:** Gracias.

**Estudiante:** Perdona, ¿está por aquí la oficina de Correos? ¿Voy bien por aquí?
**Vega:** ... Mira, Correos está en esta calle, la Gran Vía. Sigue todo recto, cruza la Plaza de la Constitución y en la primera calle gira a la izquierda.
**Estudiante:** ¿Cómo? ¿Puedes repetir por favor?
**Vega:** Sí, tienes que coger la primera calle a la izquierda.

2

### COMPRENDER EL TEXTO

**1** **En los diálogos, tres personas preguntan por el camino. ¿Adónde quieren ir? Busca los lugares en el plano.**

### VOCABULARIO / ESCRIBIR

**2 a** Relaciona los dibujos con las expresiones.

1. girar a la izquierda
2. coger la primera a la izquierda
3. cruzar la calle
4. ir todo recto
5. coger la segunda a la derecha
6. girar a la derecha

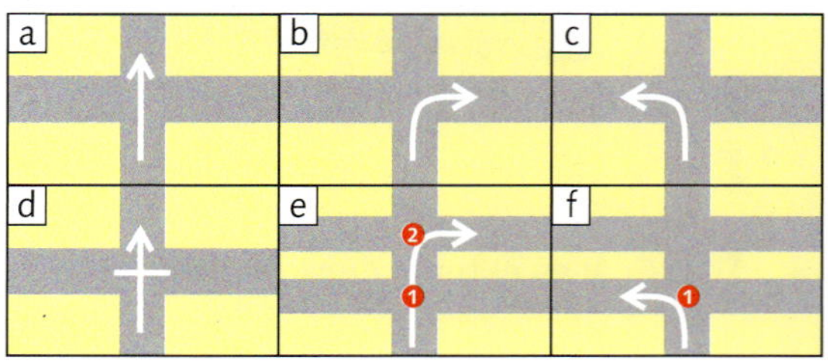

**Tomás:** ¿Y cómo voy a tu casa? ¿Está lejos del instituto?
**Luis:** Sí, un poco. Primero ve hasta la Plaza Mayor y luego sigue todo recto por San Pablo, hasta el supermercado. Justo enfrente de la Plaza de Colón vivo yo, en el número 23 ... Llama al 5° A.
**Tomás:** ¿Qué? Más despacio, otra vez. ¿En qué piso? ¿Dónde llamo?
**Luis:** Vivo en el quinto. Llama al 5° A.

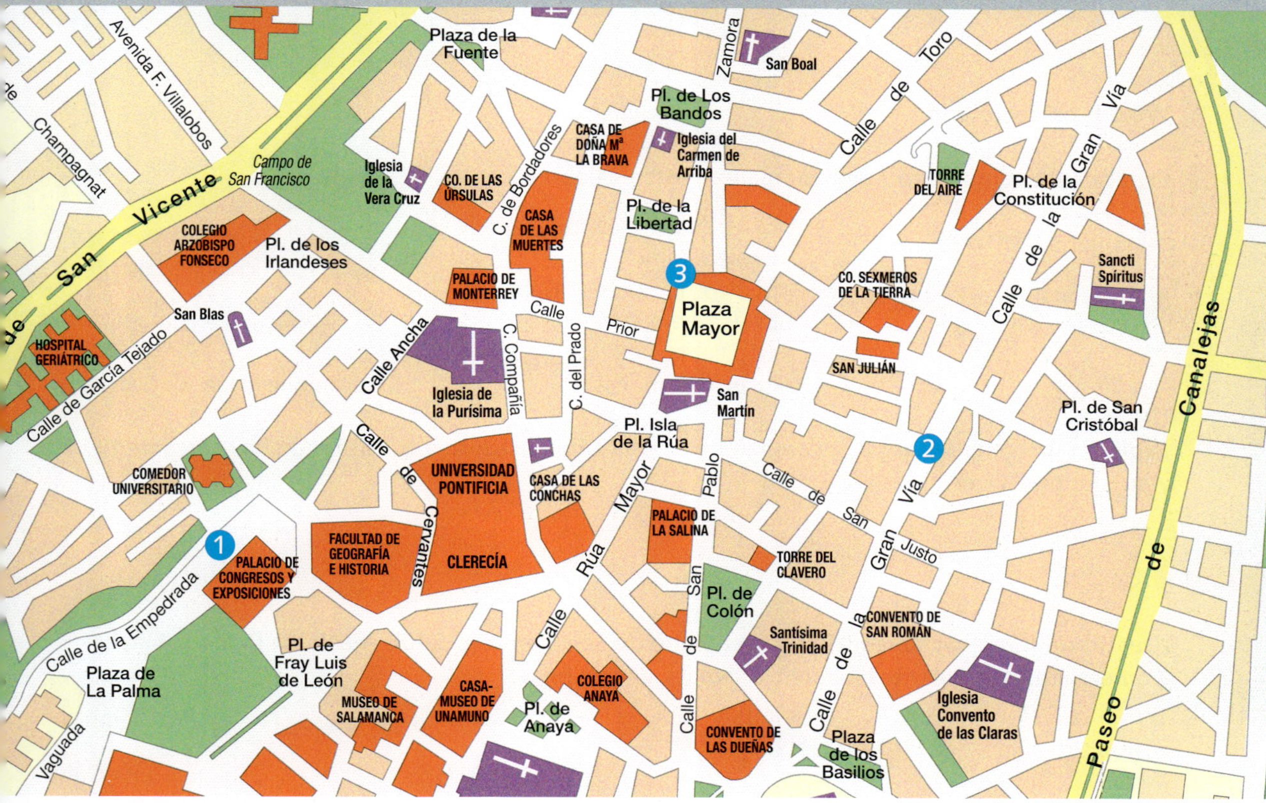


**b** ¿Cómo lo dices en español? Busca las expresiones en el texto. | Wie fragst du,

1. ob es in der Nähe eine Apotheke gibt?
2. ob du in die richtige Richtung gehst?
3. in welchem Stock jemand wohnt und wo du klingeln sollst?

**c** **Ein spanischer Gastschüler will dich besuchen. Erkläre ihm in einer E-Mail, wie er von der nächsten Haltestelle zu dir kommt.** ▶ Resumen 1

## COMPRENSIÓN AUDIOVISUAL

**3** Mira la escena 7 del DVD.

## ESCUCHAR

2|27 **4** Tomás está en la Plaza Isla de la Rúa. ¿Cómo tiene que ir a casa de Luis? Mira el plano de Salamanca (p. 240) y sigue el camino con el dedo.

2|28 **5** En la oficina de Turismo de Salamanca te dan información. Pero no entiendes todo. Escucha y reacciona.

Más despacio por favor. ¿Cómo? ¿A qué hora abre el museo? Perdona, ¿cómo se escribe la calle? ¿Puedes repetir el número?

## APRENDER MEJOR

**6** **Wörter umschreiben**

**a** Explica a un compañero / una compañera estas palabras.

una tienda de regalos
una oficina de turismo
feo
un lápiz
un turista

Es otra palabra para ___.
Es algo como ___.
Es algo que necesitas para ___.
Es una persona que ___.
La palabra significa ___.
El antónimo[1] es ___.

**METHODEN** ▶ S. 160
Fällt dir das richtige Wort auf Spanisch nicht ein, umschreibe es mit anderen Wörtern.

1 el antónimo *das Gegenteil*

**b** Explica a un compañero / una compañera cómo va del instituto a tu casa, qué hay cerca de tu casa y en qué piso vives. ▶ Resumen 1

## HABLAR

**7** ¡Descubrid juntos Salamanca! Mirad el plano de Salamanca (p. 240). A está en la Plaza Mayor y quiere ir a los siguientes lugares. B explica el camino …

DELE 74|1

a la Plaza de Anaya. a la Plaza de la Libertad. a la Plaza de Fray Luis de León. a la Universidad. a la Plaza de Colón.

**8** «Perdona, ¿dónde hay una tienda de regalos por aquí?» A es un turista en Salamanca y quiere comprar recuerdos. B (p. 156) es de Salamanca y explica el camino a A. Preparad y presentad el diálogo.

**A**

Du bist ein/e Tourist/in in Salamanca.
- Du grüßt und fragst, ob B aus Salamanca ist.
- Du willst wissen, ob es in der Nähe einen Souvenirladen gibt.
- Du fragst, wie du dorthin kommst.
- Du hast nicht alles verstanden und fragst, ob B es wiederholen kann.
- Du bedankst dich und verabschiedest dich.

# 7A ¡POR FIN VACACIONES!

**HIER LERNST DU:**
- über Pläne und Vorhaben zu sprechen.
- Vor- und Nachteile abzuwägen.

## ACTIVIDAD DE PRELECTURA

**1** ¿Dónde os gusta pasar las vacaciones? ¿En el pueblo o en la ciudad? ¿Por qué? | Macht eine Liste mit Vor- und Nachteilen.

2 30

Llega el mes de junio y con él, las notas y ¡las vacaciones de verano!
Casi tres meses sin clases y sin estudiar. Todos los chicos hablan sobre sus planes …

**Vega:** Bueno, tres semanas más … y ¡vacaciones! ¡Yuju! ¿Os vais a quedar en Salamanca?

**Laura:** Pues yo no sé. Mi padre tiene mucho trabajo y a lo mejor este año paso todas las vacaciones aquí. Y vosotros, ¿qué vais a hacer?

**Roberto:** Yo en julio me voy a ir al pueblo, con mis abuelos.

**Vega:** Uff, ¿otra vez? ¿Y no te vas a aburrir ahí?

**Roberto:** No, qué va. Todos mis primos van a estar ahí. La Alberca en verano no está mal, hay muchas fiestas … Además, en casa de mis abuelos tengo una habitación PROPIA y ellos me dejan a mi aire.

**Vega:** Oye, pero es un pueblo muy pequeño y todo el mundo te controla, ¿no?

**Roberto:** Nooo, no toda la gente es cotilla … Los vecinos de mis abuelos son muy tranquilos, pero olvidan todo. A veces me dicen: «Hola, Adrián, ¡qué tal! ¿y tu hermano?» o «Pero, chaval, sigues igual. ¿Cuándo entras en la ESO? ¡Ah!, ya estás en segundo. Mira, ¡cómo pasa el tiempo!».

**Vega:** Sí, sí. Con mis abuelos es así también. … A mí no me gusta ir al pueblo porque casi no hay chicas de mi edad … Un fin de semana está bien, pero para las vacaciones prefiero un lugar con un poco de marcha, la verdad.

**Laura:** Yo también, por eso me gusta Barcelona. Allí puedo hacer muchas cosas: ir a la playa … ▶

salir con amigos ... Claro, en verano tengo mis lugares «secretos» porque no me gusta contestar veinte veces lo mismo: «La Sagrada Familia está en ... No, no, ese es el Barrio Gótico». En Barcelona a veces hay muchos turistas.

**Roberto:** Bueno, en agosto el pueblo también está lleno de turistas por las Fiestas de la Virgen de la Asunción ... Bueno, no es Barcelona, claro.

**Laura:** ¿Y vas a estar todo el tiempo en el pueblo?

**Roberto:** No, después voy a un campamento por allí cerca que es una pasada porque todo el día hacemos deporte: piragüismo, caminatas en la sierra ... y también jugamos ...

**Laura y Vega:** ... «al fútbol».

**Laura:** ¡Tú y tu fútbol! ... ¿Y cuándo vuelves?

**Roberto:** En septiembre.

**Vega:** ¡Anda! Entonces, este verano no nos vamos a ver.

**Roberto:** ¿Por qué? ¿Cuándo te vas?

**Vega:** En agosto me voy a ir con mis padres a Alicante. Vamos a pasar las vacaciones en el chalé de mis tíos. Yo voy a estar todo el tiempo con mis primas. Queremos aprender a patinar.

**Laura:** Ya veo. No me vais a echar de menos, ¿no?

**Vega:** Pues claro que te vamos a echar de menos...

**Laura:** Oye Roberto, ¿y en ese pueblo hay cíber?

**Roberto:** Sí, claro, ¿por qué?

**Laura:** Entonces nos vamos a escribir mucho, ¿no?

> **LANDESKUNDE**
>
> **Fiestas de la Virgen de la Asunción**
> Am 15. August (Mariä Himmelfahrt) finden in ganz Spanien Festumzüge in traditionellen Festtagstrachten statt.

## COMPRENDER EL TEXTO

75|1

**2 a** **¿Adónde van a ir de vacaciones Roberto, Vega y Laura? ¿Qué pueden hacer ahí?**

**b** **Busca en el texto otras expresiones para las frases 1–4.**

1. Mis abuelos no me controlan. (l. 10–15)
2. Todo el mundo quiere saber qué haces, ¿no? (l. 15–20)
3. No todos hablan mucho y mal de los otros. (l. 15–20)
4. Es superdivertido. (l. 40–45)

## HABLAR

**3 a** **¿Qué les gusta a los chicos: el pueblo o la ciudad? ¿Por qué? Copia la tabla en tu cuaderno. | Unterstreiche die Aussagen, die auch auf dich zutreffen.** ▶ Para comunicarse, p. 222

| A Roberto le gusta pasar las vacaciones en ___ | A Laura y a Vega les gusta pasar las vacaciones en ___ |
| --- | --- |
| porque ___ | porque ___ |

**b** **Charla con tu compañero/-a sobre las vacaciones. Usa los argumentos de a.**

¿Adónde vas de vacaciones con tu familia? → Siempre ___ / Este año ___ / Todos los veranos ___

¿Cómo es tu familia cuando sales de vacaciones? → Cuando salgo de vacaciones con mi familia, ___

¿Te gusta pasar las vacaciones en ___? → Sí/No, porque ___

**4** ¿Cómo son tus vacaciones? Cuenta qué haces y usa una forma correcta de **todo**. ▶ Resumen 3

5

| | | |
|---|---|---|
| En las vacaciones | [¿] las mañanas<br>[¿] los veranos<br>todos los días<br>[¿] mis amigos<br>[¿] la tarde<br>[¿] el día | — |

## DESCUBRIR

**5 a** Welche der Sätze beziehen sich auf die Zukunft?

4 **b** Wie bildet man das *futuro inmediato*? ▶ Resumen 2

1. Roberto va al patio y charla ahí con Laura y Vega.
2. En tres semanas los chicos ya no van a tener clases.
3. Roberto va a la cafetería y vuelve con un zumo.
4. Roberto: «Voy a visitar a mis abuelos en verano».
5. Vega: «Roberto, ¿vas a ir a La Alberca otra vez?».

## ESCUCHAR

31 **6 a** Escucha: ¿qué van a hacer Roberto, Laura y Vega el viernes y el fin de semana? ¿Cuándo quedan Laura y Vega? ¿Para qué?

**b** ¿Qué vas a hacer tú el fin de semana / mañana / la semana que viene?

## ESPAÑA EN DIRECTO

**7** Estás de vacaciones con tus padres en Salamanca. Ellos te hacen preguntas sobre la SalamancaCard. Mira el folleto y explícales en alemán.

Was können wir mit der SalamancaCard machen?

Wie funktioniert sie?

## YA LO SÉ

**8** ¿Adónde preferís ir? ¿Qué lugares os gusta visitar? ¿Por qué? Trabajad en grupos y buscad argumentos.

7

la ciudad o al pueblo

a un campamento de verano o a un curso de inglés

la sierra o la playa

Está bien un fin de semana, pero ___. Yo prefiero ___.
Yo quiero estar en ___ / hacer ___. (No) me gusta porque (a veces / siempre) ___.

**METHODEN** ▶ S. 166
Du kannst die Wendungen zum Diskutieren verwenden.

# 7B BESOS Y RECUERDOS A TODOS

**HIER LERNST DU:**
- eine Postkarte und einen Brief zu schreiben.
- über das Wetter zu sprechen.

2 32–33

¡Querida familia!

Ahora estoy aquí. La playa es genial para el surf. Hace mucho viento y no hace mucho calor. Hoy está nublado y por eso el sol no quema mucho. Pero ayer sí. Estuve toda la tarde en la playa con dos amigos, Nils y Katja, son de Alemania. Y ahora nos duele mucho la espalda.

¡Besos y recuerdos a todos!

Adrián

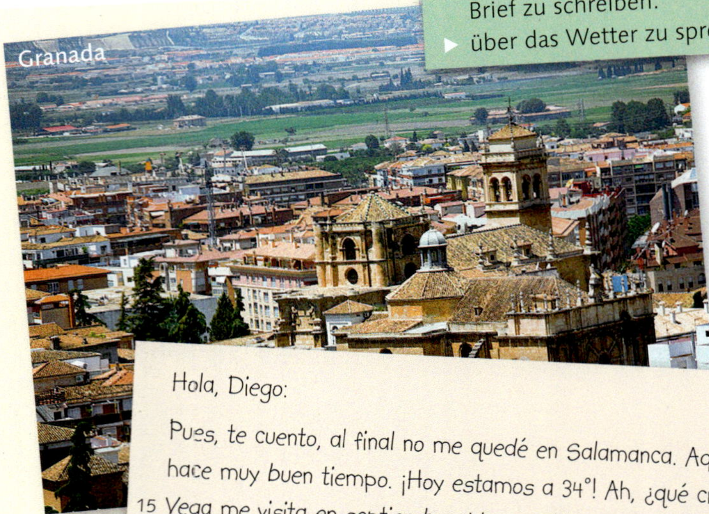


Hola, Diego:

Pues, te cuento, al final no me quedé en Salamanca. Aquí hace muy buen tiempo. ¡Hoy estamos a 34°! Ah, ¿qué crees? Vega me visita en septiembre. Voy a subir con ella a la montaña rusa.

También nos van a visitar amigos de mi padre. Y él está dale que dale, que somos de Cataluña y no conocemos nada de aquí, que sus amigos van a preguntar y nosotros no podemos contar nada. Quiere visitar toda la Costa Brava. Vamos a empezar en Cadaqués, un pueblo muy bonito a 170 Kilómetros de aquí. Mi padre está muy emocionado porque vamos a pasar mucho tiempo con sus amigos. Pero tú me conoces ... A veces no quiero estar con nadie, ... Y tú, dime, ¿cuándo vuelves? Te echamos de menos.

Un beso y dale recuerdos a tu amiga Sandra :-)

Laura

PD: Te mando fotos de mis lugares favoritos, las hice yo. ¡Míralas!

## COMPRENDER EL TEXTO

**1** ¿De dónde escriben los chicos? Relaciona los mensajes con tres fotos. | Nenne die Sätze, die dir Hinweise geliefert haben. Welche Fotos sind zu viel?

**2** ¿De qué temas hablan los chicos? | Suche die Schlüsselwörter im Text und ordne sie.

Adrián — playa — hacer surf — amigos; playa — calor

Laura

Roberto

Achte auf Begriffe, die besonders wichtig sind oder Textabschnitte zusammenfassen.

A: Adrián Álvarez; Diego Rodríguez; Vega Martín; Laura Herrero; Cristina Sánchez

Asunto: ¡¡¡Saludos!!!

¡¡Hola, chicos!!

¿Qué tal? Por aquí todo bien, bueno, más o menos … Este verano hay chicos de toda España. Yo comparto habitación con dos, Migueliño de Galicia y Francisco de Andalucía, son muy majos. Este año hace mal tiempo … A veces llueve mucho y hace frío, por eso nos tenemos que quedar aquí como sardinas … ¿No va a dejar de llover nunca? … A Francisco no le gusta nada el tiempo aquí.
Hace una semana fue el campeonato de piragüismo =) y mi equipo ganó. Pero perdí mi móvil … Y yo sin móvil no puedo hacer nada. Tampoco puedo hacer más fotos del campamento (¡todas están en mi blog, vedlas!).
Ya, por favor, ¡escribidme un poco! Sin el móvil me aburro como una ostra por las noches.

¡Un abrazo y recuerdos a todos!
Roberto

## VOCABULARIO

**3 a** ¿Qué asocias tú con cada mes (colores, personas, lugares, ropa …)? Haz un asociograma.

[¿] [¿] marzo — los meses — octubre [¿]
hace un poco de frío [¿] flores [¿] mi cumple mi chaqueta favorita
[¿]

**b** ¿Qué mes (no) te gusta? ¿Por qué (no)? Cuenta tú.

**Ejemplo:** No me gusta noviembre porque llueve mucho.

## ESCUCHAR

2|34 DELE

**4** **Escucha: ¿qué tiempo hace en San Sebastián, los Pirineos, Granada y Extremadura?**

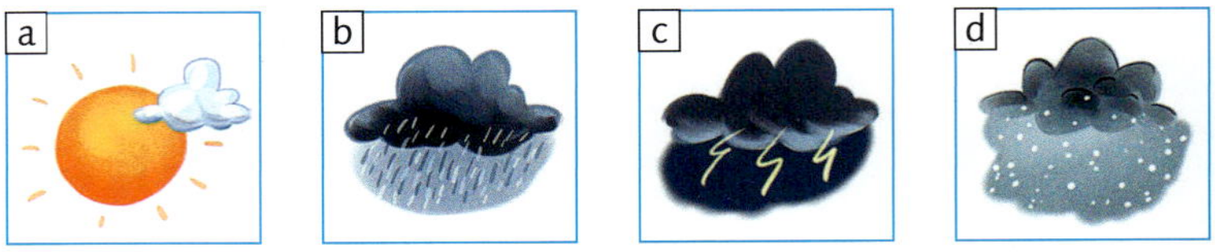


2|35

**5** **Escucha a Jordi Carbó en Aragón Radio y contesta.**

1. Worum geht es in dem Gespräch?
2. Was passiert am nächsten Sonntag?

## PRACTICAR

//O DELE 79|3

**6** **Hace mal tiempo y Roberto no puede hacer nada fuera[1]. Completa su mensaje con nada, nadie o nunca.** ▶ Resumen 5

1 fuera *draußen*

Asunto: ¡¡¡Escribidme!!!

Pues nada, que aquí sigo como una sardina. Ahora sí, no me gusta [¿] este tiempo. No podemos hacer [¿] fuera. Y con los chicos lo mismo. Todos se aburren. Francisco a veces no quiere hablar con [¿] y no deja de decir: ¡No vuelvo [¿] a este lugar!
Pues ya, es todo … Hoy no tengo [¿] más para contar … ¡Toc-Toc! ¿No tenéis [¿] de tiempo para mí? ¡Ya, escribidme!
Roberto, el chico que no hace [¿] desde hace una semana

DELE 79|2

**7** **Por fin deja de llover y todos quieren pasar un buen día. Roberto y Francisco preparan sus cosas para salir. Completa el diálogo.** ▶ Resumen 4

ciérrala dame *(2x)* espérame búscalo
contéstale dale ponlo ayúdame

**Roberto:** Aquí tienes la llave[1] de la habitación. [¿]. Yo ya voy con los chicos. ¿Vienes?
**Francisco:** [¿] un momento, tío. [¿] cinco minutos, … ¿dónde está mi móvil? …
**Roberto:** No sé, [¿] debajo de la cama … Miguel pregunta si ya vamos.
**Franciso:** Pues [¿] que ya vamos … Ah, y [¿] este libro, es de él … ¿Puedo poner mi jersey en tu mochila? Yo ya no tengo espacio.
**Roberto:** Sí, claro. [¿] en mi mochila … Pues ¿qué llevas, tío? Sólo vamos a salir unas horas.
**Francisco:** Ya, ya … Mejor [¿]. Así nos vamos pronto.
**Roberto:** Uf … [¿] tu mochila, la llevo yo y te espero fuera.

1 la llave *der Schlüssel*

## BÚSQUEDA DE INFORMACIÓN

**8** **Estás de vacaciones en España. Busca información sobre Salamanca y sus alrededores[1] en Internet.**

Web-Code: NC 3000-1-129

1. ¿Qué lugares famosos puedes visitar?
2. ¿Qué pueblos o fiestas hay?
3. ¿Qué rutas puedes hacer en Salamanca?

1 Salamanca y sus alrededores *Salamanca und Umgebung*

## YA LO SÉ / ESCRIBIR

**9** **Escribe una postal a un/a amigo/-a de Latinoamérica y cuéntale cómo es Salamanca.**

Puedes escribir por ejemplo:
- dónde estás y qué estás haciendo,
- cómo está el tiempo,
- qué lugares visitaste,
- si el lugar es divertido o aburrido.

Im Lektionstext (S. 126–127) findest du verschiedene Begrüßungs- und Abschiedsfloskeln.

## 7 PUNTO FINAL

**Eure Schule nimmt an dem Wettbewerb „Una semana en España. ¿Qué vais a hacer?“ teil. Fertigt dafür ein Plakat an und entwerft ein Programm für eine Woche.**

**a** **Arbeitet in kleinen Gruppen. Jede Gruppe wählt eine Region Spaniens aus.**
- Recherchiert so viele Informationen wie möglich über diese Region.

el clima | la cultura | las tradiciones | la historia

- Gestaltet ein Plakat.
- Stellt ein Programm zusammen.

**b** **Präsentiert der Klasse eure Ergebnisse.**

**c** **Welche Präsentation oder welches Programm hat euch am meisten überzeugt? Begründet eure Entscheidung.**

METHODEN ▶ S. 168
Beurteilt eure Präsentationen mit Hilfe eines Evaluationsbogens.

# RESUMEN

## EINEN WEG BESCHREIBEN

**1** Tienes que ir hasta la **primera** calle a la derecha.
La Avenida de Italia es la **segunda** calle a la derecha.
Gira en la **tercera** calle a la izquierda.
Carlos vive en el **primer** piso.
Manuel vive en el **segundo** piso, derecha.
Carla vive en el **tercer** piso.
Coge la **cuarta** calle a la izquierda.

### DAS BENÖTIGST DU

die Ordnungszahlen ▶ Anexo, p. 179, ▶ *GH 41|64*

| ♂ | ♀ |
|---|---|
| el **primer** piso | la **primera** calle |
| el **segundo** piso | la **segunda** calle |
| el **tercer** piso | la **tercera** calle |
| el **cuarto** piso | la **cuarta** calle |

⚠ Vor einem maskulinen Substantiv werden **primero** und **tercero** zu **primer** und **tercer**.

## ÜBER PLÄNE UND VORHABEN SPRECHEN

**2** ¿Qué vas a hacer en verano?
En julio **voy a ir** a Barcelona.
Se **va a quedar** en casa.
**Van a ir** a La Alberca.
¿**Vais a estudiar** mañana?
¿Cuándo nos **vamos a ver**?

### DAS BENÖTIGST DU

das **futuro inmediato** ▶ *GH 42|66*

| | | |
|---|---|---|
| **voy**<br>**vas**<br>**va**<br>**vamos**<br>**vais**<br>**van** | **a** | Infinitiv |

**3** **Todo** el tiempo se queda en Salamanca.
**Toda** la gente quiere ver esta película.
**Todos** mis primos van a estar ahí.
**Todos** jugamos al fútbol.
Me gustan **todas** las canciones de RBD.

den Indefinitbegleiter **todo** ▶ *GH 42|67*

| | ♂ | ♀ |
|---|---|---|
| Singular | **todo** el grupo<br>**todo** mi grupo | **toda** la clase<br>**toda** tu clase |
| Plural | **todos** los chicos<br>**todos** mis amigos | **todas** las chicas<br>**todas** mis amigas |

## EINEN BRIEF ODER EINE E-MAIL SCHREIBEN

**4** ¡**Llámame**, por favor!
**Dale** recuerdos a Diego.
¡**Escribidme**, por favor!

### DAS BENÖTIGST DU

den Imperativ mit angehängtem Pronomen ▶ *GH 44|69*

**¡llama! + me → ¡llámame!**
**¡da! + le → ¡dale!**
**¡escribe! + nos → ¡escríbenos!**

**5** No conozco a **nadie** aquí.
¿**No** va a acabar de llover **nunca**?
No sé **nada** de ti.

die doppelte Verneinung ▶ *GH 43|68*
**no … nadie**
**no … nunca**
**no … nada**

facultativo

## TESTE DEINE GRAMMATIKKENNTNISSE

▶ Lösungen, S. 158

### 1 Vervollständige die Sätze mit einer Ordnungszahl. ▶ *GH 41|64*

1. Mi (1°) viaje a España fue una pasada.
2. Vivo en el (2°) piso.
3. Gira en la (3°) calle a la izquierda.
4. En el campeonato de piragüismo ganamos el (3°) lugar.

### 2 Setze die folgenden Sätze ins Futur. ▶ *GH 42|66*

1. Juego al fútbol. → Esta tarde ___.
2. Vamos a un campamento cerca de La Alberca. → En julio ___.
3. ¿Me escribes? → ¿En las vacaciones ___?
4. Se quedan en Salamanca. → Todas las vacaciones ___.
5. ¿Adónde vais? → En agosto ___.
6. Vega echa de menos a Laura. → Durante las vacaciones ___.

### 3 Vervollständige die Sätze mit todo/-a. ▶ *GH 42|67*

1. Voy de vacaciones con [¿] mi familia.
2. [¿] los veranos visitamos a mi tío Miguel.
3. [¿] las tardes juego al fútbol con mis primas.
4. [¿] los días hacemos mucho deporte.

### 4 Verwende no … nada, no … nunca oder no … nadie in den Antworten. ▶ *GH 43|68*

1. – ¿Conoces a alguien aquí? – No, ___.
2. – ¿Te gustan las canciones de Shakira? – No, ___.
3. – ¿Sabéis algo de Juan? – No, ___.
4. – ¿Me escribes algo? – No, ___.

### 5 Verwende den Imperativ und ein angehängtes Pronomen wie im Beispiel. ▶ *GH 44|69*

1. Tienes que escribirles. → ¡Escríbeles!
2. Tenéis que darles recuerdos a Ana y Pablo. → ___ .
3. Tienes que llamarlos (a tus padres). → ___ .
4. Tenéis que escucharlas (las canciones). → ___ .
5. Tienes que cerrarla (la puerta). → ___ .

## DAS KANN ICH JETZT!

▶ Para comunicarse, S. 222

- Beschreibe, wie du von zu Hause zur Apotheke gelangst.
- Berichte, was du am kommenden Wochenende mit deinen Freunden/Freundinnen und/oder deiner Familie machst.
- Sage, wie das Wetter gestern war und wie es heute ist.
- Nenne je zwei Möglichkeiten, um einen Brief oder eine Postkarte anzufangen oder zu beenden.

facultativo

# REPASO 7

## ¿TE ACUERDAS?

**1** Cuenta: ¿qué (no) les gusta a Vega, Roberto y Laura?

Barcelona   salir con los amigos   los pueblos pequeños   el pueblo en verano   la Montaña Rusa
las fiestas del pueblo en verano   tener una habitación propia   visitar catedrales
la vida en el campamento   estar sin móvil   el mal tiempo   ir al pueblo
tener tres meses sin clase   ir a la playa   el Parque Güell   la gente en el pueblo

**2** Tus amigos alemanes quieren saber muchas cosas, pero no hablan español. Ayúdalos y pregunta a tus amigos españoles.

Quieren saber / Preguntan | si / dónde / cuándo / por qué | —

## VOCABULARIO

**3 a** Busca un complemento[1] para cada verbo.

*quedar*   *quedarse*
*llevar*   *llevarse*
*poner*   *ponerse*
*pasar*

el jersey   los platos en la mesa   bien a alguien   con los amigos
a la una en la plaza   rojo/-a   en el lugar de ___   la mesa
como un flan   bien con sus padres   de algo   por casa de ___
el pan a ___   atención en clase   mucho tiempo con los amigos

1 el complemento *die Ergänzung*

**b** Escribe un pequeño texto en tu cuaderno y usa las expresiones de **a**.

facultativo

**4** En un campamento, A perdió tres cosas. A no sabe cómo se llaman en español y explica a B qué son o para qué son (p. 156). | B nennt den gesuchten Gegenstand.

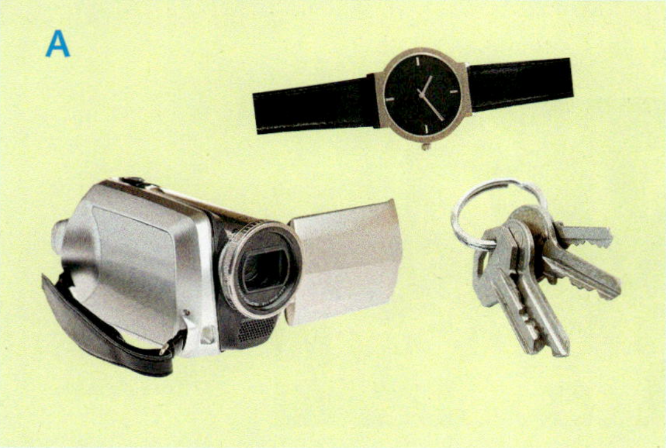

## PRACTICAR

**5** En el folleto faltan formas de todo el/la/los/las + sustantivo. Complétalo. ▸ Resumen 3

- ¿Pasas [redacted] día en Internet porque tus amigos están de vacaciones?
- ¿Te quedas [redacted] tardes en casa porque no tienes ganas de salir solo?
- ¿Después de las vacaciones [redacted] amigos tienen algo para contar pero tú no?

**Pues visita nuestro centro cultural porque tenemos para ti actividades deportivas y culturales [redacted] días. ¿Qué estás esperando?**

**6** Cuenta: ¿qué están haciendo estas personas? ¿Qué van a hacer? ¿Qué hicieron ayer?

*sacar* una buena/mala nota *comprar* ropa de verano *estudiar* para el examen
*perder* un partido *hablar* con ___ *llamar* a ___ *buscar* *hacer* una caminata
*encontrarse* con ___ *quedar* con ___

facultativo

# ¡ANÍMATE! 7

## FIESTAS EN ESPAÑA

| | Enero | Febrero | Marzo | Abril | Mayo | Junio |
|---|---|---|---|---|---|---|
| 1 | D | M | M | S | L | J |
| 2 | L | J | | | M | V |
| 3 | M | V | | | M | S |
| 4 | M | S | | | J | D |
| 5 | J | D | | | V | L |
| 6 | V Reyes Magos | L | | | S | M |
| | | | | | D Día de la madre | M |
| | | | | | L | J |
| | | | | | M | V |
| | | | V | L | M | S |
| | | | S | | | D |
| | | | D | | | L |
| | | | L | | | M |
| | | | M | | | M |
| | | | M Fallas | | | J |
| 16 | L | J | J Fallas | | | V |
| 17 | M | V | V Fallas | | | S |
| 18 | M | S | S Fallas | | | D |
| 19 | J | D | D Fallas Día del padre | M | V | L |
| 20 | V | L | L | J | S | M Hogueras de San Juan |
| 21 | S | M | M | V | D | M Hogueras de San Juan |
| 22 | D | M | M | S | | J Hogueras de San Juan |
| 23 | L | J | J | D Día del libro | | V Hogueras de San Juan |
| 24 | M | | | L | | S Hogueras de San Juan |
| 25 | M | | | M | | D |
| 26 | J | | | M | | L |
| 27 | V | | | J | | M |
| 28 | S | | | V | | M |
| 29 | D | | | S | | J |
| 30 | L | | | D | | V |
| 31 | M | | | | | |

En **Semana Santa** hay procesiones. La procesión más importante es el Viernes Santo.

Los niños españoles sólo reciben el 6 de enero sus regalos de los **Reyes Magos**. El 5 de enero los Reyes Magos entran a la ciudad y regalan caramelos y golosinas.

Durante las **Fallas**, los valencianos queman en las calles figuras de papel maché y madera.

¡Es **carnaval**! Las calles se llenan de alegría. Hay bailes y la gente lleva disfraces.

A finales de junio muchas ciudades y pueblos españoles hacen las famosas **hogueras de San Juan**.

**1** Lee los textos sobre las fiestas en España. ¿Cuáles no conoces tú?

facultativo

| Julio | Agosto | Septiembre | Octubre | Noviembre | Diciembre |
|---|---|---|---|---|---|
| | | | | M | V 1 |
| | | | | J | S 2 |
| | | | | V | D 3 |
| | | | | S | L 4 |
| | | | | D | M 5 |
| Sanfermines | | | | L | Día de la Constitución española M 6 |
| Sanfermines | | | | M | J 7 |
| Sanfermines | | | | M | V 8 |
| Sanfermines | | | | J | S 9 |
| Sanfermines | | | | V | D 10 |
| Sanfermines | | | | S | L 11 |
| Sanfermines M | S | M | Fiesta nacional de España J | D | M 12 |
| Sanfermines J | D | M | V | L | M 13 |
| Sanfermines V | L | J | S | M | J 14 |
| S | Asunción de la Virgen M | V | | | |
| D | M | S | | | |
| L | J | D | | | |
| M | V | L | | | |
| M | S | M | | | |
| J | D | M | | | |
| V | L | J | | | |
| S | M | V | | | |
| D | M | S | | | |
| L | J | D | | | |
| M | V | | | | Navidad L 25 |
| M | S | | | | M 26 |
| J | D | | | | M 27 |
| V | L | | | | J 28 |
| S | M | | | | V 29 |
| D | M | | | | S 30 |
| L | J | | | | Nochevieja D 31 |

Durante los **Sanfermines** hombres jóvenes corren por las calles de Pamplona y tras ellos corren toros.

Los españoles festejan la **Navidad** en familia. Chicos y grandes comen turrón y cantan juntos villancicos. En muchas casas hay un belén.

En la **Nochevieja**, justo cuando el reloj marca la medianoche, los españoles comen doce uvas para tener buena suerte en el año nuevo.

**2** Elige una fiesta y busca más información.

facultativo

# BALANCE 2

Hier kannst du überprüfen, was du in den Unidades 4–7 gelernt hast.

## COMPRENSIÓN AUDITIVA

2|36 DELE

**1** Los chicos hablan en la radio sobre sus padres. Escucha: ¿qué frases son correctas? Corrige las frases que son falsas.

1 Al padre de Diego le gusta mucho hacer deporte.

2 Cristina va con su madre para comprar ropa.

3 El padre de Roberto siempre le deja ganar a su hijo.

4 Por la noche, Laura ve la tele con su hermano y su madre.

## COMPRENSIÓN LECTORA

DELE

**2** En una encuesta, cuatro chicos hablan sobre la moda y la ropa de marca[1]. | Welcher Satz passt zu wem?

1. Wer ungewöhnliche Kleidung trägt, fällt auf.
2. Markenkleidung ist auch eine Uniform.
3. Schuluniformen sparen Zeit und Geld.
4. Eltern sind oft gegen Markenkleidung.

Mi madre no me deja tener vaqueros de marca. Dice que las marcas no son importantes en la vida, además son muy caras. Yo la comprendo, pero ¡todos mis amigos tienen vaqueros de marca!

[Luis, 15 años]

Las marcas me dan igual, pero me gusta el look hippie. No voy a la moda, pero me gusta llevar por ejemplo una falda junto con pantalones y una gorra. Mis padres me echan la bronca porque la gente me mira cuando voy por la calle.

[Camila, 15 años]

A mí no me gusta hacer lo mismo que los demás para dar una buena imagen. En mi clase, todos llevan la misma ropa, es como un uniforme: pantalones vaqueros, zapatillas de deporte, gorras, camisetas ... Unos compañeros de clase siempre llevan ropa de marca porque para ellos, las marcas son un símbolo de calidad y eso les gusta. Para mí, la ropa sirve sobre todo para no tener frío.

[Tomás, 15 años]

Desde el año pasado, en nuestro instituto, todos los alumnos llevan uniforme. A mi hermano le gusta, por la mañana se levanta, se ducha, se pone el uniforme y en cinco minutos sale de casa. También mis padres están contentos, dicen que así tienen que comprar menos ropa para nosotros. Pero a mí me gusta estar a la moda, y cuando vuelvo a casa después de las clases, me pongo mi ropa favorita.

[Julia, 15 años]

1 la ropa de marca *Markenkleidung*

facultativo

## EXPRESIÓN ORAL

ELE **3** **Andrés vive en Bogotá. Está ensayando para el concierto que va a haber la semana que viene en su colegio. Cuenta: ¿qué le pasó la semana pasada?**

la semana pasada toda la noche
el domingo hace tres días cuando
de repente al final

*ensayar* todo el día no *ver* a la novia
no *estudiar* *estar* nervioso
no *ir* al instituto el profesor / *llamar* a casa
mis padres / *enfadarse* conmigo ___

## EXPRESIÓN ESCRITA

ELE **4** **Tienes visita de un/a amigo/-a de España. Por la tarde, queréis ir al cine pero tu amigo/-a llega tarde a casa y ya no puedes esperar. Déjale una nota en la mesa:**

- Du musst schon gehen, weil du die Eintrittskarten kaufen willst.
- Das Kino ist in der Nähe und du beschreibst den Weg: Er/Sie muss bis zum Platz gehen, dann geradeaus bis zur Buchhandlung und die zweite Straße rechts. Das Kino ist neben der Apotheke.
- Nach dem Kino könnt ihr noch in der Buchhandlung vorbeigehen und ein Geschenk für seine/ihre Eltern kaufen.

## MEDIACIÓN

**5** **Erkläre einem Freund, der kein Spanisch spricht, wofür dieses Plakat wirbt.**

# A SUPLEMENTO CATALUÑA

facultativo

**HIER LERNST DU:**
- etwas zum Essen und Trinken zu bestellen.
- zu erzählen, was du heute gemacht hast.
- etwas zu vergleichen.

## BARCELONA

2 37–38

Laura conoce muy bien Barcelona. Ha estado muchas veces porque su padre es de allí. Esta vez Vega ha ido con ella: ¡es la primera vez que va a Cataluña! Hoy se han levantado bastante temprano para poder ir a muchos lugares. Por la tarde han quedado en una cafetería con Francesc, el primo de Laura.

**Laura:** Mira, allí está Francesc, vamos …

**Francesc:** Oye, Vega ¿y es la primera vez que vienes a Barcelona?
**Vega:** Sí, sí, y hoy Laura ya me ha enseñado un montón de cosas …
**Laura:** Sí, ahora te contamos, pero primero vamos a pedir, ¿vale? No hemos comido mucho por la tarde y tengo un hambreeee … Oiga, por favor …

**Camarera:** ¿Y de beber? ¿Qué te pongo?
**Francesc:** Un granizado, por favor.

**Francesc:** ¿Ya has probado el «Pa amb tomàquet»? Está muy bueno. Y en esta cafetería está mejor que en otros sitios.
**Vega:** Sí, sí, ya lo he probado hoy, hemos estado antes en otra cafetería …

el Parque Güell

La Rambla

**LANDESKUNDE**

Katalanisch ist eine romanische Sprache. Sie wird – neben Spanisch – in den autonomen Gemeinschaften Katalonien und Valencia gesprochen und ist hier häufig Alltags-, Geschäfts- und Unterrichtssprache.

**TRES TOMBS**

BAR RESTAURANTE
Rda. Sant Antoni, 2 bajos
Tel. 93 443 4111
09001 Barcelona
www.gruporeloj.com

**BOCADILLOS**

| | |
|---|---|
| Hamburguesa | 2,90 € |
| Tortilla | 3,10 € |
| Jamón | 3,40 € |
| Queso | 3,25 € |
| Chorizo o Salchichón | 3,00 € |

**TAPAS**

| | |
|---|---|
| Croqueta | 1,30 € |
| Tortilla de Patatas | 3,15 € |
| Pan con tomate | 1,30 € |
| Olivas | 2,20 € |
| Champiñones | 3,70 € |
| Pinchos | 3,25 € |
| Tapa Queso | 3,50 € |
| Tapa Chorizo o Salchichón | 3,35 € |
| Tapa Jamón | 4,70 € |
| Ensalada de verano | 3,45 € |

**REFRESCOS**

| | |
|---|---|
| Zumo naranja natural | 2,30 € |
| Horchata | 2,30 € |

**Laura:** Sí, y Vega no ha entendido nada porque el camarero nos ha hablado en catalán …

**Vega:** Bueno, entiendo un poco, sí, hay cosas que no son difíciles, como «gràcies» y «adéu», pero otras … ¡¡uff!!. Oye, Laura, ¿tú entiendes todo?

**Laura:** Sí, y también hablo un poco … Oye Francesc, para ti, el catalán es más fácil que el español, ¿verdad?

**Francesc:** No, para mí es tan fácil como el español … las dos son mis lenguas maternas … Pero ahora contadme: ¿qué habéis hecho hoy?

**Vega:** Pues esta mañana hemos dado una vuelta por el Barrio Gótico y la Rambla … ¡Vaya! Hay gente de todo el mundo. Y hemos visto a un montón de músicos…

**Laura:** Y claro, hemos hecho miles de fotos … Mira, esta es mi favorita …

**Francesc:** ¡Anda!, ¡genial! ¿Y habéis subido al Tibidabo? De ahí tienes una vista guay de la ciudad …

**Laura:** Sí, es verdad, pero no hemos subido porque es bastante caro, ¿eh? Pero hemos ido a la Sagrada Familia …

**Vega:** Es una iglesia un poco rara, ¿eh? Todavía no la han terminado, ¿verdad? Para mí no es tan bonita como La Catedral del Barrio Gótico …

**Francesc:** Bueno, pero La Catedral es menos famosa … ¿Y el Parque Güell, qué tal? Es también de Gaudí, como la Sagrada Familia. ¿Te ha gustado, Vega?

**Vega:** Pues, ahí todavía no hemos ido … Hay tantas cosas que ver …

**Laura:** Sí, Barcelona es más grande que Salamanca, ¿eh?

**Francesc:** Podemos ir ahora, ¿tenéis ganas?

**Laura:** Yo estoy muerta, pero bueno …

**Vega:** Sí, anda, vamos …

**Francesc:** Eh, que todavía no hemos pagado …

**Vega:** Uy, es verdad … ¿Ponemos fondo? ¿diez euros?

**¡OJO!** ¡!

| **en español** | **en catalán** |
|---|---|
| el pan con tomate | el pa amb tomàquet |
| gracias | gràcies |
| adiós | adéu |

**LANDESKUNDE**

In Spanien und Lateinamerika wird bei kleineren Beträgen eine gemeinsame Rechnung bestellt. Alle legen dafür zusammen **(poner fondo)**. Dabei wird nicht darauf geachtet, was jede/r Einzelne zahlen muss, sondern jeder gibt so viel, bis der Rechnungsbetrag erreicht ist. Es gilt als unhöflich, wenn jeder nur für sich zahlt.

## COMPRENDER EL TEXTO

**1** ¿Qué información sobre Barcelona hay en el texto? Haz un mapa mental.

Barcelona: actividades · lugares · comer y beber · lenguas

## DESCUBRIR

**2 a** Suche im Text, S. 138/139 die Formen des *pretérito perfecto* und trage sie in eine Tabelle ein. Notiere daneben jeweils den Infinitiv des Verbs.

| -ar | -er/-ir | unregelmäßig |
|---|---|---|
| (ella) ha enseñado (→ enseñar) | ___ | (vosotros) habéis hecho (→ hacer) |

**b** Formuliere eine Regel: Wie bildest du das *pretérito perfecto*? ▶ Resumen 1

//● **c** ¿Qué dicen los chicos? Usa el pretérito perfecto.

- Hoy *(ir / yo)* al Parque Güell.
- ¿Ya *(probar / tú)* un granizado?
- ¿Todavía no *(comer / vosotros)*?
- Esta tarde Vega *(visitar)* la Pedrera.
- Hoy Laura y yo *(hacer)* muchas cosas.
- Esta mañana Laura y Vega *(levantarse)* temprano.

## HABLAR

**3 a** Piensa en cuatro actividades que haces todos los días / todas las semanas. Cuenta a tu compañero/-a: ¿Qué ya has hecho? ¿Qué no has hecho todavía? ▶ Resumen 1

85|4

*tomar* el desayuno · *comer* · *hacer* deporte · *jugar* al fútbol / ___ · *tocar* la guitarra · *ir* al cine / al instituto / a casa de ___ / ___ · *hacer* los deberes de Mates / ___ · no *terminar* los deberes de ___ · *llamar* a ___ · *hablar* con ___ · *ayudar* a ___ · *quedar* con ___ · *escuchar* música · *ver* la tele / la película de ___ · ___

| | lunes | martes |
|---|---|---|
| 8–10 | examen de Inglés | |
| 10–12 | | examen de Ma |
| 12–14 | | |
| 14–16 | | fútbol |
| 16–18 | clase de guitarra | |
| 18–20 | | deberes de Mates con D |
| 20–22 | Cena en casa de abuela | |

**b** Haz entrevistas con cuatro compañeros. Apunta las actividades en una tabla.

| | Jonas | Mia | Lena |
|---|---|---|---|
| Hoy ya ___ | discutir con la hermana | hacer deporte por la mañana | |
| Hoy todavía no ___ | hacer los deberes de Inglés | hacer los deberes de Mates | |
| Esta semana ya ___ | | | |
| Esta semana todavía no ___ | | | |

**c** Cuenta a tu compañero/-a los resultados de **b** con ayuda de la tabla.

> Hoy, Mia ya ha hecho deporte por la mañana. Jonas y Lena ya han discutido con sus hermanos. Mia y Lena todavía no …

4|2 PF

**4** Laura y Vega buscan un regalo para Francesc, pero no es fácil porque hay muchas cosas y tienen gustos[1] diferentes. Haced el diálogo y usad al menos cinco formas del comparativo.

▶ Resumen 3

| | | |
|---|---|---|
| ___ (no) es | más caro/-a / ___<br>menos interesante / ___ | que ___ |
| | tan divertido/-a / ___ | como ___ |

1 el gusto *der Geschmack*

## MEDIACIÓN

**5 a** ¿Qué expresiones usas en una cafetería? Haz una lista con ayuda del texto, p. 138/139.

39

**b** Estás con tus padres en una cafetería en España. Ellos no hablan español. Mira el menú en la p. 138/139, escucha a la camarera y contesta sus preguntas.

## YA LO SÉ

**6** Estáis en una cafetería en Barcelona. A es el camarero / la camarera, B es un chico alemán / una chica alemana. A prepara esta ficha, B prepara la ficha de la p. 156. Haced el diálogo.

**A (camarero/-a)**

fragt,
- was B essen und trinken möchte.
- ob B schon *pan con tomate* gekostet hat, dass B es unbedingt probieren muss und dass es etwas Typisches aus Katalonien ist.
- was B bereits in Barcelona besucht hat.
- wo B heute hingegangen ist und was B heute gemacht hat.
- ob B auch Katalanisch versteht.
- ob B schon die Sagrada Familia gesehen hat.
- ob B zum ersten Mal in Barcelona ist, und ob ihm/ihr die Stadt gefällt.

sagt,
- dass es 4 € kostet.

# B SUPLEMENTO CATALUÑA

facultativo

**HIER LERNST DU:**
- deine Lieblingsplätze zu beschreiben.
- ein Interview zu führen.

## MI LUGAR FAVORITO

2 40–41

Laura es reportera del periódico escolar de su instituto y quiere hacer un reportaje sobre los lugares favoritos de los jóvenes en Barcelona. Por eso hoy se va a las calles y plazas de Barcelona para hacer entrevistas…

**Laura:** Hola, ¿tú eres de aquí?
**Rubén:** No, nací en Ecuador pero ahora vivo aquí. ¿Por qué?
**Laura:** Porque quiero escribir un reportaje sobre los jóvenes en Barcelona. Oye, ¿y desde cuándo vives aquí?
**Rubén:** Pues … llegué en octubre del año pasado … Ya ha pasado casi un año.
**Laura:** ¿Y hasta ahora tu vida ha cambiado mucho?
**Rubén:** Sí, claro, … Al principio no fue fácil…pero ya me he acostumbrado …
**Laura:** Y ¿qué lugar te gusta más de esta ciudad?
**Rubén:** El lugar que más me gusta es la *Plaça dels Àngels*, voy a menudo cuando no tengo nada que hacer. Está en el barrio del Raval, cerca de la Rambla. Es el mejor sitio para patinar … Ahí hay un museo, creo que se llama MACBA o algo así … nunca he entrado pero siempre me siento en la escalera que hay fuera, para charlar y mirar a la gente … Fui allí hace dos días con dos amigos y la pasamos bomba …

**Jordi**

¿Mi lugar favorito? ¡El *Parc de la Ciutadella*! Paso todos los días por aquí cuando salgo del instituto. Aquí siempre pasa algo: hay gente que hace malabarismos o que toca la guitarra o los tambores … Está muy bien para pasar un rato. Además aprendo un poco a tocar la guitarra con uno de los músicos que hay por ahí. Ayer me enseñó a tocar mi canción favorita. ¡Para mí este parque es el mejor sitio del barrio!

**Nuria**

… ¿Mi lugar favorito? El *Carrer dels Tallers*, por ejemplo. Para mí es la calle más marchosa de Barcelona. Está llena de tiendas pequeñas, sobre todo de música y de ropa … Son las mejores tiendas de la ciudad y además las más baratas … porque hay cosas de segunda mano. Allí encuentras de todo, cedés, DVD, ropa … Pero ropa superguay, ¿eh? … El otro día estuve allí y encontré una camiseta de mi grupo favorito … Mira, me la he puesto hoy …

**¡OJO!** ¡!

| en español | en catalán |
| --- | --- |
| la plaza | la plaça |
| la calle | el carrer |
| el puerto | el port |
| el parque | el parc |

**Laia**

Para mí el sitio más importante es el *Port Olímpic* … A mí me gusta mucho ir allí por las mañanas, recorrer todo el puerto en bici y además hacer deporte … ¡Es el mejor sitio de toda la ciudad! La semana pasada fui tres veces y esta semana ya he ido dos veces, solo hoy todavía no he ido. Bueno, y cuando hace mucho calor, voy con mi peña a la Barceloneta o vengo aquí, es una playa muy animada … ¿No quieres conocer a mis amigos? Mira, están allí …

## COMPRENDER EL TEXTO

**1** ¿Qué es lo más importante para los cuatro chicos? Inventa un título para cada entrevista de la p. 142.

## DESCUBRIR

PF **2** **a** Suche die Zeitangaben im Text und notiere sie in einer Liste. Nach welchen steht das *pretérito indefinido*, nach welchen das *pretérito perfecto*? ▶ Resumen 1, 2

nunca ya el año pasado hace dos días
la semana pasada el otro día
hasta ahora al principio hoy ayer
esta semana todavía no

| pretérito perfecto | pretérito indefinido |
|---|---|
| nunca | ___ |
| ___ | |

**b** In welchem der beiden Sätze wird das *pretérito perfecto* verwendet, in welchem das *pretérito indefinido*?

1. La semana pasada Francesc *(ir)* al cine.
2. Esta semana Francesc no *(ir)* al cine.

**c** Wähle zu den folgenden Sätzen die jeweils richtige Zeitangabe aus und begründe deine Entscheidung. ▶ Resumen 1, 2

1. Roberto ha llamado a Vega.
   a la semana pasada
   b esta semana

2. Vega se ha levantado bastante temprano.
   a ayer
   b hoy

3. Laura todavía no ha ido a la Villa Olímpica.
   a el año pasado
   b este año

4. Laura conoció a un chico muy majo.
   a ayer
   b esta tarde

5. Vega no fue al Parc de la Ciutadella con Laura.
   a hace dos días
   b nunca

## PRACTICAR

87|4 **3** Francesc está harto: ¡Siempre lo mismo! ¿Qué dice? Usa el pretérito perfecto y el pretérito indefinido. ▶ Resumen 1, 2

*despertarse* temprano
*tomar* el desayuno con mi hermano
*ir* al instituto *comer* *ver* la tele
*pasar* las vacaciones en el campo
*jugar* al baloncesto/fútbol *hacer* los deberes
*ayudar* en casa ___

ayer (por la mañana / por la tarde / por la noche) el año pasado
la semana pasada el mes pasado en marzo hace dos días hace un año
esta mañana esta tarde esta semana este mes este año hoy

88|6

**4 a** ¿Qué piensas? Apunta en tu cuaderno. ▶ Resumen 4

Para mí
- el libro (+ / – interesante)
- la película (+ / – divertida)
- el grupo (+ / – bueno)
- la asignatura (+ / – difícil)
- la ciudad / la calle (+ / – marchosa)
- el deporte (+ / – importante)
- la actividad (+ / – aburrida)
- el lugar (+ / – tranquilo)
- la cosa ( + / – triste)
- el / la profesor/a (+ / – estricto/-a)

es ___ (porque___).

Para mí, la asignatura menos difícil es Español.

**b** Compara tus resultados con cuatro compañeros/-as. | Gibt es Gemeinsamkeiten? Macht eine „Favoritenliste" und stellt sie der Klasse vor.

## HABLAR

**5 a** ¿Cuáles son los lugares favoritos de tus compañeros/-as? ¿Por qué? Haz preguntas a cuatro compañeros/-as de tu clase. Apunta la información en una tabla.

PF

**b** Presenta los resultados a tu compañero/-a.

## PUNTO FINAL

**a** Fertige ein Plakat oder eine Collage zu deinem Lieblingsort an. Sammle dazu verschiedene Materialien (Fotos, Postkarten, Fundstücke, Dinge, die du mit diesem Ort verbindest etc.) und schreibe einen Textentwurf auf Spanisch. Folgende Informationen sollten darin enthalten sein:

- Was ist das Besondere an diesem Ort?
- Was ist interessanter/besser/lustiger/… als an anderen Orten? Warum ist es für dich der beste Ort?
- Was kann man dort machen bzw. was machst du dort?
- Wann warst du zum ersten Mal dort?
- Wann warst du diesen Monat / diese Woche dort? Was hast du dort gemacht?

**b** Tauscht eure Textentwürfe aus und korrigiert, wenn nötig, eure Fehler.

**c** Schreibe deinen korrigierten Text noch einmal und gestalte nun dein Plakat oder deine Collage.

**d** Organisiert eine Ausstellung mit euren Plakaten und Collagen und bewertet sie. Prämiert die drei originellsten Plakate und begründet eure Auswahl.

**METHODEN** ▶ S. 168

Überlegt euch Kriterien, nach denen ihr eure Plakate und Collagen bewerten wollt.

# RESUMEN

## ERZÄHLEN, WAS MAN ERLEBT HAT (2)

**1** Hoy **hemos pedido** un pan con tomate.
Esta semana **he estudiado** mucho.
Esta mañana Francesc me **ha llamado**.
¿Ya **has comido**?
Todavía no **he comido**.

¿Qué **habéis hecho** esta tarde?
**Hemos visto** una peli.

**2** Ayer **llamé** a Diego.
El año pasado **estuvimos** en España.
Al principio no **fue** fácil.
Hace dos semanas Laura **escribió** un reportaje.

## DAS BENÖTIGST DU

**1** das **pretérito perfecto** mit einer der folgenden Zeitangaben: **hoy, esta semana, esta mañana, esta tarde, este año** oder **ya, todavía no** ▸ GH 45|70

| *haber* + Partizip | probar | comer | pedir |
|---|---|---|---|
| **he**<br>**has**<br>**ha**<br>**hemos**<br>**habéis**<br>**han** | prob**ado** | com**ido** | ped**ido** |

⚠ Die Partizipien von ***hacer*** und ***ver*** sind unregelmäßig.

**2** das **pretérito indefinido** mit einer der folgenden Zeitangaben:
**ayer, el año pasado, al principio, hace dos semanas / un año** etc. ▸ Unidad 6, Resumen, p. 115

## ETWAS VERGLEICHEN

**3** Barcelona es **más** grande **que** Salamanca.
Albacete es **menos** famosa **que** Barcelona.
El español es **tan** fácil **como** el inglés.
El catalán **no** es **tan** difícil **como** el francés.

Ana es **mejor** en Mates **que** Roberto.
Sergi y Jordi son **mejores** en fútbol **que** yo.
Escribir un examen es **peor que** hacer los deberes.

**4** **La** plaza **más bonita** de España es la Plaza Mayor de Salamanca.
Para Sergi el *Port Olímpic* es **el** lugar **más importante**.
Para Jordi **el mejor** sitio es el *Parc de la Ciutadella*.
La *Plaça dels Àngels* es **el** lugar **que más** me **gusta**.
Salamanca y Barcelona son **las** ciudades **que más** me **gustan**.

## DAS BENÖTIGST DU

**3** den Komparativ ▸ GH 46|71

| | | |
|---|---|---|
| **más**<br>**menos** | + Adjektiv | **que** ___ |
| **tan**<br>**no tan** | + Adjektiv | **como** ___ |

Das Adjektiv wird immer dem Bezugswort angepasst.

⚠ Die Komparativformen von **bueno** und **malo** sind unregelmäßig:

| | |
|---|---|
| **mejor**<br>**peor** | **que** |

**4** den Superlativ ▸ GH 47|72

| | | | |
|---|---|---|---|
| **el/la**<br>**los/las** | + Substantiv | **+ más** | + Adjektiv |

⚠ + bueno → **el mejor lugar**

oder
eine Konstruktion mit Relativpronomen:

| | | | | |
|---|---|---|---|---|
| **el/la**<br>**los/las** | + Subst. | **que más** | **me**<br>**te**<br>**...** | **gusta**<br>**gustan** |

facultativo

## TESTE DEINE GRAMMATIKKENNTNISSE

▶ Lösungen, S. 158

### 1 Bilde Sätze im *pretérito perfecto*. ▶ *GH 45|70*

1. ¿Ya *(comer* / tú*)* un pincho de tortilla?
2. Esta tarde *(visitar* / nosotros*)* el Parque Güell.
3. Esta tarde *(ir* / yo*)* al Barrio Gótico.
4. Laura todavía no *(subir)* al Tibidabo.
5. Esta semana las chicas *(ver)* un montón de cosas.
6. ¿ Qué *(hacer* / vosotros*)* hoy?

### 2 Vergleiche (> más ___ que, = tan ___ como, < no tan ___ como/menos ___que). ▶ *GH 46|71*

1. Madrid / > grande / Barcelona.
2. Leer un libro / = interesante / ver la tele.
3. Para Andrés el catalán / < difícil / el inglés.
4. Un pincho de tortilla / = caro / un bocadillo.
5. Un pan con tomate / > bueno / un sándwich.
6. Ana y Nuria / > bueno en Mates / Tomás y Rubén.

### 3 Entscheide dich zwischen dem *pretérito perfecto* oder dem *pretérito indefinido*. ▶ *GH 47|73*

1. Hoy *(hemos ido / fuimos)* a Salamanca.
2. La semana pasada *(he visitado / visité)* Barcelona.
3. ¿Todavía no *(habéis llamado / llamasteis)* a Diego?
4. ¿Ya *(has visto / viste)* la nueva película de Guillermo de Toro?
5. Esta semana Laura y Vega no *(han dormido / durmieron)* mucho.
6. El año pasado Rubén *(ha llegado / llegó)* a Barcelona.

### 4 Bilde Sätze mit dem Superlativ. ▶ *GH 47|72*

1. Para mí, la lengua / *fácil* / es el español.
2. ¿Cuáles son los lugares / *importante* / para ti en España?
3. La / *bueno/-a* / ciudad para aprender el español es Salamanca.
4. El parque / *famoso/-a* / en Barcelona es el Parque Güell.

**DAS KANN ICH JETZT!** ▶ Para comunicarse, p. 225

- **Erzähle, was du heute / diese Woche gemacht hast.**
- **Erzähle, was du in der letzten Woche gemacht hast.**
- **Vergleiche deinen Wohnort mit einem anderen Ort.**
- **Sage, welche Orte du in deiner Stadt / deinem Dorf am meisten magst und warum.**

# REPASO

## ESCUCHAR

42 **1** **Escucha y mira las fotos. ¿Qué lugares no ha visto Vega?**

## PRACTICAR

**2** **Comparad dos asignaturas/comidas/deportes/lugares/películas/___. Usad el comparativo.**
▶ Resumen 3

fácil difícil divertido interesante grande pequeño simpático aburrido triste importante típico bueno normal agotador alegre feo bonito

**Ejemplo:** Para mí, Mates es más fácil que Inglés.

**3** **¿Cuál es el lugar más interesante de tu región / de tu ciudad? Cuenta a un turista español / una turista española y usa el superlativo.** ▶ Resumen 4

1. La ciudad (+) ___ de mi región es ___.
2. La calle (+) ___ de esta ciudad se llama ___.
3. El barrio / lugar (+) ___ es ___.
4. El lugar (+) ___ es ___.
5. Los (+) ___ lugares para hacer deporte / escuchar música / bailar son ___.
6. La persona (+) ___ de mi región se llama ___.

grande
marchoso
moderno
interesante
bonito
bueno
famoso

**4** **¿Qué contesta Francesc? Usa el pretérito perfecto.**

*levantarse* tarde
*hacer* un poco de deporte
*estudiar* un poco de Inglés
*llamar* a Jordi
*ver* una peli con Jordi
*quedar* con Laura y Vega
*comer* un bocadillo con ellas en una cafetería
*enseñar* el Parque Güell a las chicas

## ESCRIBIR

**5** **Escribe una postal desde Barcelona a tu familia / tus amigos. Cuenta: ¿qué hiciste ayer? ¿Qué has hecho hoy? Usa al menos un superlativo.** ▶ Resumen 4

# ANEXO

## DIFFERENZIERUNGSAUFGABEN

### UNIDAD 1

//● S. 17

**4 a** **Was passt zusammen? Es gibt mehrere Möglichkeiten.**

▶ Los verbos, p. 182

| | | |
|---|---|---|
| 1. Vega<br>2. Diego y Rcberto<br>3. [Yo]<br>4. [Tú]<br>5. [Vosotros]<br>6. Laura, Vega y yo<br>7. Las amigas<br>8. Carmen | *charlar*<br>*buscar*<br>*hablar*<br>*tomar*<br>*estudiar* | algo.<br>en el patio.<br>con Roberto.<br>en el instituto.<br>libros.<br>algo en la cafetería.<br>inglés. |

//○ S. 18

**5** **Mira las fotos de la página 16 y haz preguntas como en el ejemplo.**

**Ejemplo:**
– No es de Salamanca.
¿Quién es?
– Es Diego.

| | | |
|---|---|---|
| No | *escuchar* en la clase.<br>*ser* de Salamanca.<br>*hablar* muy bien inglés.<br>*ser* alumno/-a.<br>*ser* de Colombia.<br>*buscar* el libro de Historia. | ¿Quién es?<br>¿Quiénes son? |

//● S. 20

**4 b** **Practica los nuevos verbos. | Wende die neuen Verbformen korrekt an.** ▶ Los verbos, p. 182

1. (*rpeandre* / yo) inglés en el instituto.
2. ¿Qué (*eler* / tú)?
3. Carlitos (*perander*) a tccar la guitarra.
4. Hoy en la clase (*lree* / nosotros) el libro de Historia.
5. ¿(*ocemeprndr* / vosotrcs) el vídeo?
6. Los chicos (*erel*) páginas y páginas.
7. (*iivvr* / yo) en Bogotá.
8. ¿(*parcomtir* / tú) vídeos y fotos?
9. Laura (*ecribisr*) mensajes en clase.
10. (*criesbir* / nosotros) mensajes de chat.
11. ¿(*riviv* / vosotras) en Salamanca?
12. (*cirebir* / ellos) mensajes.

### UNIDAD 2

//● S. 32

**5 b** **Completa las frases con las formas correctas de ser y estar.**

1. Adrián [¿] el hermano de Roberto. [¿] en su habitación con Carla.
2. Adrián: «Diego, no [¿] de aquí, ¿verdad?» – Diego: «No, [¿] de Bogotá.»
3. Roberto: «Chicos, ¿dónde [¿]?» – Vega: «[¿] en la cafetería Sol.»
4. Roberto: «La cafetería Scl [¿] en la Avenida de Portugal, ¿verdad?»

## 4 b Completa con las formas correctas de querer, pensar y preferir. ▶ Los verbos, p. 182

39

1. Laura [¿] ver una peli y habla por teléfono[1] con Vega. «Oye, Vega, ¿[¿] hacer algo? ¿Por qué no quedamos con Roberto en el cine? ¿Qué [¿]?»
2. **Vega:** «Pues no sé. Mis abuelos están en casa y no [¿] problemas con mis padres. [¿] ver una peli aquí.
3. **Laura:** «Hola, Roberto, ¿está Diego contigo? ¿No [¿] ver una peli con nosotras? Quedo con Vega en su casa.»
4. **Roberto:** «Hmm … no. Ya quedamos con mis primos[2] en su casa. Es el cumple de un amigo. [¿] hacer una fiesta sorpresa para él.»

1 hablar por teléfono *telefonieren* 2 el/la primo/-a *der/die Cousin/e*

## 5 ¿Qué cuenta Alba? Usa las formas correctas de ser o estar. ▶ Los verbos, p. 181

44

1. Adrián *(ser)* mi hermano. Siempre *(estar)* con su novia.
2. Ella se llama Carla y *(ser)* de Madrid.
3. Hoy, los dos *(estar)* en casa de sus padres.
4. Roberto también (ser) mi hermano. Ahora *(estar)* en el instituto.
5. ¿Y dónde *(estar)* mis padres? Hoy *(estar)* con los abuelos.
6. ¡*(estar / yo)* sola en casa!
7. Quiero ver mi película favorita. La tele *(estar)* en el salón.
8. La película *(ser)* genial y *(ser)* muy divertida.
9. De repente llegan mis padres: «Alba, ¿dónde *(estar)*?»
10. «¿Haces tus deberes? Mira, aquí *(estar / nosotros)*, con los abuelos.»

# UNIDAD 3

## 4 Completa el diálogo con las formas correctas de poder, volver y contar. ▶ Los verbos, p. 183

53

**Diego**: Hola, ¿[¿] quedar hoy a las seis? Tengo que mandar un regalo a Sandra.
**Roberto**: No, no [¿]. Estoy solo con Alba. Y mis padres [¿] a casa a las 8.
**Diego**: ¿Y no [¿] venir con ella?
**Roberto**: ¿Qué? No, no. Paso. ¿Y Vega no [¿] ir contigo?
**Diego**: No, está con una amiga. Ellas no [¿] quedar hoy conmigo.
**Roberto**: ¿Y tus hermanas?
**Diego**: No están. [¿] a las diez de la noche.
**Roberto**: ¿No [¿] mandar un mensaje de cumpleaños y ya?
**Diego**: ¡No! La fiesta de quince es muy importante en Colombia. Las chicas [¿] de la fiesta porque es muuuy grande y …
**Roberto**: ¿Todos [¿] hacer fiestas grandes para sus hijas?
**Diego**: No siempre.

## 3 Practicad los verbos reflexivos. | A wählt ein Verb aus und nennt ein Personalpronomen. B bildet die passende Verbform. Korrigiert euch gegenseitig. ▶ Resumen 6

57

*ducharse* *quedarse* *acordarse* *despertarse*
*levantarse* *ponerse* rojo/-a *irse*

[yo] [tú] [él/ella] [nosotros]
[vosotros] [ellos]

## UNIDAD 4

//O S. 70

**4** **Ahora cuenta tú: ¿cómo estás hoy?** ▶ Resumen 4

| | | | | | |
|---|---|---|---|---|---|
| Hoy | *estar* | super<br>muy<br>bastante<br>un poco | contento/-a<br>feliz<br>nervioso/-a<br>harto/-a de ___ | porque | *tener* un sobresaliente en ___.<br>*poder* salir con los amigos el viernes ___.<br>mi familia no *estar* en casa.<br>*tener* que sacar una buena nota en ___.<br>siempre *estudiar* mucho.<br>*tener* un examen mañana.<br>por la tarde *ir* al cine con mis amigos.<br>*quedar* con los amigos/-as por la tarde.<br>hoy *poder* escuchar música a todo volumen.<br>*odiar* ___.<br>___. |

//O S. 74

**5** **¿Qué le gusta a Diego? Completa las frases con gusta (5x) und gustan (2x).**
▶ Resumen 5

La peña busca un regalo para Diego. ¿Le [¿] el pop de España? Los amigos preguntan a Diego: «Oye Diego, te [¿] la música de Colombia, ¿verdad? ¿También te [¿] los grupos de España?» Diego les contesta: «Claro que sí. ¡Me [¿] muchos grupos!» Así los amigos le compran el nuevo cedé de Chambao. También les [¿] mucho a ellos. A Diego le [¿] mucho su regalo. En su fiesta a todos les [¿] bailar con la música de Chambao.

## UNIDAD 5

//O S. 90

**7 a** **Describe tu prenda[1] favorita y una que no te gusta.**

*Mi prenda favorita es una camiseta negra porque es nueva y muy ancha. / Me gusta mucho porque el negro es mi color favorito.*

| | | | | |
|---|---|---|---|---|
| Mi prenda favorita es ___<br>Una prenda que no me gusta es ___ | porque | *estar* | muy<br>bastante<br>demasiado | viejo/-a.<br>roto/-a. |
| | | *ser* | nuevo/-a.<br>muy de fiesta.<br>bonito/-a / feo/-a.<br>estrecho/-a / ancho/-a.<br>claro/-a / oscuro/-a.<br>rojo/-a / azul / amarillo/-a ___. | |

1 la prenda *das Kleidungsstück*

//O S. 93

**3** **Escribe un pequeño texto en tu cuaderno y cuenta: ¿qué piensa Laura de Tomás y de su hermano Manuel?**

| | | | |
|---|---|---|---|
| Manuel<br>Tomás | es | simpático.<br>curioso.<br>alegre. | Pero a veces ___. |
| | siempre | *tomar* mis cosas / mi diario / ___.<br>___ juntos. | |
| A Manuel<br>A Tomás | le gusta (mucho) | leer mis mensajes.<br>pasar tiempo conmigo.<br>ir a ___.<br>___. | |

## UNIDAD 6

**3 b Escucha y mira tu lista de a. | Wie reagierst du in diesen Gesprächssituationen?**

¡Disculpa! ¿Por qué? ¡Cuéntame! ¡Vaya sorpresa! ¡No me digas! ¿Cómo que ___?

**7 ¿Qué pasó ayer?**

| | |
|---|---|
| Ayer | Sandra<br>Sandra y Andrés<br>Diego<br>Diego y Sandra<br>Carlitos |

se encontró con Diego · se encontraron · tomaron el bus · contó cosas de Salamanca · hablaron un poco · pasó el día fuera · se calló · se callaron · llegó muy tarde a casa · buscaron a Manuela · casi se perdieron

## UNIDAD 7

**3 b Charla con tu compañero/-a sobre las vacaciones. Usa los argumentos de a.**

| | | | | |
|---|---|---|---|---|
| ¿Adónde vas de vacaciones con tu familia? | → | Siempre<br>Este año<br>Todos los veranos | vamos a ___ porque ___ | es muy divertido.<br>hay mucha marcha.<br>es muy tranquilo.<br>hay fiestas.<br>podemos ___.<br>hacemos ___<br>visitamos ___. |
| ¿Cómo es tu familia cuando sales de vacaciones? | → | Cuando salgo de vacaciones con mi familia ___ | estoy a mi aire.<br>mis padres me controlan mucho.<br>(no) puedo ___.<br>siempre tengo que ___.<br>hago mucho ___. | |
| ¿Te gusta pasar las vacaciones en ___? | → | Sí/No, porque ___ | la gente es muy cotilla ___.<br>siempre está lleno de ___.<br>(no) hay mucha / poca marcha ___.<br>(no) puedo ___.<br>(no) tengo habitación propia. | |

**4 ¿Cómo son tus vacaciones? Cuenta qué haces.** ▶ Resumen 3

| | | |
|---|---|---|
| En las vacaciones | [¿] las mañanas<br>[¿] los veranos<br>todos los días<br>[¿] mis amigos<br>[¿] la tarde<br>[¿] el día | *hacer* deporte ___<br>*dormir* tarde ___<br>*ver* la tele<br>*quedar* con los amigos<br>*visitarme*<br>*ir* a<br>___ |

//● **6** S. 128

**Hace mal tiempo y Roberto no puede hacer nada fuera[1]. Completa el mensaje con las frases adecuadas.**

▶ Resumen 5

1 fuera *draußen*

**Asunto:** ¡¡¡Escribidme!!!

Pues nada, que aquí sigo como una sardina. Ahora sí, [¿] este tiempo. [¿] fuera. Y con los chicos lo mismo. Todos estamos aburridos. Francisco a veces [¿] y no deja de decir: ¡[¿] a este lugar!
Pues ya, es todo … Hoy [¿] más para contar … ¡Toc-Toc! ¿[¿] de tiempo para mí? ¡Ya, escribidme!
Roberto, el chico que [¿] desde hace una semana

no hace nada · no quiere hablar con nadie · no podemos hacer nada · no me gusta nada · no tengo nada · no vuelvo nunca · no tenéis nada

//O **1** S. 132

**Cuenta: ¿qué (no) les gusta a los chicos?**

▶ Unidad 4, Resumen 5 (p. 81)

| | | | |
|---|---|---|---|
| A | Vega<br>Roberto<br>Laura | (no) le gusta<br>(no) le gustan | — |

Barcelona · salir con los amigos · los pueblos pequeños · el pueblo en verano · la Montaña Rusa · las fiestas del pueblo en verano · tener una habitación propia · visitar catedrales · la vida en el campamento · estar sin móvil · el mal tiempo · ir al pueblo · tres meses sin clase · ir a la playa · el Parque Güell · la gente del pueblo

## SUPLEMENTO CATALUÑA

//O **2 c** S. 140

**¿Qué dicen los chicos? Cuenta y usa el pretérito perfecto.**

Hoy he *ir* al Parque Güell.

¿Ya has *probar* un granizado?

Esta tarde Vega ha *visitar* la Pedrera.

Hoy Laura y yo hemos *hacer* muchas cosas.

¿Todavía no habéis *comer*?

Esta mañana Laura y Vega han *levantarse* temprano.

# PARTNERAUFGABEN

## UNIDAD 1

**10 a** Preparad el diálogo. | 
5 Du bist B, bereite deine Rollenkarte vor.

**B**

- Du begrüßt den Jungen / das Mädchen und fragst, wie es ihm/ihr geht.
- Du stellst dich vor und fragst ebenfalls nach dem Namen.
- Du fragst, woher er/sie kommt.
- Du bist *(= estudiar)* auch im Gymnasium Lope de Vega!
- Du sagst, wie du das Gymnasium findest. Aber heute ist der erste Schultag, ihr redet mit den Lehrern und den Freunden und arbeitet *(= estudiar)* nicht viel.

## UNIDAD 2

**5 a** ¿Qué hay en las habitaciones? | B describe la
6 habitación de Laura.

▶ Resumen 2, 3, 4

la habitación de Laura

**3 b** A liest drei Sätze vor, B kontrolliert die Aussprache. Dann tauscht ihr die Rollen.

9
I. Ana ve‿el‿libro de‿Inglés en la mesa.
II. Jaime‿esconde‿el DVD‿en‿el‿armario.
III. ¿Dónde‿estudia‿Antonio?

1. Míriam mira a su amiga.
2. Miguel busca a su amigo Óscar.
3. Irene escucha a su madre.

## UNIDAD 3

**9** Mañana es el cumpleaños de un amigo.
4 Queréis quedar esta tarde para buscar un regalo. ¿A qué hora tenéis tiempo? B prepara esta ficha. | Verabredet eine Zeit, die euch beiden passt, und einen Ort.

▶ Resumen 4

**B**

Mis planes para esta tarde:
- 16:30 Clase de Inglés en el instituto (45 minutos)
- 19:00 Ir con mis amigos/-as al cine (3 horas)

## BALANCE 1

**5** S. 65

**Por la mañana, A y B se encuentran en el instituto antes de las clases. Preparad vuestros roles y presentad el diálogo.**

**B**

- Du begrüßt A und erzählst, dass du heute schlecht gelaunt bist.
- Du hast wenig Lust, am Nachmittag etwas zu unternehmen, und bist von As Vorschlägen nicht sonderlich begeistert.
- Schließlich willigst du aber doch in ein Treffen ein.

## UNIDAD 4

**2** S. 83

**Diego hace propuestas para quedar con Roberto, pero él no puede. A formula las propuestas de Diego, B las respuestas de Roberto.**

¿Podemos quedar hoy a las tres en la plaza?

| | | | |
|---|---|---|---|
| No | puedo,<br>tengo ganas, | tengo que<br>prefiero<br>quiero | ir a casa de mi abuela. |

*tener* clase de guitarra  no *tener* tiempo/ganas  *estar* en casa a las diez
*tener* que preparar las cosas para el cumple de mi madre  *querer* ir a la bolera
*tener* que ir a casa de mi abuela  *tener* que estudiar mucho  *preferir* ver una peli en casa
*preferir* escuchar un poco de música en casa  *querer* ir a casa de Roberto

## UNIDAD 5

**6** S. 90

**Estáis en una tienda de ropa. Haced diálogos como en el ejemplo. Tú eres el vendedor y ayudas al cliente.**

Ejemplo:
– Y esos pantalones, ¿cuánto cuestan?
+ Cuestan ___.
– Ah, pues (no) son muy caros.
+ ¿Qué talla necesitas?
– ___.

Colores: rojo, negro, verde
Tallas: 36–50
Precio: 35 EUR

Colores: azul, amarillo, gris, verde
Números: 36–40
Precio: 77 EUR

Colores: azul
Tallas: 44
Precio: 25 EUR

Colores: blanco/azul, blanco/verde, blanco/amarillo
Tallas: 36, 40, 44-48
Precio: 100 EUR

Colores: azul, negro
Tallas: 42
Precio: 20 EUR

11 Vais de compras. Preparad las fichas y haced el diálogo.

**B**

Ein Freund / eine Freundin möchte sich in einem Geschäft etwas zum Anziehen kaufen. Du berätst ihn/sie.

1. Das Teil gefällt dir, aber die Farbe nicht. Du schlägst eine andere Farbe vor.
2. Du findest, dass das Teil zu groß/klein/eng ist. Du fragst, welche Größe das Teil ist.
3. Du bringst deinem Freund / deiner Freundin die andere Größe.
4. Du findest, dass das Teil deinem Freund / deiner Freundin gut steht. Es passt sehr gut zu einem anderen Kleidungsstück, das er/sie trägt.

9 a Tomás llama a Diego. Elegid un rol, preparad la llamada telefónica y presentadla en clase.

**A (Mutter/Vater von Diego)**

- nimmt den Hörer ab und meldet sich.
- sagt, dass er da ist und möchte wissen, wer am Apparat ist.
- sagt, dass es noch einen Moment dauert und dass Diego gleich am Apparat ist.

**B (Tomás)**

- begrüßt die Person und fragt nach Diego.
- sagt seinen Namen.
- begrüßt Diego und sagt, wer am Apparat ist. Er sagt, dass er mit Laura auf eine Party geht und fragt, ob Diego mitkommen will.
- verabschiedet sich.

**C (Diego)**

- meldet sich.
- antwortet, dass er gerade den Tisch decken muss. Seine Eltern sind gerade angekommen und wollen mit ihm zusammen essen.
- verabschiedet sich.

7 Eine Familie (Bruder, Vater, Schwester) sitzt beim Abendessen. Verteilt die drei Rollen, bereitet die Dialoge vor und spielt die Szene dann vor.

**B (der Vater)**

Du stellst deinem Sohn viele Fragen. Du willst wissen, wie es in der Schule läuft, wie es seinen Freunden geht und ob er eine Freundin hat.

**C (die Schwester)**

Du mischst dich in das Gespräch ein. Du machst dich über deinen Bruder lustig und sagst, dass er schlechte Noten hat, dass er sehr viel mit einer „Freundin" telefoniert etc.

## UNIDAD 7

**8** S. 122

«Perdona, ¿dónde hay una tienda de regalos por aquí?» | A ist Tourist in Salamanca und möchte Souvenirs kaufen. B ist aus Salamanca und informiert A. Bereitet den Dialog vor.

**B**

Du bist aus Salamanca und hilfst A.
- Du bejahst und fragst, ob du A helfen kannst.
- Du sagst, dass es einen Souvenirladen gibt. Der Laden ist in der Straße „Gran Vía" und nicht sehr weit weg.
- Du antwortest, dass A geradeaus gehen muss. Dann muss A die dritte Straße nach rechts abbiegen. Das ist die „Gran Vía". Da wird A einen Laden finden. (Sprich sehr schnell dabei.)
- Du wiederholst die Ortsangabe.
- Du verabschiedest dich ebenfalls.

**4** S. 133

En un campamento, A perdió tres cosas. A no sabe cómo se llaman en español y explica a B qué son o para qué son. | B nennt den gesuchten Gegenstand.

**A**

un reloj

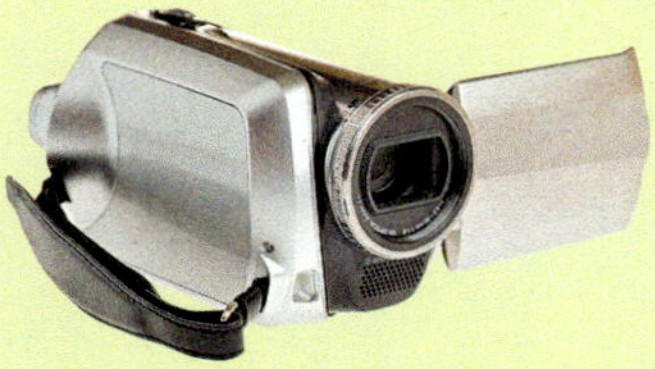

una cámara de vídeo

una llave

**B**

## SUPLEMENTO CATALUÑA

**6** S. 141

Estáis en una cafetería en Barcelona. A es el camarero / la camarera, B es un chico alemán / una chica alemana. A prepara la ficha de la p. 141, B prepara esta ficha. Haced el diálogo.

**B**

- Du bestellst ein belegtes Brötchen und einen Orangensaft.
- Du sagst, dass
  - du es noch nicht probiert hast, es jedoch probieren möchtest, und bestellst eins.
  - du schon eine Menge gesehen hast, und nennst drei Orte aus Barcelona.
  - dass du früh aufgestanden und in den Parque Güell gegangen bist. Danach bist du auf der Rambla umhergelaufen und hast ein T-Shirt gekauft. Später hast du in einem Laden Musik gehört.
- Du verneinst und sagst, dass in dem Musikladen fast alle Katalanisch gesprochen haben, du aber nichts vestanden hast.
- Du bejahst und sagst, dass sie dir nicht sehr gefallen hat.
- Du sagst, dass dir Barcelona sehr gefällt, aber dass die Stadt sehr groß ist, viel größer als deine Heimatstadt, aber auch viel interessanter. Du verlangst dann nach der Rechnung.
- Du zahlst und verabschiedest dich.

# LÖSUNGEN: TESTE DEINE GRAMMATIKKENNTNISSE

## UNIDAD 1

**1** 1. las clases; 2. los alumnos; 3. la amiga; 4. las ciudades; 5. el libro; 6. el mensaje; 7. las plazas; 8. los institutos; 9. las páginas; 10. la guitarra; 11. las profesoras; 12. el parque; 13. la fiesta; 14. la alumna

**2 a** 1. contestáis; 2. charlas; 3. hablo; 4. buscamos; 5. escucha; 6. toman; 7. estudiamos; 8. practicáis; 9. miras

**b** 1. aprendes; 2. comprendemos; 3. lee; 4. escriben; 5. compartís; 6. recibo; 7. vivimos; 8. comprendéis

**3** 1. ¿De dónde eres?; 2. ¿Dónde vivís?; 3. ¿Quién es ella / la chica?; 4. ¿Hablas inglés/francés?; 5. ¿Quiénes son?; 6. ¿Cómo se llama (ella / la chica)?; 7. ¿Cómo se escribe «hola»?; 8. ¿Qué significa «Gymnasium»?

**4** 1. Diego no contesta los mensajes de Sandra. 2. Los chicos no escuchan. 3. Laura no es de Salamanca.

## UNIDAD 2

**1** 1. tienes; 2. queréis; 3. preferimos; 4. pensáis; 5. tengo; 6. pensamos; 7. quieren; 8. hago; 9. quiere; 10. pienso; 11. prefieren; 12. tienen

**2** 1. nuestros; 2. nuestros; 3. nuestra; 4. vuestro; 5. nuestra; 6. nuestros; 7. nuestras; 8. vuestra

**3** 1. pequeñas; 2. difíciles; 3. grande; 4. pequeña; 5. divertida; 6. aburrido; 7. fáciles; 8. bonitos; 9. egoísta

## UNIDAD 3

**1** 1. trece; 2. quince; 3. diecinueve; 4. veinte; 5. cuatro; 6. cuarenta; 7. cinco; 8. cincuenta

**2** 1. ¿Adónde ...?; 2. ¿A qué hora ...?; 3. ¿Cuándo ...?; 4. ¿Por qué ...?; 5. ¿Cuándo ...?

**3** 1. puedo; 2. podemos; 3. vamos; 4. voy; 5. pueden; 6. vas
***ir:*** [él/ella] va – [vosotros/-as] vais – [ellos/ellas] van
***poder:*** [tú] puedes – [él/ella] puede – [vosotros/-as] podéis

**4** 1. te duchas; 2. se despierta; 3. nos acordamos; 4. os levantáis; 5. me despierto; 6. se acuestan; 7. se levantan; 8. te acuerdas; 9. me ducho; 10. nos vamos; 11. se van; 12. se duchan

## UNIDAD 4

**1** 1. buen; 2. buena; 3. buen; 4. buenos

**2** 1. nos – os; 2. Le; 3. les; 4. os

**3** 1. gusta; 2. gustan; 3. gusta; 4. gustan

**4** 1. ¡Cantad!; 2. ¡Sube!; 3. ¡Ven!; 4. ¡Juega!; 5. ¡Leed!; 6. ¡Venid!; 7. ¡Levántate!; 8. ¡Ten cuidado!

## UNIDAD 5

**1** 1. Estoy hablando por teléfono. 2. Estoy leyendo un libro muy interesante. 3. Estamos viendo una peli en la tele. 4. ¿Qué estás haciendo? 5. Diego está escribiendo un mensaje a Sandra.

**2** 1. la; 2. las; 3. te; 4. os; 5. Me; 6. la

## UNIDAD 6

**1** 1. llegó; 2. fuimos; 3. se acostó; 4. se perdieron; 5. me encontré; 6. participaron; 7. fueron; 8. empecé

**2** 1. viniste; 2. quiso; 3. estuvimos; 4. pude, tuve; 5. hicisteis; 6. estuve, fue

**3** 2. Cuando llegaron los amigos, empezó el concierto. 3. Cuando llegué a casa, empezamos a cenar. 4. Cuando Diego salió a la calle, se encontró con Carlitos.

**4** 2. Después de llegar a la playa, las chicas empezaron a jugar al fútbol. 3. Antes de acostarme, hice mis deberes. 4. Antes de entrar al cine, yo compré las entradas en Internet. 5. Después de salir del concierto, fuimos a comer algo.

## UNIDAD 7

**1** 1. primer; 2. segundo; 3. tercera; 4. tercer

**2** 1. Esta tarde voy a jugar al fútbol. 2. En julio vamos a ir a un campamento cerca de La Alberca. 3. ¿En las vacaciones me vas a escribir? 4. Todas las vacaciones se van a quedar en Salamanca. 5. En agosto, ¿adónde vais a ir? 6. Durante las vacaciones Vega va a echar de menos a Laura.

**3** 1. toda; 2. Todos; 3. Todas; 4. Todos

**4** 1. No, no conozco a nadie aquí. 2. No, no me gustan nada las canciones de Shakira. 3. No, no sé nada de Juan. 4. No, no te escribo nada.

**5** 1. ¡Escríbeles! 2. ¡Dadles recuerdos! 3. ¡Llámalos! 4. ¡Escuchadlas! 5. ¡Ciérrala!

## SUPLEMENTO CATALUÑA

**1** 1. ¿Ya has comido un pincho de tortilla? 2. Esta tarde hemos visitado el Parque Güell. 3. Esta tarde he ido al Barrio Gótico. 4. Laura todavía no ha subido al Tibidabo. 5. Esta semana las chicas han visto un montón de cosas. 6. ¿Qué habéis hecho hoy?

**2** 1. Madrid es más grande que Barcelona. 2. Leer un libro es tan interesante como ver la tele. 3. Para Andrés el catalán es menos difícil que el inglés. 4. Un pincho de tortilla es tan caro como un bocadillo. 5. Un pan con tomate es mejor que un sándwich. 6. Ana y Nuria son mejores en Mates que Tomás y Rubén.

**3** 1. hemos ido; 2. visité; 3. habéis llamado; 4. has visto; 5. han dormido; 6. llegó

**4** 1. Para mí, la lengua más fácil es el español. 2. ¿Cuáles son los lugares más importantes para ti en España? 3. La mejor ciudad para aprender español es Salamanca. 4. El parque más famoso en Barcelona es el Parque Güell.

# METHODEN

Auf den folgenden Seiten findest du eine Zusammenstellung der wichtigsten Lern- und Arbeitstechniken. Viele sind dir schon aus anderen Fremdsprachen sowie aus dem Deutschunterricht vertraut.

## WORTSCHATZ

### 1 Wörter erschließen

Wenn du ein neues Wort entdeckst, musst du nicht gleich im Wörterbuch nachschlagen. Mit ein paar einfachen Tricks kannst du die Bedeutung vieler spanischer Wörter herausfinden. Du kannst unbekannte Wörter erschließen …

#### … mit Hilfe anderer Sprachen ▶ S. 11/1, S. 96/1, S. 112/3b

Viele spanische Wörter sind verwandt mit Wörtern aus Sprachen, die du schon kennst. Oft haben sie dieselbe oder eine ähnliche Bedeutung.

| *Spanisch* | *Englisch* | *Latein* | *Französisch* | *Deutsch* |
|---|---|---|---|---|
| universidad | university | universitas | université | Universität |

*Was bedeuten die folgenden Wörter? Welche Wörter aus anderen Sprachen haben dir geholfen?*
la explicación, la opinión, el error, útil, increíble, romper, el campeón, paciente, violento, nacional

**Merke:** Trotz dieser Verwandtschaften kann es Unterschiede in Aussprache, Schreibung, im Genus und manchmal auch in der Bedeutung geben!

⚠ Achte auf so genannte „falsche Freunde" *(„falsos amigos")*.

la carta *(= der Brief)* die Karte *(= la tarjeta)*

#### … über Wortfamilien ▶ S. 117/2

Manchmal kennst du ein anderes Wort derselben Familie. An typischen Endungen kannst du außerdem die Wortart des unbekannten Wortes erkennen. Beides hilft dir, seine Bedeutung zu erschließen.

mirar → la mirada *(= der Blick)*
oscuro/-a → la oscuridad *(= die Dunkelheit)*

*Finde die Bedeutung der folgenden Wörter und erkläre, wie du darauf gekommen bist:*
chatear, la alegría, la timidez, sorprender, desayunar, la salida, la comida.

#### … mit Hilfe des Kontextes ▶ S. 18/7, S. 27/2, S. 70/1, S. 91/8

Die Bedeutung vieler Wörter kannst du aus dem Kontext erschließen. Auch Abbildungen oder die Gestaltung des Textes können dir dabei helfen.

*Lies den Text auf S. 92 (ZZ. 1–6, 55–57) und erkläre die Bedeutung der folgenden Wörter mit Hilfe des Kontextes:* ¿Diga?, el recado, más tarde, ¿De parte de quién?, Ahora se pone.

## 2 Die Bildung von Wörtern erkennen

### Präfixe und Suffixe

Oft geben dir die Präfixe und Suffixe Auskunft über die Bedeutung des Wortes sowie über die Wortart und das Genus.

| | | |
|---|---|---|
| *Präfixe* | a- | nicht, un- (atípico/-a) |
| | anti- | gegen, un- (antipático/-a) |
| | contra- | gegen (contradecir) |
| | e-/es-/ex-/extra- | hinaus, außer (enorme) |
| | i-/ir- *oder* im-/in- | gegensätzlich (irresponsable, imposible, independiente) |

| | | |
|---|---|---|
| *Suffixe* | -dad/-tad/-tud | *feminine Nomen* (la ciudad, la mitad, la juventud) |
| | -ción/-sión | *feminine Nomen* (la habitación, la decisión) |
| | -able/-ible | *Adjektive* (responsable, posible) |

*Leite die Bedeutung der folgenden Wörter ab:* dependiente, la preparación, atípico/-a, la altitud, la comprensión.

### Zusammengesetzte Substantive

Es gibt Substantive, die aus mehreren Wörtern zusammengesetzt sind.

⚠ Zusammengesetzte Substantive werden im Spanischen häufig nach dem Muster Substantiv + *de* + Substantiv gebildet. Im Deutschen entspricht dem meist ein Wort (z. B. *la profesora de Historia* – die Geschichtslehrerin).

| | |
|---|---|
| el cuarto de baño | (= das Badezimmer) |
| el fin de semana | (= das Wochenende) |
| el libro de Inglés | (= das Englischbuch) |
| la fiesta sorpresa | (= die Überraschungsparty) |

*Finde die spanische Entsprechung für* „der Englischlehrer" *und* „das Monatsende".

## 3 Wörter umschreiben

▶ S. 122/6, S. 133/4

Wenn dir ein Wort nicht einfällt, versuche, das fehlende Wort zu umschreiben oder zu erklären, was es bedeutet.
Hier findest du einige Möglichkeiten zur Umschreibung:

Es una persona / alguien que ___.
Es una cosa / algo que ___.
Lo usas para ___.
La palabra significa ___.
Es otra palabra para / un sinónimo[1] de ___.
Es un antónimo[2] de ___.

**1** el sinónimo *Synonym*
**2** el antónimo *Gegenteil*

## 4 Wortschatz lernen

Um dir Wörter besser zu merken, solltest du sie in Gruppen anordnen und dann lernen bzw. wiederholen. Diese Strukturierung des Wortschatzes kannst du nach verschiedenen Kriterien vornehmen:

### Nach Sachgruppen/Themen ordnen

▶ S. 17/2, S. 21/6, S. 74/3, S. 75/6, S. 86/1, S. 95/8

Lege zu einem Oberbegriff, z. B. *los deportes,* eine Vokabelkarte *(ficha de vocabulario)* an, auf der du alle Wörter und Ausdrücke zu einem Thema zusammenträgst.

Es ist sinnvoll, eine *ficha de vocabulario* nicht nur als Liste zu führen, sondern sie zu **strukturieren**, z. B. nach Unterthemen, nach Wortarten, (Gegensatz-)Paaren, Wörtern derselben Wortfamilie etc. Es kann auch nützlich sein, Kollokationen (= ganze Wendungen) zu notieren, in denen ein Wort häufig verwendet wird.

Los deportes
jugar al: fútbol, baloncesto, ping-pong, voleibol
correr
ir en bicicleta
esquiar
patinar

*Sammle alle Wörter und Ausdrücke, die zu den folgenden Oberbegriffen gehören:* el instituto, la familia, los pasatiempos, la ropa, el tiempo.

### Nach Wortarten ordnen ▸ S. 25/7, S. 112/3

Du kannst alle Verben, Substantive oder Adjektive als Untergruppen einer *ficha de vocabulario* zusammenfassen.

### Zu Wortfamilien ordnen ▸ S. 117/2

Fasse die Wörter, die zur selben Familie gehören, zusammen.

| | |
|---|---|
| la cena – cenar | aburrido/-a – aburrirse |
| entrar – la entrada | el trabajo – trabajar |

*Finde Wörter derselben Wortfamilie:* el comedor, doler, el libro, el secreto, la vida, el juego.

### Wortpaare bilden ▸ S. 37/7

Bei manchen Wörtern bietet es sich an, sie paarweise zu ordnen. Diese Wortpaare können auch Gegensatzpaare sein.

| | |
|---|---|
| hablar – charlar | el alumno ≠ el profesor |
| nacer ≠ morir | ganar ≠ perder |

*Bilde Gegensatzpaare mit den folgenden Wörtern:* la noche, bonito/-a, acostarse, temprano, mucho/-a.

### Kollokationen / Ganze Wendungen lernen ▸ S. 21/6, S. 24/2, S. 44/4, S. 132/3

Damit du Wörter im Kontext richtig verwendest, lerne den ganzen Ausdruck (= Kollokation), in dem ein Wort verwendet wird.

sacar una buena nota | jugar al fútbol | llegar a casa | ir de compras | estar en casa

## DAS WÖRTERBUCH BENUTZEN

### 1 Spanisch – Deutsch ▸ S. 76/10

Ein Wörterbucheintrag enthält verschiedene Informationen, die man entschlüsseln muss, um das Wörterbuch sinnvoll zu nutzen. Dazu muss man auch einige Abkürzungen kennen. Ihre Bedeutung findest du im Abkürzungsverzeichnis am Anfang/Ende deines Wörterbuchs.

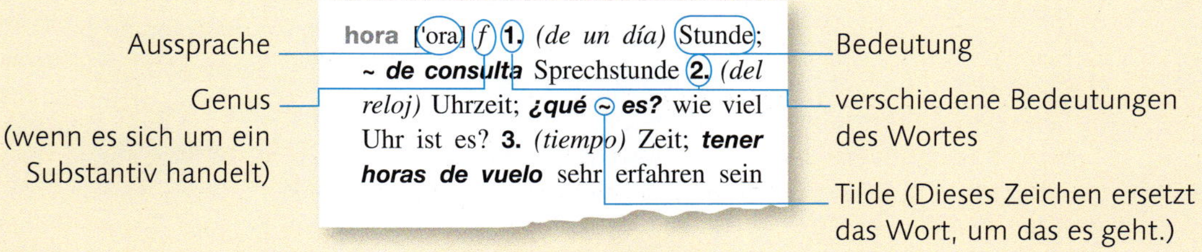

Weitere Hinweise für das Nachschlagen in einem spanisch-deutschen Wörterbuch:

- Finde zunächst die Wortart des unbekannten Wortes heraus (Substantiv? Verb? Adjektiv?). Konjugierte Verbformen (z. B. *juegan, entendí*) musst du auf den Infinitiv *(jugar, entender)* zurückführen, damit du sie im Wörterbuch findest.
- Beachte, dass das „*ñ*" im spanischen Alphabet ein eigener Buchstabe ist, der in Wörterbüchern an unterschiedlichen Stellen steht, z. B. nach „*nz*" oder hinter dem „*n*" und vor dem „*o*". Weitere Extrabuchstaben sind manchmal das „*ch*" (nach „*cz*" und vor „*d*") und das „*ll*" (nach „*lz*" und vor „*m*").
- Wenn du Zweifel bei der Aussprache hast, achte auf die Lautschrift in eckigen Klammern.

**Tipps:**
- Ein Wort kann mehrere Bedeutungen haben. Deshalb solltest du immer den ganzen Eintrag lesen, um die Bedeutung zu finden, die in „deinen" Kontext passt.
- Mehrteilige Ausdrücke sind manchmal nur unter einem der Teile eingetragen. Wenn du z. B. *el grupo de música* nicht unter „*grupo*" findest, dann schaue unter „*música*" nach.

*Schlage in deinem Wörterbuch diese Wörter nach. Wo findest du die Extrabuchstaben?*
año, llegar, estrella, chico, noche.

*Finde mit Hilfe des Wörterbuchs heraus, welche Bedeutung* pasar *jeweils hat:*
1. ¡Qué aburrido! En esta película no pasa nada.
2. ¿Podrías pasarme el pan, por favor?
3. Ayer vi a Miguel, pero imagínate, pasó sin decir nada.
4. Los fines de semana siempre paso mucho tiempo con mi familia.

## 2 Deutsch – Spanisch ▸ S. 32/4

**Uhr** 1. *(Gerät)* reloj *m* [re'lox]; ***die ~ aufziehen*** dar cuerda al reloj 2. *(bei Zeitangabe)* hora *f* ['ora]; ***es ist genau acht ~*** son las ocho en punto; ***neun ~ drei*** las nueve y tres minutos

verschiedene Übersetzungen — spanische Entsprechung — Genus — Aussprache — Tilde (Dieses Zeichen ersetzt das Wort, um das es geht.)

Wenn du für ein deutsches Wort die spanische Entsprechung nachschlägst, gelten folgende Regeln:

- Lies dir den Wörterbucheintrag so weit durch, bis du das passende spanische Wort gefunden hast. Beachte dabei Angaben wie *fam. (= familiar)*; das bedeutet „umgangssprachlich".
- Ist in deinem Wörterbuch die Aussprache des spanischen Wortes nicht angegeben, nimm die Lautschrift im spanisch-deutschen Teil des Wörterbuchs zu Hilfe.
- Passe das ausgewählte spanische Wort in den Satz, den du formulieren möchtest, ein, d. h.:
  - ¬ bei Substantiven: Bilde, wenn nötig, den Plural.
  - ¬ bei Verben: Bilde die passende Verbform.
  - ¬ bei Adjektiven: Gleiche sie dem Substantiv an.

**Tipps:**
- So kannst du überprüfen, ob du die passende spanische Entsprechung für ein deutsches Wort ausgewählt hast: Schlage einfach das spanische Wort im spanisch-deutschen Teil deines Wörterbuchs nach. Findest du dort das deutsche Wort, von dem du ausgegangen bist, wieder?
- Findest du ein zusammengesetztes Wort (z. B. Apfelsaft) nicht im Wörterbuch, suche unter den beiden Bestandteilen und bilde dann ein zusammengesetztes spanisches Substantiv (s. S. 160).

*Welche spanischen Wörter entsprechen den unterstrichenen deutschen Wörtern? Suche im Wörterbuch.*

| | |
|---|---|
| Marie schießt ein Tor. | Schreibst du mir eine Karte aus Spanien? |
| Mach bitte das Tor zu! | Hier ist deine Karte für das Konzert. |

## HÖREN

### 1 Globales Hörverstehen ▶ S. 18/6, S. 25/8, S. 64/1, S. 128/5

Beim Hören eines spanischen Textes brauchst du nicht immer jedes Wort zu verstehen. Wichtig ist, den Text in seiner Gesamtheit zu erfassen.

- **Vor dem Hören:**
  Beachte die Aufgabenstellung. Manchmal wird die Gesprächssituation bereits angegeben. Mache dir klar,
  - worum es in dem Gespräch gehen könnte,
  - wer spricht,
  - was die Personen in dieser Situation sagen könnten.
  - Falls es eine bildgestützte Hörverstehensübung ist, nutze auch die Bildinformationen.
- **Achte beim Hören:**
  - auf Hintergrundgeräusche (z. B. Verkehrslärm ...),
  - auf den Tonfall der Sprecher (z. B. aufgeregt, erfreut, verärgert),
  - nur auf die Abschnitte, die wichtig sind, um die Aufgabenstellung zu bearbeiten. Die W-Fragen (Was?, Wer?, Wo[hin]?, Wann?, Wie?) helfen dir, die wichtigsten Informationen aus dem Hörtext zu entnehmen.
- Notiere die wichtigen Informationen in Stichpunkten. Am besten trägst du sie in eine Tabelle ein.
- Wenn du den Text mehrmals anhören kannst, konzentriere dich beim ersten Hören auf die Wörter, die du verstehst. Versuche beim nächsten Hören, auf diesen „Verstehensinseln" aufzubauen und weitere Informationen zu entschlüsseln.

**Notizen machen**
- Notiere nur Stichwörter, schreibe keine ganzen Sätze.
- Notiere jede neue Information in eine neue Zeile. Benutze dabei Spiegelstriche.
- Kürze lange Wörter ab, lasse Artikel und Konjunktionen weg.
- Benutze Abkürzungen und Symbole: p. ej. (por ejemplo), etc. (etcétera), –, +, =, ≠, → (für eine Folgerung). Du kannst dir auch eigene Abkürzungen ausdenken.

### 2 Selektives Hörverstehen ▶ S. 9/2, S. 40/6, S. 57/5, S. 61/2, S. 98/6, S. 112/4

Oft geht es darum, einem Hörtext nur ganz bestimmte Informationen zu entnehmen.

**Vor dem Hören:**
- Lies dir die Fragestellung genau durch. Welche Informationen sollst du heraushören? Wenn die Fragestellung es nahelegt, bereite eine Tabelle vor, in die du die gesuchten Informationen später eintragen kannst.

Tabelle zu S. 57:

| ¿Quién? | ¿Qué hace por la tarde? | ¿A qué hora? |
|---|---|---|
| Sandra | — | — |
| Daniel | — | — |

**Beim Hören:**
- Konzentriere dich vor allem auf die für dich wichtigen Passagen.
- Mache dir, wenn nötig, Notizen oder trage die gesuchten Informationen in die Tabelle ein.

## 3 Detailgenaues Hörverstehen ▶ S. 98/6, S. 128/4

Manchmal ist es wichtig, alle Einzelheiten zu verstehen (z. B. bei einer Bahnhofsdurchsage oder bei der Angabe einer Adresse).
- Versuche beim ersten Hören, den Text global zu verstehen.
- Konzentriere dich bei jedem weiteren Anhören auf weitere Details.
- Notiere dir alle wichtigen Informationen, die du verstanden hast.

## 4 Hör-Sehverstehen ▶ S. 18/6, S. 26/1, S. 43/2, S. 78/2, S. 87/3, S. 94/6

Wenn dir beim Hören zusätzlich Bilder zur Verfügung stehen oder wenn du einen Filmausschnitt siehst, erhältst du gleichzeitig mehrere Informationen: das Bild, die Sprache und die Geräusche bzw. Musik. Bilder ersetzen hier oft Worte; sie können die sprachlich dargebotenen Informationen stützen, ergänzen oder ihnen auch widersprechen.
Folgende Fragestellungen helfen beim Verstehen:
- Welche Figuren oder Gegenstände sind im Vordergrund, welche im Hintergrund? Was sagt dies über ihre Bedeutung aus?
- Welche Mimik, Gestik, Bewegungen weisen die Figuren auf? Was sagen sie über deren Gefühle oder Charakter aus?
- Welchen Ort/Hintergrund, welche Lichteffekte gibt es?
- Welche Funktion hat ggf. der Ton?

# LESEN

## 1 Texte über ihre Gestaltung erschließen ▶ S. 19/1, S. 62/7, S. 70/1

Bevor du einen Text liest, stelle erste Vermutungen über seinen Inhalt an.
- Verrät dir das Druckbild etwas über die Textsorte (E-Mail, Zeitungsbericht, Gedicht, Dialog etc.)?
- Welche Informationen geben dir Fotos oder Illustrationen (evtl. mit Bildunterschriften)?
- Was sagen Überschrift(en) und Zwischenüberschriften aus?

## 2 Globales Leseverstehen (Skimming) ▶ S. 19/1

Beim ersten Lesen genügt es, den Text im Großen und Ganzen zu verstehen, ohne sich auf Einzelheiten zu konzentrieren.
- Überlege schon vor dem Lesen, was du bereits zum Thema des Textes weißt.
- Um nach der Lektüre zu überprüfen, ob du den Textinhalt global verstanden hast, können dir die „W-Fragen" helfen.

**Die W-Fragen**

| | |
|---|---|
| Wer? | ¿Quién(es)? |
| Was? | ¿Qué? |
| Wo(hin/her) | ¿Adonde? / ¿De dónde? |
| Wann? | ¿Cuándo? |
| Wie? | ¿Cómo? |
| Warum? | ¿Por qué? |

## 3 Selektives Leseverstehen (Scanning) ▶ S. 70/1, S. 73/1, S. 80/7, S. 112/2

Manchmal genügt es, einem Text nur bestimmte Informationen zu entnehmen.
Das erreichst du durch zielgerichtetes Lesen:
- Lies dir vor der Textlektüre die Fragestellung genau durch.
- Überlege dir, nach welchen Schlüsselbegriffen (s. S. 165) du im Text suchen kannst.
- Konzentriere dich beim Lesen nur auf die für dich wichtigen Passagen.

## 4 Detailgenaues Leseverstehen ▶ S. 124/3, S. 125/7

Manche Texte musst du in jedem Detail verstehen (z. B. eine Gebrauchsanweisung).
- Gehe dabei von den Abschnitten aus, die du gut verstehst („Verstehensinseln").
- Kläre dann Schritt für Schritt die Bedeutung der noch fehlenden Teile. Versuche dabei, die Bedeutung jedes Satzes genau zu erschließen. Nutze dabei den Kontext oder eventuelle zusätzliche Informationsquellen (z. B. Illustrationen, Zwischenüberschriften o. Ä.). Zur Überprüfung kannst du versuchen, den Satz mit eigenen Worten auf Spanisch auszudrücken. Bei besonders komplizierten Sätzen hilft es dir, den Satz ins Deutsche zu übersetzen.
- Eventuell musst du ein Wörterbuch benutzen (s. S. 161).

## 5 Texte über Schlüsselbegriffe erschließen ▶ S. 126/2

Finde im Text Schlüsselbegriffe oder -sätze für die wesentliche(n) Aussage(n) des Textes. Überprüfe:
- Gibt es Begriffe, die besonders wichtig sind (Schlüsselbegriffe)?
- Gibt es Sätze, die Textabschnitte zusammenfassen (oft am Anfang und am Ende eines Absatzes)?
- Notiere sie in dein Heft. Wenn du Kopien benutzt, kannst du sie auch farbig markieren.

## 6 Texte gliedern ▶ S. 35/1, S. 143/1

Für das Verständnis ist es hilfreich, wenn du dir klar machst, in welche inhaltlichen Abschnitte (Sinnabschnitte) sich der Text gliedern lässt. Gib dazu den einzelnen Abschnitten Überschriften. Du verdeutlichst dir damit zugleich, welche Themen oder Einzelaspekte jeweils angesprochen werden.

# DIALOGISCHES SPRECHEN

## 1 Gespräche ▶ S. 50/7, S. 53/5, S. 54/9, S. 91/11, S. 95/9, S. 110/10, S. 122/6, S. 125/8, S. 141/6

Um in Gesprächssituationen gut klarzukommen, helfen dir die *Para-comunicarse*-Kästen in der chronologischen Liste (ab S. 191).

Hier findest du eine Zusammenstellung wichtiger Ausdrücke für häufige Gesprächssituationen:

**nachfragen und um Erklärungen bitten**
No entiendo la pregunta / la palabra / la frase.
Más despacio, por favor.
¿Puede/s repetirlo, por favor?
«___», ¿qué significa?
¿Cómo se dice «___» en inglés/alemán/francés?
¿Puede/s ayudarme?

**sich entschuldigen**
¡Perdona!
¡Disculpa!
Lo siento.[1]

**Zeit gewinnen**
Pues ___.
Bueno ___.
Espera (un momento).

**jemanden beglückwünschen**
¡Felicidades!
¡Feliz cumpleaños!

**Freude/Begeisterung zeigen**
¡Qué genial!
¡Es una pasada!

**Einverständnis erklären**
¡De acuerdo!
¡Vale!
¡Claro que sí!

1 Lo siento. *Es tut mir Leid.*

## 2 Diskutieren ▶ S. 125/8

- Notiere auf einem Zettel: Was fällt dir spontan zum Thema ein (Denke dabei an die W-Fragen, s. S. 164)? Was ist deine eigene Meinung dazu?
- Bereite Argumente für deine Position vor. Kannst du konkrete Beispiele nennen?
- Während der Diskussion: Sprich klar und deutlich. Formuliere gut verständliche Sätze. Lass die anderen ausreden; bleibe höflich und sachlich.

Hier findest du wichtige Redemittel, die du in einer Diskussion verwenden kannst:

**seine Meinung äußern**
Yo pienso / creo que ___.
Para mí ___.

**(nach)fragen**
¿Qué piensas sobre ___?
¿Qué quieres decir con ___?
¿Piensas que ___?
¿En qué piensas cuando ___?

**zustimmen**
De acuerdo.
Tienes razón.
¡Claro que sí!
Es una buena idea.
Es verdad.
Sí. ¿Por qué no?

**ablehnen**
No estoy de acuerdo (contigo).
No veo las cosas como tú.
Creo que no es así.
¡Claro que no!

**etwas vorschlagen**
¿Por qué no ___?

## 3 Rollenspiele ▶ S. 25/10, S. 54/9, S. 65/5, S. 90/6, S. 91/11, S. 95/9, S. 103/7, S. 108/1b, S. 122/8

- Überlege: Wen stellst du dar und was verlangt deine Rolle von dir? In welcher Stimmung bist du?
- Mache dir einen Stichwortzettel bzw. notiere in kurzen Sätzen, was du sagen möchtest.
- Überlege dir, was dein/e Dialogpartner/in antworten könnte/n und bereite mögliche Antworten darauf vor.
- Übe das Rollenspiel mehrmals mit deiner Gruppe. Versuche dabei, deinen Stichpunktzettel so wenig wie möglich zu benutzen.

**Tipp:** Stehe nie mit dem Rücken zum Publikum.

# MONOLOGISCHES SPRECHEN

## 1 Ein Bild/Foto beschreiben ▶ S. 55/1, S. 119/1

- Sage zunächst, worum es auf dem Bild geht.
- Wähle für deine Beschreibung eine sinnvolle Reihenfolge, um die abgebildeten Elemente zu nennen: z. B. von der Mitte nach außen oder von oben nach unten oder umgekehrt.
- Versuche dabei, sinnvolle Zusammenhänge zu schaffen und „springe" nicht bei der Beschreibung im Bild hin- und her.
- Achte bei deinen Formulierungen auf den Gebrauch von *estar* (sich befinden) und *hay* (es gibt).
- Wenn auf dem Bild Personen sind, beschreibe ihr Aussehen. Willst du deren Handlungen beschreiben, verwende *estar* + *gerundio*.

*Beispiel:* En la foto hay dos personas. Una está leyendo, la otra está hablando con la primera persona.

Este/-a es un dibujo[1] / una foto / un cuadro[2] de ___.

| | |
|---|---|
| A la izquierda/derecha<br>En el centro<br>En el primer plano[3]<br>Al fondo[4] | hay ___.<br>puedes ver ___. |

| | |
|---|---|
| Cerca (de) ___<br>Detrás (de) / Delante (de) ___<br>Al lado del / de la ___ | hay un/a ___.<br>está el / la ___. |

**1** el dibujo *die Zeichnung* **2** el cuadro *das Gemälde* **3** en el primer plano *im Vordergrund* **4** al fondo *im Hintergrund*

## 2 Einen Kurzvortrag halten *(charla de un/dos minuto/s)* ▸ S. 106/2

### Vorbereitung

- Sammle die für das Thema nötigen Ausdrücke und Redewendungen (evtl. mit Hilfe eines Mind-Maps oder einer Tabelle).
- Formuliere deinen Text zunächst aus. Denke dabei an deine Zuhörer/innen:
  - ¬ Was ist für sie interessant?
  - ¬ Welche Reihenfolge bietet sich für die Darstellung der Informationen an?
  - ¬ Falls du unbekanntes Vokabular verwenden möchtest, bereite Erklärungen für deine Mitschüler/innen vor.
- Fertige anschließend einen Stichwortzettel an, so dass du deinen Vortrag möglichst frei, am besten auswendig, halten kannst.
- Bietet sich als visuelle Unterstützung z. B. ein Plakat, eine Collage, ein kleines Handout oder eine Mini-Präsentation mit dem Computer an? So können dir deine Mitschüler/innen besser folgen.

### Durchführung

- Sprich laut, langsam, deutlich und so frei wie möglich.
- Halte Blickkontakt mit deinen Zuhörern/-innen.

Folgende Formulierungen können Dir helfen:

**Einführung des Themas**
Hoy voy a hablar sobre (mi casa / mis amigos / mi instituto ___).
El tema de mi charla es ___.
Quiero presentar (a) mi grupo de música/artista favorito ___.
¿Ya sabéis algo sobre ___?

**Strukturierung des Kurzvortrags**
Primero os quiero hablar/presentar ___.
Después os voy a dar más información sobre ___.
Para terminar / Al final ___.
Para preguntar algo, levantad[1] la mano, por favor.

1 levantar *heben*

### Bewertung

Bei der Beurteilung einer *charla* eines/-r Mitschülers/-in kann ein **Evaluationsbogen** helfen. Beispiel:

| | sí | no | más o menos |
|---|---|---|---|
| La charla es interesante. | ☐ | ☐ | ☐ |
| La charla tiene una estructura clara. | ☐ | ☐ | ☐ |
| El/La compañero/-a da la información importante. | ☐ | ☐ | ☐ |
| Usa frases cortas y claras. | ☐ | ☐ | ☐ |
| Explica las palabras nuevas. | ☐ | ☐ | ☐ |
| Habla despacio. | ☐ | ☐ | ☐ |
| Mira a la clase y contesta las preguntas. | ☐ | ☐ | ☐ |

## 3 Informationen sammeln und auswerten

▶ S. 91/8, S. 106/3, S. 114/11, S. 129/8

### Informationen sammeln

Grenze das Thema genau ein. Welche Informationen brauchst du unbedingt?

Benutze mehrere Quellen für deine Informationssuche:
- das Lehrbuch (z. B. Lektionstexte oder Anhang),
- Nachschlagewerke (z. B. Enzyklopädien, Geschichtsbücher, Atlanten ...) oder das Internet.

**Recherche im Internet**
- Welche Suchbegriffe führen dich zu den für dich wichtigen Informationen?
- Sind die Seiten, die du gefunden hast, verlässliche Quellen? (Überprüfe Informationen, die du z. B. in Wikipedia gefunden hast, mit Hilfe einer weiteren Quelle.)

### Informationen auswerten

- Überlege dir vor dem Lesen, welche Informationen du benötigst (denke an die W-Fragen, S. 164).
- Mache dir Notizen zu deinem Thema.
- Notiere dir immer, wo du die Informationen gefunden hast.
- Ordne deine Notizen so, dass du sie weiterverwenden kannst – z. B. als Basis für eine *charla*.

# SCHREIBEN

- Sammle Ideen für deinen Text (W-Fragen, s. S. 164) und ordne sie (Mind-map, Tabelle, Schlüsselbegriffe).
- Schreibe einen ersten Entwurf:
  - ¬ Verwende Redewendungen aus den Lehrbuchtexten und den *Para comunicarse*-Kästen der chronologischen Liste (ab S. 191).
  - ¬ Variiere den Satzbau, um den Text interessanter zu gestalten. Verwende dafür Konnektoren *(enlaces)*.
- Überarbeite deinen Text: Wo ist er zu kurz/zu ausführlich? Korrigiere dich auch sprachlich, z. B. mit der Fehlercheckliste auf S. 170.

**Konnektoren**

| | |
|---|---|
| pero | además |
| porque | por eso |
| cuando | al final |
| primero | por fin |
| después | después de ___ |
| luego | antes de ___ |

## 1 Einen Text bewerten

▶ Punto final: S. 99, S. 129, S. 144

Bei der Beurteilung eines Texts eines/-r Mitschülers/-in hilft dir ein **Evaluationsbogen**. Beispiel:

| | sí | no | más o menos |
|---|---|---|---|
| **El contenido**[1]: | | | |
| El texto / La historia / El folleto / ___ es interesante. | ☐ | ☐ | ☐ |
| Están todas las informaciones importantes. | ☐ | ☐ | ☐ |
| La presentación[2] es adecuada[3]/original. | ☐ | ☐ | ☐ |
| La forma es creativa. | ☐ | ☐ | ☐ |
| **La lengua**: | | | |
| Tiene una estructura clara. | ☐ | ☐ | ☐ |
| Hay enlaces adecuados. | ☐ | ☐ | ☐ |
| (Casi) no hay errores. | ☐ | ☐ | ☐ |

**1** el contenido *der Inhalt* **2** la presentación *die Gestaltung* **3** adecuado/-a *angemessen*

## 2 Eine Postkarte / Einen Brief / Eine E-Mail schreiben ▸ S. 21/7, S. 129/9

| | |
|---|---|
| *Ort und Datum* | Barcelona, 21 de diciembre de 2012 |
| *Anrede für eine/n Freund/in / oder eine/n Bekannte/n* | Hola, Adrián:<br>Querido Jaime / Querida Ana: |
| *formelle Anrede* | Estimados señores y señoras[1]: |
| *Beispiel für einen Brief an eine/n Freund/in oder eine/n Bekannte/n* | ¿Qué tal? Voy a pasar las vacaciones en casa de mi tía. Estoy muy contento/-a porque me gusta mucho estar con mis primos. Y tú, ¿qué vas a hacer en las vacaciones? |
| *Beispiel für einen Brief zur Anforderung von Informationsmaterial* | Mi familia y yo vamos a pasar las vacaciones de verano en La Habana / Cuba. ¿Podrían[2] mandarme folletos[3] sobre la ciudad / el país? |
| *Du beendest den Brief an eine/n Freund/in* | Besos / Un abrazo |
| *an eine/n Bekannte/n* | (Muchos) saludos |
| *an einen Unbekannten* | (Muy) atentamente[4] |
| *Du lässt Grüße an jemanden ausrichten* | Muchos saludos a tus padres / a Isabel<br>Dale recuerdos a tu amiga Sandra |

**1** Estimados señores y señoras *Sehr geehrte Damen und Herren* **2** podrían *könnten Sie* **3** el folleto *die Broschüre* **4** Atentamente *Mit freundlichen Grüßen*

**Abkürzungen bei der Adresse**

| | | |
|---|---|---|
| C/ | Calle | Straße |
| Avda. | Avenida | Allee |
| Pza. | Plaza | Platz |
| 2º | segundo | zweiter Stock |
| pta. bja. | planta baja | Erdgeschoss |
| 3ª | tercera puerta | dritte Tür |

## 3 Kreatives Schreiben ▸ S. 37/8, S. 50/8, S. 76/9, S. 79/6, S. 110/9, S. 113/9

Beim kreativen Schreiben kannst du häufig vorgegebene Texte umschreiben. Du kannst z. B. einen Dialog zu einer Geschichte erfinden, den Text aus der Perspektive einer bestimmten Person erzählen oder einen Schluss für eine Geschichte schreiben.

- Nutze die Informationen des Ausgangstextes.
- Wenn du die Perspektive einer bestimmten Person schilderst, überlege, wie diese sich fühlt, was sie denkt, wie sie reagieren könnte.
- Mache dir Notizen (s. S. 163). Ordne sie dann und überlege dir, wie du deinen Text aufbaust.
- Beachte auch die Schreibregeln von S. 168.

## 4 Fehler selbst korrigieren

▶ S. 50/8, S. 72/10, S. 99/7, S. 110/9; Punto final: S. 80, S. 114, S. 144

Um die Anzahl deiner Fehler zu verringern, stelle dir eine eigene Fehlersuchliste aus den folgenden Vorschlägen zusammen.

**Tipp:** Achte bei jedem Lesen jeweils nur auf eine bestimmte Fehlerquelle. So findest du mehr Fehler.

| | |
|---|---|
| 1. *Hast du auf die Rechtschreibung geachtet?* | intere**s**ante<br>el **t**ema<br>¿Qui**é**nes? |
| 2. *Sind die Artikel, Begleiter und Adjektive dem Genus und dem Numerus des Nomens angepasst?* | l**os** problemas<br>much**as** ide**as**<br>los zapato**s** bonito**s** |
| 3. *Hast du an die Verschmelzung von Präposition und Artikel gedacht?* | Es el libro **del** profe.<br>Dale la cazadora **al** chico. |
| 4. *Stimmen die Verbformen mit ihren Subjekten überein?* | La **gente** cant**a**.<br>**Los padres** cre**en** que no. |
| 5. *Hast du dich vergewissert, dass du „ser", „estar" und „hay" richtig verwendet hast?* | José **es** estudiante. **Es** de Vigo.<br>**Está** en Madrid. **Está** enfermo.<br>En la mesa **hay** un mensaje. |
| 6. *Hast du auf die Unregelmäßigkeiten bestimmter Verben/Verbformen geachtet?* | ¿Qu**ie**res ir al cine?<br>S**i**gue esta calle todo recto.<br>Lo **hice** yo. |
| 7. *Hast du an die richtige Stellung der Adjektive gedacht?* | un jersey **verde**<br>una **mala** idea |
| 8. *Hast du an die Verkürzung mancher Adjektive vor Sustantiven gedacht?* | un **buen** ejemplo<br>un **mal** día<br>el **tercer** piso |
| 9. *Stimmen die Pronomen in Genus und Numerus mit den Wörtern überein, die sie ersetzen?* | Conozco a **Miguel**. **Le** gusta mucho bailar.<br>¿**Fernanda y Sofía**? **Las** vi ayer. |
| 10. *Hast du die richtige Vergangenheitsform verwendet?* | **Ayer fui** al cine.<br>**Esta mañana** me **he levantado** temprano. |

## KOOPERATIVES LERNEN

### 1 ¡Piensa, discute y comparte! („Think – pair – share") ▶ S. 39/4, S. 123/1

*¡Piensa, discute y comparte!* ist eine Arbeitsform in drei Schritten:
1. *¡Piensa!*: Bearbeite die Aufgabe zunächst alleine und mache dir, wenn nötig, Notizen (s. S. 163).
2. *¡Discute!*: Besprecht zu zweit, was ihr euch überlegt habt bzw. was ihr vorbereitet habt. Korrigiert euch dabei gegenseitig.
3. *¡Comparte!*: Tragt anschließend eure Ergebnisse eurer Gruppe bzw. der Klasse vor.

## 2 Arbeiten in der Gruppe ▶ S. 103/7, S. 106/5, S. 113/8, S. 125/8; Punto final 1–7

Gutes Arbeiten in der Gruppe bedeutet, dass jede/r so viel wie möglich zu einem gemeinsamen Ergebnis beiträgt. Achtet darauf, dass alle aus der Gruppe in die Arbeit eingebunden sind. Mögliche Aufgaben sind z. B.:
- Notizen mit den Ergebnissen der Gruppenarbeit anfertigen,
- auf das Zeitlimit achten,
- die sprachliche Korrektheit der Notizen (Vokabular, Grammatik) überprüfen,
- sicherstellen, dass alle in der Gruppe ihre Aufgabe so gut wie möglich ausführen.

Am Ende soll jedes Gruppenmitglied die Ergebnisse vor der Klasse vortragen können.

## 3 Kugellager ▶ S. 28/3, S. 29/5, S. 40 / Punto final 1, S. 47/4, S. 49/4, S. 140/3

Ein Kugellager ist sinnvoll, um gemeinsam Dialoge zu üben oder um sich mündlich über ein bestimmtes Thema auszutauschen:
1. Euer Lehrer/Eure Lehrerin bespricht als erstes mit euch die Aufgabenstellung.
2. Stellt euch dann in einem Kreis auf: Jede/r zweite tritt nach innen, so dass sich ein äußerer und ein innerer Kreis bildet.
3. Die sich jeweils gegenüber stehenden Schüler/innen beginnen nun ihren Dialog.
4. Auf ein Signal eures Lehrers / eurer Lehrerin hin bewegt sich der äußere Kreis um eine Person weiter, so dass sich neue Gesprächspaare finden.
5. Das könnt ihr so oft wiederholen, bis ihr wieder eurem/-r Ausgangspartner/in gegenüber steht.

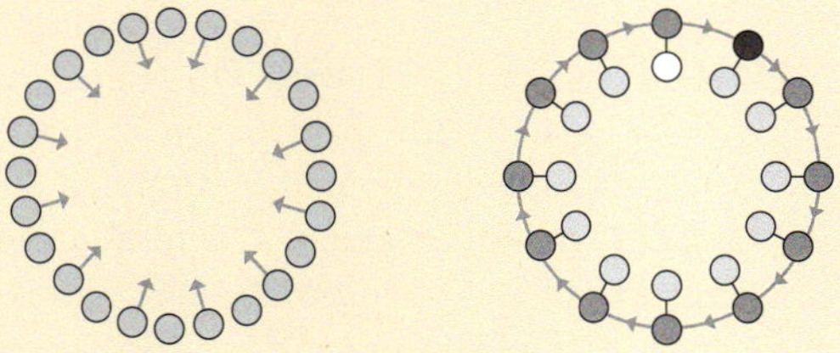

# SPRACHMITTLUNG

In den Übungen zur Sprachmittlung *(Mediación)* übst du Situationen, die dir im Alltag häufig begegnen, z. B. wenn du mit deiner Klasse oder deinen Eltern ins spanischsprachige Ausland fährst.

## 1 Wiedergeben von Inhalten in der jeweils anderen Sprache
▶ S. 18/7, S. 33/7, S. 62/7, S. 76/8, S. 80/7, S. 95/7, S. 106/4, S. 125/7

- Überlege dir, welche Informationen für deine/n Gesprächspartner/in von Bedeutung sind.
- Schaue dir das Ausgangsmaterial an, lies den Text durch bzw. höre ihn an. Es können auch unbekannte Wörter vorkommen. Mache dir mit Hilfe der W-Fragen (s. S. 164) klar, worauf es ankommt.
- Du kannst dir die wichtigsten Aussagen stichpunktartig notieren.
- Gib diese Informationen sinngemäß wieder.
- Überlege dir, ob deine Äußerungen für deine/n Gesprächspartner/in verständlich sind bzw. ob eventuell eine kurze Erklärung hilfreich sein könnte.

## 2 Dolmetschen ▶ S. 132/2, S. 141/5

- Mache dir klar, was die Person, für die du dolmetschst, sagen möchte.
- Übertrage dies sinngemäß ins Spanische bzw. ins Deutsche.
- Umschreibe Wörter, die du nicht kennst, mit einfachen Wörtern (s. S. 160).
- Wenn dir Wörter nicht einfallen, nenne Beispiele.

# PEQUEÑO DICCIONARIO DE CULTURA Y CIVILIZACIÓN

## SPANIEN

### Geographisches / Orte, Plätze, Museen

**Baqueira** (auf ca. 1500–2510 m Höhe)
Größtes Skigebiet Spaniens, in den Pyrenäen (→ los Pirineos) in der katalanischen Provinz Lleida (sp. Lérida) gelegen. Außerdem ist die Gegend für ihre typischen Natursteinhäuser und sehr alten romanischen Kirchen bekannt. ▶ U4/C

**Barcelona** (ca. 1,6 Mio. Einwohner)
Hauptstadt der Autonomen Gemeinschaft Katalonien (→ Cataluña) und zweitgrößte Stadt Spaniens, am Mittelmeer gelegen. Amtssprachen sind Spanisch und Katalanisch (→ el catalán). Neben den Museen Joan Miró und Picasso sind auch die Bauwerke → Antoni Gaudís weltberühmt. ▶ ¡Hola!

**Cadaqués** (ca. 2600 Einwohner)
Abgelegenes Fischerdorf an der Mittelmeerküste Kataloniens (→ Cataluña), auf der Halbinsel Cabo de Creus gelegen. Bekannt v. a. als Anziehungspunkt vieler Künstler in den 1930er Jahren, wie z. B. Pablo Picasso und Salvador Dalí. ▶ U7/B

**(las Islas) Canarias** (dt. Kanarische Inseln, ca. 2,1 Mio. Einwohner)
Inselgruppe vulkanischen Ursprungs im Atlantik und eine der 17 Autonomen Gemeinschaften Spaniens. Zu den Hauptinseln gehören Teneriffa, Fuerteventura, Gran Canaria, Lanzarote, El Hierro und La Palma. Durch das ganzjährig milde Klima sind sie bei Touristen sehr beliebt. ▶ U3/Ac

**Cataluña** (dt. Katalonien, ca. 7,5 Mio. Einwohner)
Autonome Gemeinschaft im Nordosten Spaniens. Hauptstadt: → Barcelona. Amtssprachen sind u. a. Spanisch und Katalanisch (→ *el catalán*). Katalonien ist das bedeutendste Industriegebiet und eine der dichtbesiedeltsten und wohlhabendsten Regionen Spaniens. ▶ U7/B

**Formentera** (ca. 9500 Einwohner)
Zweitkleinste bewohnte Insel der Balearen im Mittelmeer, die nur mit dem Schiff von Ibiza oder → Barcelona erreicht werden kann. Die Überfahrt nach Ibiza-Stadt dauert ca. 30 Minuten. ▶ U7/B

**Galicia** (dt. Galicien, ca. 2,8 Mio. Einwohner)
Autonome Gemeinschaft im Nordwesten Spaniens, die im Süden an Portugal grenzt. Hauptstadt: Santiago de Compostela, Amtssprachen: Spanisch und Galicisch. Bekannt geworden ist die Region v. a. durch den Jakobsweg, einen historisch bedeutenden Pilgerweg, den jährlich Tausende von Menschen aller Nationalitäten – unter ihnen auch viele Jugendliche – bewandern. ▶ U7/B

**la Alberca** (ca. 1200 Einwohner)
Kleine Gemeinde in der Provinz Salamanca im Herzen des Naturschutzgebietes Las Batuecas – Sierra de Francia. Berühmt für ihre traditionellen religiösen Feste, die häufig mit Umzügen in lokalen Trachten gefeiert werden. ▶ U7/A

**Madrid** (ca. 3,2 Mio. Einwohner)
Seit 1561 Hauptstadt Spaniens mit Regierungs- und Königssitz. Eine der größten Metropolen Europas, in der kastilischen Hochebene in Zentralspanien gelegen. Bekannt v. a. für ihre kulturellen Attraktionen (z. B. *Museo del Prado*) und den Fußballverein *Real Madrid*. Gleichzeitig ist Madrid der Name der Autonomen Gemeinschaft, die mit ca. 6,4 Mio. Einwohnern den Ballungsraum der Hauptstadt umfasst. ▶ U2/A

**los Pirineos** (dt. die Pyrenäen)
Etwa 440 km lange Gebirgskette zwischen der Iberischen Halbinsel und Frankreich, in der auch der Zwergstaat Andorra liegt. Höchster Berg ist der *Pico de Aneto* (3400 m). Die Pyrenäen sind ein beliebtes Urlaubsziel von Spaniern und Franzosen. ▶ U4/C

**Salamanca** (ca. 156 000 Einwohner)
Hauptstadt der Provinz Salamanca in der Autonomen Gemeinschaft Kastilien-León und beliebte Universitätsstadt, am Fluss → Tormes gelegen. ▶ ¡Hola!

**Sevilla** (ca. 703 000 Einwohner)
Hauptstadt der Autonomen Gemeinschaft Andalusien und viertgrößte Stadt Spaniens, am Fluss Guadalquivir gelegen. Sevilla gilt als die Wiege des → *flamenco* und ist u. a. für die aufwändigen Umzüge zur *Semana Santa* (dt. Karwoche) und zur *Feria de Abril* (dt. Aprilfest) berühmt. ▶ U7/B

**la Sierra de Francia**
Naturschutzgebiet und beliebte Urlaubsregion südlich von → Salamanca in der gleichnamigen Provinz. Dort liegt auch der Ort → La Alberca. In der gebirgigen Gegend kann man u.a. wandern und Mountainbike oder Kanu fahren. ▶ U7/B

**el (Río) Tormes** (ca. 247 km lang)
Fluss, der in den Duero mündet. Er teilt → Salamanca in das rechte und linke Flussufer, welche u.a. durch den → *Puente Romano* (dt. römische Brücke) miteinander verbunden werden. ▶ U1/Ac

## Personen

**Cristóbal Colón** (dt. Christoph Kolumbus, 1451–1506)
Seefahrer unter der spanischen Krone. Entdeckte 1492 Amerika auf der Suche nach einem neuen Seeweg nach Indien. Er nahm mehrere karibische Inseln für Spanien in Besitz und legte so den Grundstein für das spanische Kolonialreich. ▶ U6/Ac

**Antoni Gaudí** (1852–1926)
Katalanischer Architekt, dessen Bauwerke (z.B. → *Sagrada Familia*, → *Parque Güell*) in Barcelona weltberühmt sind. Typische Gestaltungselemente seiner Bauwerke sind u.a. naturnahe Formen mit Blumen- und Tiermotiven sowie die Verwendung von Bruchsteinen und bunten Keramikfliesen. Nach seinem Tod wurde er in der Krypta der bis heute noch unvollendeten → *Sagrada Familia* beigesetzt.
▶ Supl./A

**Alejandro Sanz** (geb. 1968)
Spanischer Popmusiker, der mit internationalen Preisen wie dem Grammy ausgezeichnet wurde.
▶ U6/Ac

## Sonstiges

**el catalán** (dt. Katalanisch)
Romanische Sprache, die wie Spanisch oder Französisch aus dem Latein entstanden ist. Wird von ca. 11 Mio. Menschen u.a. in Katalonien (→ Cataluña), Valencia, Andorra und auf den Balearen gesprochen. In → Barcelona wird seit 1997 auch offiziell in allen öffentlichen Einrichtungen, also auch in Schulen, Katalanisch gesprochen. ▶ ¡Hola!

**Chambao**
2001 gegründete Flamenco-Band aus Málaga (Andalusien), die in ihrer Musik Flamenco-Klänge (→ *el flamenco*) mit Elektrorhythmen verbindet. Mit ihrer Frontsängerin La Mari hat die Band international bereits mehr als 1 Mio. Platten verkauft. ▶ U2/Ac

**la ESO**
Abkürzung für *Educación Secundaria Obligatoria*. Grundstufe der Oberschule in Spanien. Diese Phase dauert 4 Jahre und bereitet die 12- bis 16jährigen Schülerinnen und Schüler auf eine Berufsausbildung oder auf den *bachillerato* (dt. Abitur) vor. ▶ U1/B

**el flamenco**
Andalusischer Musik- und Tanzstil, im 18. Jahrhundert von *gitanos* (dt. Sinti und Roma) begründet, zeigt auch arabische Einflüsse. Der traditionelle Tanz zu Gitarre und Kastagnetten ist in seinen modernen Varianten, z.B. mit elektronischen Rhythmen, auch bei Jugendlichen beliebt. ▶ U2/Ac

**el granizado**
In Spanien und vielen Ländern Lateinamerikas verbreitetes Erfrischungsgetränk aus zerstoßenem Eis mit Fruchtsaft bzw. Sirup. ▶ Supl./A

**el pan con tomate**
Katalanische Spezialität: getoastete Brotscheibe, die mit Knoblauch, einer reifen Tomate und Olivenöl bestrichen und mit Salz bestreut wird. Wird in ganz Spanien gern als Beilage gegessen. ▶ Supl./A

**el pincho**
Ursprünglich baskisches Appetithäppchen, für das eine kleine Portion Schinken, Käse etc. mit einem Spießchen (sp. *el pincho*) auf einer Brotscheibe fixiert wird. *Pinchos* werden oft an der Bar verzehrt. Bezahlt wird am Ende entsprechend der Anzahl der Spießchen, die man gesammelt hat. ▶ Supl./A

**la tortilla**
Die in ganz Spanien beliebte *tortilla española* ist ein Omelette aus Ei, Kartoffeln und Zwiebeln, das auch als → *pincho* gereicht oder mit Gemüse, Fisch oder Wurst variiert wird. ▶ U5/B

**el vasco** (offiziell *el Euskera* / dt. Baskisch)
Sprache in Spanien, die sich anders als Spanisch und Katalanisch (→ el catalán) nicht aus dem Latein entwickelt hat. Baskisch wird im Baskenland, der spanisch-französischen Grenzregion an der Atlantikküste, von ca. 700 000 Menschen gesprochen. Im restlichen Spanien leben ca. 500 000 Sprecher. Geographische Namen werden im Baskenland immer auf Spanisch und auf Baskisch angegeben. ▶ ¡Hola!

## Sehenswürdigkeiten von Salamanca

**la Casa de las Conchas**
Gotischer Stadtpalast aus dem 15. Jahrhundert. Die Fassade wird von mehr als 300 Jakobsmuscheln geschmückt, weswegen der Palast *Casa de las Conchas* (dt. Haus der Muscheln) genannt wird. ▶ U7/Ac

**el Helmántico**
1970 erbautes Fußballstadion in Villares de la Reina, einem Vorort von → Salamanca. ▶ U1/Ac

**el Huerto de Calixto y Melibea**
Botanische Gartenanlage bei den Kathedralen, als Treffpunkt für Verliebte bekannt. ▶ U1/Ac

**la Plaza Mayor**
Zentraler Platz in vielen Städten Spaniens und Lateinamerikas, an dem sich gewöhnlich das Rathaus befindet. In → Salamanca diente der Platz früher als Marktplatz, für Stierkämpfe und alle denkbaren Spektakel. Heute ist er Mittelpunkt des städtischen und studentischen Lebens und gilt als der schönste Platz Spaniens. ▶ U1/Ac

**el Puente Romano**
Im 1. Jahrhundert n. Chr. von den Römern erbaute Brücke über den Fluss → Tormes. War als römischer Handelsweg durch Spanien von zentraler Bedeutung. ▶ U1/Ac

**la rana**
Fassadendetail des Hauptportals der Universität: ein Frosch (sp. *la rana*) bzw. eigentlich eine Kröte auf einem Totenschädel. Die Kröte, Symbol eines ausschweifenden Lebens, soll die Studierenden ermahnen, sich gewissenhaft auf das Studium zu konzentrieren. Wenn man die Kröte auf der Fassade findet, kehrt man der Legende nach irgendwann nach → Salamanca zurück. ▶ U3/B

## Sehenswürdigkeiten von Barcelona

**la Barceloneta**
Fischerviertel im Südosten von → Barcelona. Wegen der langen Hafen- und Standpromenade beliebter Anziehungspunkt für Spaziergänger, Freizeitsportler, Touristen und Straßenverkäufer. ▶ Supl./B

**el Barrio Gótico**
Stadtviertel im Zentrum von → Barcelona mit der mittelalterlichen Kathedrale, dem Königspalast und dem Rathaus. In den vielen verwinkelten Gassen befinden sich zahlreiche Museen und Geschäfte. Dort sind auch viele Straßenmusiker und Akrobaten anzutreffen. ▶ U7/A

**el Carrer dels Tallers** (katalanisch)
Im Künstlerviertel El Raval gelegene Einkaufsstraße mit zahlreichen kleinen Läden, in denen man CDs und (Second-Hand-)Kleidung kaufen kann. ▶ Supl./B

**el Parc de la Ciutadella** (katalanisch)
Anlässlich der Weltausstellung von 1888 angelegter Park in Zentrumsnähe. Neben dem olympischen Dorf auf dem Gelände der ehemaligen Stadtfestung (sp. *la ciudadela*) gelegen. Im Park befinden sich auch der Zoo und ein kleiner Teich. ▶ Supl./B

**el Parque Güell**
Der ab 1900 von → Antoni Gaudí angelegte Park gehört zu den bekanntesten Sehenswürdigkeiten Barcelonas. Gaudí passte seine Pläne dem hügeligen Gelände an und integrierte zahlreiche phantasievolle Gebäude und Figuren in die Natur. ▶ Supl./A

**la Plaça dels Àngels** (katalanisch)
An diesem zentralen Platz im Viertel El Raval liegen das Museo de Arte Contemporáneo (MACBA) und das Centro de Cultura Contemporánea (CCCB), zwei zeitgenössische Museen Barcelonas. Auf den Stufen vor dem Museum sitzen häufig Jugendliche und Touristen aus aller Welt und sehen dem Treiben auf dem Platz zu. ▶ Supl./B

**el Port Olímpic** (katalanisch)
Für die olympischen Segelmeisterschaften 1992 erbauter Sporthafen. Heute beliebter Anziehungspunkt für Spaziergänger. Der glänzende Stahlfisch zwischen den Zwillingshochhäusern am Strand ist zum Wahrzeichen Barcelonas geworden. ▶ Supl./B

**la Rambla** (ca. 1,3 km lang)
Bekannteste Promenade im Zentrum, die die *Plaza de Cataluña* und den Hafen verbindet und an die Viertel → *Barrio Gótico* und *El Raval* grenzt. Auf der Rambla finden sich neben Cafés und Geschäften viele Blumenhändler, Vogelverkäufer und Straßenkünstler. ▶ Supl./A

**la Sagrada Familia**
Große, bis heute nicht vollendete Basilika und ein Wahrzeichen der Stadt. Der Bau begann 1882 nach dem Entwurf des Architekten → Antoni Gaudí. In vollendetem Zustand soll die Kirche einmal 18 Türme besitzen, von denen einer der höchste Kirchturm der Welt wäre. ▶ U7/A

## LATEINAMERIKA

### Orte

**Bogotá** (ca. 6,8 Mio. Einwohner)
Hauptstadt Kolumbiens, auf etwa 2600 m Höhe gelegen. Vollständiger Name: Santa Fé de Bogotá. Der Name geht auf das indianische Wort *bacatá* (dt. Raum für die gemeinschaftliche Arbeit) zurück. Bogotá ist eine der am schnellsten wachsenden Städte Südamerikas. ▶ U1/C

**Cartagena de Indias** (ca. 952 036 Einwohner)
Hafenstadt in Kolumbien, an der Karibikküste im Norden des Landes gelegen. Sie gilt als eine der ersten spanischen Stadtgründungen im Norden Südamerikas und erlebte ein schnelles Wachstum als wichtiger Hafen für die Schifffahrt Südamerikas. ▶ U6/B

**Colombia** (dt. Kolumbien, ca. 46,3 Mio. Einwohner)
Staat im Norden Südamerikas, am Pazifik und Karibischen Meer gelegen. Hauptstadt: Bogotá, Amtssprache: Spanisch. Der Name des Landes ist von Christoph Kolumbus (sp. → Cristóbal Colón) abgeleitet. Kolumbien ist viertgrößter Kaffeeproduzent der Welt. International bekannte Musikgrößen sind z. B. die Sänger → Shakira und → Juanes. Bekannt ist das Land auch für seinen Fußball und Radsport. ▶ U1/A

**la Cordillera de los Andes** (dt. Andenkordillere, ca. 7240 km lang)
Gebirgskette im Westen Südamerikas, die sich von Venezuela und Kolumbien (→ Colombia) im Norden durch Ecuador, Peru und Bolivien bis nach Chile und Argentinien im Süden zieht. Der höchste Gipfel ist mit ca. 6960 m Höhe der *Cerro Aconcagua* in Argentinien. ▶ U6/Ac

**Cuzco** (dt. Cusco, ca. 320 000 Einwohner)
Hauptstadt der Provinz Cusco in Peru und ehemalige Hauptstadt des Inkareiches. Cusco wurde 1200 n. Chr. in 3414 m Höhe gegründet und dient heute vielen Touristen als Ausgangspunkt auf ihrem Weg zur Inkastadt Machu Picchu. ▶ ¡Hola!

**Medellín** (ca. 2,2 Mio. Einwohner)
Zweitgrößte Stadt Kolumbiens (→ Colombia), auf 1480 m Höhe gelegen. Wird auch als die „Hauptstadt der Berge" bezeichnet. Medellín ist berühmt für seine Feste, z. B. die *Feria de Flores* (dt. Blumenfest), das *Festival de la Poesía* (dt. Poesie-Festival) und die *Fiesta de Luz* (dt. Lichterfest), bei der an Weihnachten der Fluss Medellín in hellem Licht erstrahlt. ▶ U6/B

**el Parque (Simón) Bolívar** (Bogotá)
Einer der größten städtischen Parks der Welt im Zentrum von → Bogotá. Er besteht aus vielen kleineren Anlagen wie Sportplätzen, Vergnügungsparks, einem Aquapark, einer Bibliothek und einem botanischen Garten. An Sonn- und Feiertagen werden hier u. a. Stationen der → *ciclovía* aufgebaut. ▶ U6/A

**el (Río) Magdalena** (ca. 1538 km lang)
Fluss im Westen Kolumbiens. In seinem Einzugsgebiet leben ca. 80 % der kolumbianischen Bevölkerung. ▶ U6/Ac

**el Pico Simón Bolívar** (ca. 5775 m hoch)
Zusammen mit dem *Pico Cristóbal Colón* höchster Berg Kolumbiens (→ Colombia), nur 46 km vom Karibischen Meer entfernt. Sein Gipfel ist ganzjährig mit Schnee bedeckt. Der Berg erhielt seinen Namen zu Ehren des Freiheitskämpfers Simón Bolívar. ▶ U6/Ac

**San Diego** (ca. 1,3 Mio. Einwohner)
Zweitgrößte Stadt im US-Bundesstaat Kalifornien, nahe der mexikanischen Grenze. Über ein Viertel der Bevölkerung sind so genannte *hispanos*, d. h. sie kommen aus einem spanischsprachigen Land, über 80 % davon aus Mexiko. 21 % der Einwohner San Diegos sprechen Spanisch. ▶ ¡Hola!

## Personen

**Juanes** (geb. 1972)
Kolumbianischer Popsänger, geboren in → Medellín. Wurde 2005 mit dem Hit „La camisa negra" im deutschsprachigen Raum bekannt. Er engagiert sich für Kinder in Kolumbien und setzt sich mit seinen *Conciertos por la paz* (dt. Konzerte für den Frieden) für die Völkerverständigung in Amerika ein. ▶ U6/Ac

**Shakira** (geb. 1977)
Kolumbianische Pop- und Rocksängerin. Nach ersten Erfolgen mit spanischsprachigen Alben gelang ihr 2001 der internationale Durchbruch mit englischsprachiger Musik. Neben ihrer Musikkarriere engagiert sich Shakira für Straßenkinder in Kolumbien (→ Colombia). ▶ U6/Ac

## Sonstiges

**la arepa (de queso)**
Aus Maismehl bestehender runder Teigfladen, der in vielen Ländern Lateinamerikas gegrillt oder gebraten als Hauptgericht oder Beilage gegessen wird. Der Fladen wird gern zum Frühstück gegessen, z. B. mit Käse gefüllt. ▶ U3/C

**el quechua**
Sprache der Ureinwohner im Andenraum Südamerikas. Quechua wird in Chile, Kolumbien (→ Colombia), Brasilien, Argentinien, Bolivien, Peru und Ecuador gesprochen, wobei es in den drei letztgenannten Ländern den Status einer Amtssprache hat. Mit über 7 Mio. Sprechern ist Quechua die meistgesprochene indigene Sprache Südamerikas. ▶ ¡Hola!

# BETONUNG, ZEICHEN, ZAHLEN

## EL ALFABETO Das Alphabet

| | | | | | |
|---|---|---|---|---|---|
| a [ɑ] | f [efe] | k [ka] | o [o] | t [te] | y [ʝe] |
| b [βe] | g [xe] | l [ele] | p [pe] | u [u] | z [θeta] |
| c [θe] | h [atʃe] | m [eme] | q [ku] | v [uβe] | |
| d [de] | i [i] | n [ene] | r [ere] | w [doβle uβe] | |
| e [e] | j [xota] | ñ [eɲe] | s [ese] | x [ekis] | |

## LOS SIGNOS DE PUNTUACIÓN Die Satzzeichen

29/08/11

¡Hola, chicos! ¿Qué tal? ¿Dónde estáis? Por aquí todo bien, bueno, más o menos ... Este año hay chicos de toda España. Yo paso mucho tiempo con dos, Migueliño (de Galicia) y Manolo (de Andalucía); es su primera vez en la Sierra y todo el día están comparando los lugares. Miguel dice que «es como estar en casa» porque llueve todo el tiempo. Entonces Manolo contesta: «¡Pues qué casa!» A él no le gusta nada el tiempo aquí. Pero prefiere la sierra – ¡y no los 40° de Sevilla!

la barra
los signos de interrogación
los signos de exclamación
los puntos suspensivos
la coma
la tilde
los paréntesis
LA MAYÚSCULA
el punto y coma
la minúscula
los dos puntos
el punto
las comillas
el acento o la tilde
el guión

## LA PRONUNCIACIÓN Die Aussprache

**Las consonantes | Die Konsonanten**

| | |
|---|---|
| [β] | nue**v**o, de**b**eres |
| [b] | **v**ecino, **v**asco, **B**arcelona, tam**b**ién |
| [θ] | **c**entro, **c**iudad, **z**apato, feli**z** |
| [tʃ] | **ch**ico |
| [d] | **d**eporte |
| [ð] | estu**d**iar |
| [f] | **f**oto |
| [x] | **g**ente, hi**j**o |
| [g] | **g**orra, in**g**lés, ale**g**re |
| [ɣ] | re**g**alo, ami**g**a |
| [ʎ] | **ll**amar, a**ll**í, ape**ll**ido (oft wie [ʝ]) |
| [k] | **c**alle, **qu**erer, **k**ilómetro |
| [l] | **l**ibro, ho**l**a |
| [m] | **m**onumento, ta**m**bién |
| [n] | **n**o, so**n** |
| [ŋ] | i**n**glés, le**n**gua, e**n**cuentro |
| [ɲ] | espa**ñ**ol, ma**ñ**ana |
| [p] | **p**adre, **p**ágina |
| [ɾ] | pe**r**o, cent**r**o |
| [r] | **r**ío, go**rr**a, guita**rr**a |
| [s] | **s**almantino, cla**s**e |
| [t] | **t**a**t**al, **t**ú |
| [ks] | e**x**amen |
| [ʝ] | **y**oga |
| [w] | **w**indsurf |

### Las vocales | Die Vokale

| | |
|---|---|
| [a] | aquí |
| [e] | edad |
| [i] | instituto, muy |
| [o] | hola, ¿cómo? |
| [u] | universidad, estudiante |

*Der Vokal* u *wird in folgenden Fällen nicht ausgesprochen:*
- *nach* q, *z. B.* ¿qué?, ¿quién?
- *zwischen* g *und* e *bzw.* i, *z. B.* guitarra, Miguel.

*In Ausnahmefällen wird das* u *ausgesprochen. Dann steht ein* ü *anstelle von* u.

### Los diptongos | Die Diphthonge

| | |
|---|---|
| [ai] | hay, bailar |
| [au] | aula, Laura |
| [ei] | seis, veinte, voleibol |
| [eu] | euro |
| [oi] | voy, hoy |
| [j] | bien, siempre, ciudad, estudiante |
| [w] | lengua, bueno, cuidado |

### Reglas de acento | Betonungsregeln

1. *Wörter, die auf* n, s *oder Vokal enden, werden auf der vorletzten Silbe betont.*

| | | | | | |
|---|---|---|---|---|---|
| **chi** | co | | tu | **ris** | ta |
| **pla** | za | | ve | **ci** | no |
| **bue** | no | mo | nu | **men** | to |
| **len** | gua | | | | |

2. *Wörter, die auf Konsonant (außer* n, s*) enden, werden auf der letzten Silbe betont.*

| | | | | | | |
|---|---|---|---|---|---|---|
| ver | **dad** | | | re | gu | **lar** |
| ge | **nial** | | | ca | te | **dral** |
| ha | **blar** | u | ni | ver | si | **dad** |

3. *Wörter, deren Betonung von dieser Regel abweicht, haben einen Akzent auf der betonten Silbe.*

| | |
|---|---|
| tam**bién** | **fút**bol |
| vi**vís** | **pá**gina |
| a**llí** | ¡le**ván**tate! |

## LOS NÚMEROS Die Zahlen

### Los números cardinales | Die Kardinalzahlen

| | | | | | |
|---|---|---|---|---|---|
| 0 | cero | 18 | dieciocho | 101 | ciento uno/-a, un |
| 1 | uno, una, un | 19 | diecinueve | 135 | ciento treinta y cinco |
| 2 | dos | 20 | veinte | 200 | doscientos/-as |
| 3 | tres | 21 | veintiuno/-a, -ún | 300 | trescientos/-as |
| 4 | cuatro | 22 | veintidós | 400 | cuatrocientos/-as |
| 5 | cinco | 23 | veintitrés | 500 | quinientos/-as |
| 6 | seis | 26 | veintiséis | 600 | seiscientos/-as |
| 7 | siete | 30 | treinta | 700 | setecientos/-as |
| 8 | ocho | 31 | treinta y uno/-a, y un | 800 | ochocientos/-as |
| 9 | nueve | 32 | treinta y dos | 900 | novecientos/-as |
| 10 | diez | 33 | treinta y tres | 1 000 | mil |
| 11 | once | 40 | cuarenta | 2 000 | dos mil |
| 12 | doce | 50 | cincuenta | 10 000 | diez mil |
| 13 | trece | 60 | sesenta | 100 000 | cien mil |
| 14 | catorce | 70 | setenta | 200 000 | doscientos/-as mil |
| 15 | quince | 80 | ochenta | 500 000 | quinientos/-as mil |
| 16 | dieciséis | 90 | noventa | 1 000 000 | un millón |
| 17 | diecisiete | 100 | cien, ciento | 2 000 000 | dos millones |

**Los números ordinales | Die Ordnungszahlen**

| | |
|---|---|
| 1° el primero | 1ª la primera |
| 2° el segundo | 2ª la segunda |
| 3° el tercero | 3ª la tercera |
| 4° el cuarto | 4ª la cuarta |
| 5° el quinto | 5ª la quinta |
| 6° el sexto | 6ª la sexta |
| 7° el séptimo | 7ª la séptima |
| 8° el octavo | 8ª la octava |
| 9° el noveno | 9ª la novena |
| 10° el décimo | 10ª la décima |

⚠ el **primer** piso

⚠ el **tercer** piso

## LOS DÍAS DE LA SEMANA Die Wochentage

| | |
|---|---|
| lunes | viernes |
| martes | sábado |
| miércoles | domingo |
| jueves | el fin de semana |

## LOS MESES DEL AÑO Die Monate des Jahres

| | | | |
|---|---|---|---|
| enero | abril | julio | octubre |
| febrero | mayo | agosto | noviembre |
| marzo | junio | septiembre | diciembre |

# EL ESPAÑOL EN LA CLASE

**Hilfe erbitten / anbieten:**

| | |
|---|---|
| ¿Puedes ayudarme? | Kannst du mir helfen? |
| ¿Puedo ayudarte? | Kann ich dir helfen? |
| Tengo problemas con ___. ¿Me ayudas? | Ich habe Probleme mit ___. Hilfst du mir? |
| ¿Tienes un boli/lápiz? | Hast du einen Kuli/Bleistift? |

**Um Wiederholung bitten:**

| | |
|---|---|
| ¿Podría repetirlo, por favor? | Könnten Sie das bitte wiederholen? |
| ¿Podría explicarlo otra vez? | Könnten Sie das noch einmal erklären? |
| (Yo) No lo entiendo. | Ich verstehe das nicht. |
| ¿Podría hablar más despacio, por favor? | Könnten Sie bitte langsamer sprechen? |

**Um Erklärungen oder Hinweise bitten:**

| | |
|---|---|
| ¿Podría explicar ___? | Könnten Sie ___ erklären? |
| Tengo una pregunta. | Ich habe eine Frage. |
| ¿Cómo? | Wie bitte? |
| ¿Qué es eso? | Was ist das? |
| (Yo) No he entendido el ejercicio. | Ich habe die Aufgabe nicht verstanden. |
| No entiendo la palabra / frase ___. | Ich verstehe das Wort / den Satz ___ nicht. |
| ¿Qué significa ___ en alemán? | Was bedeutet ___ auf Deutsch? |

| | |
|---|---|
| ¿Cómo se dice ___ en español? | Was heißt ___ auf Spanisch? |
| ¿Se puede decir también ___? | Kann man auch ___ sagen? |
| ¿Cómo se escribe ___? | Wie schreibt man ___? |
| ¿Se escribe ___ con/sin «s»? | Schreibt man ___ mit/ohne „s“? |
| ¿Cómo se pronuncia ___? | Wie spricht man ___ aus? |
| ¿Podría poner un ejemplo, por favor? | Könnten Sie bitte ein Beispiel nennen? |
| ¿En qué página está? | Auf welcher Seite steht das? |
| ¿Es correcto/incorrecto? | Ist das richtig/falsch? |
| ¿Cuánto tiempo tenemos? | Wie viel Zeit haben wir? |

**Vorschläge erbitten / machen:**

| | |
|---|---|
| ¿Qué hacemos ahora? | Was machen wir jetzt? |
| ¿Sigo? | Soll ich weitermachen? |
| Empezamos desde el principio. | Wir fangen von vorne an. |
| Ahora te toca a ti. Después le toca a él/ella. | Jetzt bist du dran. Danach ist er/sie dran. |

**Sich entschuldigen:**

| | |
|---|---|
| Lo siento, no lo he hecho a propósito. | Tut mir leid, das habe ich nicht mit Absicht getan. |
| Lo siento, (no) es culpa mía. | Tut mir leid, das ist (nicht) meine Schuld. |
| Disculpa./Perdona. | Entschuldige. |

# INDICACIONES PARA LOS EJERCICIOS

| | |
|---|---|
| Apunta las palabras / las respuestas. | Notiere die Wörter / die Antworten. |
| Busca ejemplos / en el texto las partes que van juntas. | Suche Beispiele / im Text die Teile, die zusammengehören. |
| Compara ___. | Vergleiche ___. |
| Completa la red de palabras / la tabla. | Vervollständige das Wortnetz / die Tabelle. |
| Contesta las preguntas. | Beantworte die Fragen. |
| Copia la tabla en tu cuaderno. | Übertrage die Tabelle in dein Heft. |
| Corrige las frases falsas / los errores. | Korrigiere die falschen Sätze / die Fehler. |
| Da ejemplos. | Nenne Beispiele. |
| Describe el dibujo / a un personaje del texto. | Beschreibe die Zeichnung / eine Figur aus dem Text. |
| Discutid en grupos de cuatro. | Diskutiert in Vierergruppen. |
| Elige una situación / el resumen correcto. | Wähle eine Situation / die richtige Zusammenfassung aus. |
| Encuentra los intrusos / los lugares. | Finde die falschen Wörter / die Orte. |
| Escribe el final / tu poema. | Schreibe das Ende / dein Gedicht. |
| Escucha otra vez / y repite. | Höre es dir noch einmal an / und wiederhole. |
| Explica a un/a compañero/-a ___. | Erkläre einem/-r Mitschüler/in ___. |
| Formad grupos de tres/cuatro/cinco. | Bildet Dreier-/Vierer-/Fünfer-Gruppen. |
| Haced preguntas / diálogos / el juego de rol. | Bereitet Fragen / Dialoge / das Rollenspiel vor. |
| Haz un asociograma / mapa mental / una red de palabras / un folleto / una encuesta. | Erstelle ein Assoziogramm / ein Mindmap / ein Wortnetz / eine Broschüre / eine Umfrage. |
| Inventa adivinanzas / una pequeña historia. | Erfinde Rätsel / eine kurze Geschichte. |
| Jugad con un dado. | Spielt mit einem Würfel. |

Lee el texto / el cómic / el programa.
Mira el plano / la escena en el DVD.
Ordena las frases.
Pon los dibujos en el orden cronológico correcto.
Practica las formas de ___.
Prepara una ficha / preguntas sobre ___.
Presenta a los chicos / los resultados a tu grupo.

Relaciona los dibujos con ___.
Presentad la escena.
Subraya ___.
Toma apuntes.
Trabajad en parejas / en grupos.
Usa ___.

Lies den Text / den Comic / das Programm.
Sieh dir den Plan / die Szene auf der DVD an.
Bringe die Sätze in die richtige Reihenfolge.
Bringe die Zeichnungen in die richtige Reihenfolge.
Übe die Formen von ___.
Bereite einen Steckbrief / Fragen über ___ vor.
Stelle die Jugendlichen / die Ergebnisse deiner Gruppe vor.
Verbinde die Zeichnungen mit ___.
Spielt die Szene vor.
Unterstreiche ___.
Mache dir Notizen.
Arbeitet zu zweit / in Gruppen.
Verwende ___.

# LOS VERBOS

## VERBOS AUXILIARES Hilfsverben

| *infinitivo* | ser | estar | haber | ¡OJO! |
|---|---|---|---|---|
| *presente* | **soy**<br>**eres**<br>**es**<br>**somos**<br>**sois**<br>**son** | **estoy**<br>**estás**<br>está<br>estamos<br>**estáis**<br>**están** | **he**<br>**has**<br>**ha**<br>**hemos**<br>habéis<br>**han** | hay |
| *imperativo* | **sé**<br>sed | está<br>estad | | |
| *gerundio* | siendo | estando | habiendo | |
| *participio* | sido | estado | habido | |
| *pretérito indefinido* | **fui**<br>**fuiste**<br>**fue**<br>**fuimos**<br>**fuisteis**<br>**fueron** | **estuve**<br>**estuviste**<br>**estuvo**<br>**estuvimos**<br>**estuvisteis**<br>**estuvieron** | **hube**<br>**hubiste**<br>**hubo**<br>**hubimos**<br>**hubisteis**<br>**hubieron** | hubo |

## LOS VERBOS REGULARES EN -AR/-ER/-IR Regelmäßige Verben auf *-ar/-er/-ir*

| *infinitivo* | charlar | comprender | compartir | ¡OJO! |
|---|---|---|---|---|
| *presente* | charl**o**<br>charl**as**<br>charl**a**<br>charl**amos**<br>charl**áis**<br>charl**an** | comprend**o**<br>comprend**es**<br>comprend**e**<br>comprend**emos**<br>comprend**éis**<br>comprend**en** | compart**o**<br>compart**es**<br>compart**e**<br>compart**imos**<br>compart**ís**<br>compart**en** | coger: co**j**o, coges, ___<br>salir: sal**g**o, sales, ___<br>caerse: me ca**ig**o, te caes, ___ |
| *imperativo* | charl**a**<br>charl**ad** | comprend**e**<br>comprend**ed** | compart**e**<br>compart**id** | salir: sal |
| *gerundio* | charl**ando** | comprend**iendo** | compart**iendo** | leer: le**y**endo, creer: cre**y**endo |
| *participio* | charl**ado** | comprend**ido** | compart**ido** | abrir: **abierto**<br>escribir: **escrito**<br>descubrir: **descubierto** |
| *pretérito indefinido* | charl**é**<br>charl**aste**<br>charl**ó**<br>charl**amos**<br>charl**asteis**<br>charl**aron** | comprend**í**<br>comprend**iste**<br>comprend**ió**<br>comprend**imos**<br>comprend**isteis**<br>comprend**ieron** | compart**í**<br>compart**iste**<br>compart**ió**<br>compart**imos**<br>compart**isteis**<br>compart**ieron** | -car: bus**qu**é, buscaste, ___<br>-gar: lle**gu**é, llegaste, ___<br>-zar: organi**c**é, organizaste, ___<br>leer: le**y**ó, le**y**eron<br>creer: cre**y**ó, cre**y**eron |

## GRUPOS DE VERBOS Verbgruppen

1. Verbos con diptongación: *e* → *ie*

| *infinitivo* | pensar | entender | preferir | ¡OJO! |
|---|---|---|---|---|
| *presente* | p**ie**nso<br>p**ie**nsas<br>p**ie**nsa<br>pensamos<br>pensáis<br>p**ie**nsan | ent**ie**ndo<br>ent**ie**ndes<br>ent**ie**nde<br>entendemos<br>entendéis<br>ent**ie**nden | pref**ie**ro<br>pref**ie**res<br>pref**ie**re<br>preferimos<br>preferís<br>pref**ie**ren | tener: **tengo**, tienes, ___ |
| *imperativo* | p**ie**nsa<br>pensad | ent**ie**nde<br>entended | pref**ie**re<br>preferid | tener: **ten**, tened |
| *gerundio* | pensando | entendiendo | pref**i**riendo | |
| *participio* | pensado | entendido | preferido | |
| *pretérito indefinido* | pensé<br>pensaste<br>pensó<br>pensamos<br>pensasteis<br>pensaron | entendí<br>entendiste<br>entendió<br>entendimos<br>entendisteis<br>entendieron | preferí<br>preferiste<br>pref**i**rió<br>preferimos<br>preferisteis<br>pref**i**rieron | empezar: empe**c**é, empezaste, ___<br>querer: **quise**, **quis**iste, ___<br>tener: **tuve**, **tuv**iste, ___ |
| | *ebenso:* cerrar, empezar, despertarse | *ebenso:* querer, tener, perder(se) | | |

2. Verbos con diptongación: *o → ue*

| *infinitivo* | contar | volver | ¡OJO! |
|---|---|---|---|
| *presente* | cuento<br>cuentas<br>cuenta<br>contamos<br>contáis<br>cuentan | vuelvo<br>vuelves<br>vuelve<br>volvemos<br>volvéis<br>vuelven | jugar: juego, juegas, ___ |
| *imperativo* | cuenta<br>contad | vuelve<br>volved | |
| *gerundio* | contando | volviendo | morirse: muriendo<br>poder: pudiendo |
| *participio* | contado | **vuelto** | morirse: **muerto** |
| *pretérito indefinido* | conté | volví | jugar: jugué, jugaste, ___<br>poder: **pude**, **pud**iste, ___<br>dormir: durmió, durmieron |
| | *ebenso:* acordarse, costar, jugar, encontrar(se), soñar, acostarse | *ebenso:* poder, dormir, morirse, doler, llover | |

3. Verbos con debilitación vocálica: *e → i*

| *infinitivo* | pedir | seguir |
|---|---|---|
| *presente* | pido<br>pides<br>pide<br>pedimos<br>pedís<br>piden | sigo<br>sigues<br>sigue<br>seguimos<br>seguís<br>siguen |
| *imperativo* | pide<br>pedid | sigue<br>seguid |
| *gerundio* | pidiendo | siguiendo |
| *participio* | pedido | seguido |
| *pretérito indefinido* | pedí<br>pediste<br>pidió<br>pedimos<br>pedisteis<br>pidieron | seguí<br>seguiste<br>siguió<br>seguimos<br>seguisteis<br>siguieron |
| | *ebenso:*<br>repetir | |

4. Verbos del tipo *conocer: c → zc*

| *infinitivo* | conocer |
|---|---|
| *presente* | cono**zc**o<br>conoces<br>conoce<br>conocemos<br>conocéis<br>conocen |
| *imperativo* | conoce<br>conoced |
| *gerundio* | conociendo |
| *participio* | conocido |
| *pretérito indefinido* | conocí<br>conociste<br>conoció<br>conocimos<br>conocisteis<br>conocieron |
| | *ebenso:*<br>nacer |

## VERBOS IRREGULARES Unregelmäßige Verben

| infinitivo | dar | decir | hacer | ir | poner |
|---|---|---|---|---|---|
| presente | doy<br>das<br>da<br>damos<br>dais<br>dan | digo<br>dices<br>dice<br>decimos<br>decís<br>dicen | hago<br>haces<br>hace<br>hacemos<br>hacéis<br>hacen | voy<br>vas<br>va<br>vamos<br>vais<br>van | pongo<br>pones<br>pone<br>ponemos<br>ponéis<br>ponen |
| imperativo | da<br>dad | di<br>decid | haz<br>haced | ve<br>id | pon<br>poned |
| gerundio | dando | diciendo | haciendo | yendo | poniendo |
| participio | dado | dicho | hecho | ido | puesto |
| pretérito indefinido | di<br>diste<br>dio<br>dimos<br>disteis<br>dieron | dije<br>dijiste<br>dijo<br>dijimos<br>dijisteis<br>dijeron | hice<br>hiciste<br>⚠ hizo<br>hicimos<br>hicisteis<br>hicieron | fui<br>fuiste<br>fue<br>fuimos<br>fuisteis<br>fueron | puse<br>pusiste<br>puso<br>pusimos<br>pusisteis<br>pusieron |
| | | | | *ebenso:*<br>irse | *ebenso:*<br>ponerse |

| infinitivo | querer | saber | tener | venir | ver |
|---|---|---|---|---|---|
| presente | quiero<br>quieres<br>quiere<br>queremos<br>queréis<br>quieren | sé<br>sabes<br>sabe<br>sabemos<br>sabéis<br>saben | tengo<br>tienes<br>tiene<br>tenemos<br>tenéis<br>tienen | vengo<br>vienes<br>viene<br>venimos<br>venís<br>vienen | veo<br>ves<br>ve<br>vemos<br>veis<br>ven |
| imperativo | quiere<br>quered | sabe<br>sabed | ten<br>tened | ven<br>venid | ve<br>ved |
| gerundio | queriendo | sabiendo | teniendo | viniendo | viendo |
| participio | querido | sabido | tenido | venido | visto |
| pretérito indefinido | quise<br>quisiste<br>quiso<br>quisimos<br>quisisteis<br>quisieron | supe<br>supiste<br>supo<br>supimos<br>supisteis<br>supieron | tuve<br>tuviste<br>tuvo<br>tuvimos<br>tuvisteis<br>tuvieron | vine<br>viniste<br>vino<br>vinimos<br>vinisteis<br>vinieron | vi<br>viste<br>vio<br>vimos<br>visteis<br>vieron |

# LISTA CRONOLÓGICA

## Symbole und Abkürzungen

| | |
|---|---|
| ~ | *bezeichnet die Lücke, in die du das neue Wort einsetzt.* |
| [1] | *bezeichnet ein Wort, das du angleichen musst. Die richtige Form steht am Ende des Teilkapitels.* |
| abc | *Bei Verben in blauer Schrift musst du auf unregelmäßige Formen achten.* |
| ▶ | *bezeichnet spanische Wörter derselben Wortfamilie.* |
| = | *bezeichnet Wörter und Wendungen mit gleicher Bedeutung.* |
| ≠ | *bezeichnet Wörter und Wendungen mit gegensätzlicher Bedeutung.* |
| ◆ | *bezeichnet Wörter, die zu ähnlichen Kontexten gehören (Sachgruppen).* |
| E | *Englisch* |
| F | *Französisch* |
| L | *Latein* |
| ⚠ | *bezeichnet eine sprachliche Besonderheit.* |

| | |
|---|---|
| Grundschrift | obligatorischer Wortschatz |
| *kursiv* | fakultativer Wortschatz |
| *adj.* | adjetivo (Adjektiv, Adj.) |
| *adv.* | adverbio (Adverb) |
| *cat.* | catalán (Katalanisch) |
| *conj.* | conjunción (Konjunktion) |
| *etw.* | etwas |
| *f.* | femenino (Femininum) |
| *fam.* | familiar (umgangssprachlich, ugs.) |
| *inf.* | infinitivo (Infinitiv, Inf.) |
| *inv.* | invariable (invariabel) |
| *jd* | jemand |
| *jdm* | jemandem |
| *jdn* | jemanden |
| *lat. am.* | latinoamericano (lateinamerikanisch) |
| *m.* | masculino (Maskulinum) |
| *pl.* | plural (Plural, Pl.) |
| *prep.* | preposición (Präposition, P.) |
| *sg.* | singular (Singular, Sg.) |
| *sust.* | sustantivo (Substantiv, S.) |

## ¡HOLA!

*Informationen über Orte in Spanien und Lateinamerika findest du im Landeskundlichen Wörterbuch ab S. 172.*

| | | |
|---|---|---|
| ¡Hola! | Hallo! | |
| ¿Qué tal? | Wie geht's? | Hola, ¿~? |
| yo | ich | |
| soy | (ich) bin | |
| de | aus, von, über, *hier:* aus | Soy ~ Salamanca. F/L de |
| hablo | ich spreche | |
| *el vasco* | *Baskisch, hier: Sprache* | |
| y | und | |
| el español | Spanisch, *hier: Sprache* | Hablo ~. F l'espagnol *m.* |
| bueno | na gut, o.k. | |
| un poco (de) | ein bisschen | Hablo ~ de español. F un peu de |
| el inglés | Englisch | E English |
| también | auch | ~ hablo inglés. |
| me llamo | ich heiße | Hola, ~ Roberto. |
| *el catalán* | *Katalanisch, hier: Sprache* | |
| *California* | *Kalifornien* | |
| *el quechua* | *Quechua (indigene Sprache)* | |

| | | |
|---|---|---|
| **tú** | du | Yo hablo español. ¿Y ~? **F/ L** tu |
| **¿Cómo?** | Wie? | **F** comment |
| **¿Cómo te llamas?** | Wie heißt du? | – ¿~? – Me llamo Laura. |
| **¿De dónde?** | Woher? | |
| **¿De dónde eres?** | Woher kommst du? | – ¿~? – Soy de Barcelona. |
| **¿Qué?** | Was (für)?, *hier:* Welche/r, Welches + S.? | |
| **la lengua** | die Sprache | **E** language **F** la langue **L** lingua |
| **hablas** | du sprichst | |
| **¿Qué lenguas hablas?** | Welche Sprachen sprichst du? | – ¿~? – Inglés y español. |

| Las lenguas | | | | | | |
|---|---|---|---|---|---|---|
| | ***el alemán*** | *Deutsch* | ***el polaco*** | *Polnisch* | ***el chino*** | *Chinesisch* |
| | ***el francés*** | *Französisch* | ***el italiano*** | *Italienisch* | ***el checo*** | *Tchechisch* |
| | ***el turco*** | *Türkisch* | ***el portugués*** | *Portugiesisch* | ***el holandés*** | *Niederländisch* |
| | ***el ruso*** | *Russisch* | ***el danés*** | *Dänisch* | | |

## 1 BIENVENIDO A SALAMANCA

### ¡ACÉRCATE!

| | | |
|---|---|---|
| **bienvenido/-a a …** | willkommen in … | Hola, ~ a Ulm. **F** bienvenu/e à … |
| **es** | (er/sie/es) ist | |
| **la plaza** | der Platz | **F** la place |
| **el centro** | das Zentrum | **E** center **F** le centre |
| **la ciudad** | die Stadt | **E** city **L** civitas |
| **el centro de la ciudad** | das Stadtzentrum | La Plaza Mayor es el ~. |
| **el río** | der Fluss | |
| **el puente** | die Brücke | **F** le pont **L** pons |
| **el parque** | der Park | **E** park **F** le parc |
| **el estadio** | das Stadion | |
| **el fútbol** | der Fußball *Sportart* | **E** football |
| **el estadio de fútbol** | das Fußballstadion | |
| **el gol** | das Tor *Sport* | **E** goal |
| **la universidad** | die Universität | **E** university **F** l'université *f.* |
| **el monumento** | das Denkmal, die Sehenswürdigkeit | **E** monument **F** le monument **L** monumentum |
| **son** | (sie) sind | |
| **dos** | zwei | |
| **la catedral** | die Kathedrale, der Dom | |
| **claro** *adv.* | (na) klar, natürlich | |
| **la fiesta** | das Fest, die Party | **F** la fête |

| | | |
|---|---|---|
| **la gente** ⚠ *sg.* | die Leute | F les gens *f. pl.* L gens |
| **el salmantino, la salmantina** | der/die Salmantiner/in<br>*Einwohner/in Salamancas* | |
| **el/la estudiante** | der/die Student/in | E student F l'étudiant/e *m./f.* |
| **el profesor, la profesora (= el/la profe** *fam.***)** | der/die Lehrer/in | F le/la professeur *m./f.* |
| **el/la turista** *inv.* | der/die Tourist/in | |
| **para** | für | |
| **para mí** | für mich, meiner Meinung nach | |
| **el amigo, la amiga** | der/die Freund/in | F l'ami/e *m./f.* L amicus/-a |
| **el encuentro** | das Treffen, die Begegnung | F la rencontre |

## 1A EL CHICO DE COLOMBIA

| | | |
|---|---|---|
| **el chico, la chica** | der Junge, das Mädchen | Hola ~¹, ¿qué tal? |
| **Colombia** | Kolumbien | |
| **¿Quién?** *sg.* | Wer? Sg. | – Laura, ¿~ es él? – Es Diego. |
| **ser** (yo soy) | sein | Vega y Laura ~² amigas. |
| **¡Oye!** *fam.* | Hey!, Hör mal. | ~, Lukas, ¿quién es la chica? |
| **mi** | mein/e | ~ amiga Laura es de Barcelona. |
| ⚠ Unterscheide: | **mi** amiga meine Freundin | para **mí** für mich |
| **el vecino, la vecina** | der/die Nachbar/in | Diego es el ~ de Laura. F le/la voisin/e |
| **se llama** | (er/sie/es) heißt | Mi vecino ~ Roberto. |
| **pues** | also | |
| **No sé.** | Ich weiß (es) nicht. | – Oye, ¿cómo se llama el chico? – Pues, ~. |
| **¡Mira!** | Schau mal! | ◆ ¡Oye! |
| **tu** | dein/e | ¿De dónde es ~ vecino? |
| ⚠ Unterscheide: | **tu** vecino dein Nachbar | ¿Y **tú**? Und du? |
| **allí** | dort (drüben) | |
| **con** | mit | L cum |
| **sí** | ja, doch | |
| **¡Qué casualidad!** | Was für ein Zufall! | ¿También te llamas Sandra? ¡~! |
| **muy** | sehr | |
| **bien** | gut | F bien L bene |
| **este/-a es …** | das ist … | L iste/-a |
| **nuevo/-a** | neu | F neuf/-ve L novus/-a/-um |
| **en** *(+ sust.)* | in, an, auf (+ S.) | Diego es nuevo ~ la ciudad. F en L in |

| | | |
|---|---|---|
| **la verdad** | die Wahrheit | F la vérité L veritas |
| **¿verdad?** | nicht wahr? | Tú eres de Colombia, ¿~? |
| ***¡Imagínate!*** | *Stell dir vor!* | |
| **usted/es** | Sie *Höflichkeitsform, im Plural in Lateinamerika:* ihr | |
| **todos/-as** *pron.* | alle *m./f.* | – ¿Sois ~[3] de Salamanca? – Sí. |
| **aquí** | hier | ≠ allí |
| **pero** | aber | |
| **¿Qué tal** (+ *sust.*)**?** | Wie ist/sind/war/en (+ S.)? | – ¿~ tu ciudad? – Pues, ¡muy bien! |
| **las vacaciones** *pl.* | die Ferien | E vacation F les vacances *f. pl.* |
| **genial** *adv./adj.* | genial | = muy bien |
| **fenomenal** *adv./adj.* | fabelhaft, großartig | = genial |
| **estupendo/-a** *adv./adj.* | hervorragend, super | |
| **super(bien)** | super(gut) | |
| **regular** *adv./adj.* | gewöhnlich, *hier:* es geht so | |
| **como siempre** | wie immer | |
| **más o menos** | mehr oder weniger, *hier:* naja | |
| **¡Bah!** | Naja ... | |
| **mal** *adv.* | schlecht | ≠ bien F mal |
| **fatal** *adv./adj.* | mies, furchtbar | |

**1** chicos **2** son **3** todos

## 1B EN EL INSTITUTO

| | | |
|---|---|---|
| **el instituto** | das Gymnasium *Sp. Schultyp* | Mi ~ se llama Lucía de Medrano. |
| **hoy** | heute | |
| **el día** | der Tag | E day L dies |
| **la clase** | der Unterricht, die Klasse, das Klassenzimmer | E class F la classe |
| **el primer día de clase** | der erste Schultag | Hoy es el ~ de los chicos. |
| **charlar** | plaudern, sich unterhalten | Vega y Laura ~[1] y ~[1]. |
| **el patio** | der Hof | Los chicos charlan en el ~. |
| **como** | wie | F comme |
| **siempre** | immer | L semper |

⚠ Unterscheide: **Como** siempre Vega busca algo. **Wie** immer sucht Vega etwas.
¿**Cómo** te llamas? **Wie** heißt du?

| | | |
|---|---|---|
| **buscar** ***algo*** | *etw.* suchen | Los turistas ~[2] la catedral. |
| **algo** | etwas | |

| | | |
|---|---|---|
| **el libro** | das Buch | F le livre |
| **el boli** *fam.* (**= el bolígrafo**) | der Kuli (= Kugelschreiber) | Busco mi ~. |
| **la historia** | die Geschichte | E history F l'histoire *f.* |
| **el libro de Historia** | das Geschichtsbuch | |

⚠ *Wenn das Schulfach gemeint ist, schreibst du* **Historia** *und* **Inglés** *groß.*

| | | |
|---|---|---|
| **estudiar** ▶ el/la estudiante | lernen, studieren, *hier:* in die ... Klasse gehen | E to study F étudier L studere |
| **el segundo de ESO** | *hier:* die achte Klasse | Los chicos estudian ~. |
| **ahora** | jetzt, gleich | ~ hablo también un poco de español. |
| **con ellos** | mit ihnen | |
| **Buenos días.** | Guten Tag! | |
| **¿Quiénes?** *pl.* | Wer? *bei mehreren Personen* | Oye, Stephan, ¿~ son ellas? |

⚠ **Wer** *hat auf Spanisch sowohl eine Singular- als auch eine Pluralform:* ¿**Quién** es el chico? **Wer** ist der Junge? ¿**Quiénes** son los nuevos? **Wer** sind die Neuen?

| | | |
|---|---|---|
| **hablar (de *algo*)** | (von *etw.*) sprechen | Los chicos ~³ de las vacaciones. ◆ charlar |
| **España** | Spanien | E Spain F l'Espagne *f.* |
| **el alumno, la alumna** | der/die Schüler/in | ◆ el/la estudiante |
| **no** | nein, nicht | – ¿Eres de Valencia? – ~, soy de Sevilla. ≠ sí |
| **escuchar *algo*** | *etw.* hören, zuhören | Hoy Roberto no ~⁴ en la clase. F écouter |
| **todavía** | noch (immer) | |
| **o** | oder | Vega siempre busca algo: libros ~ bolis. |
| **el recreo** | die Pause | F la récréation |
| **ser la estrella** | *hier:* sehr gut/begabt sein | |
| **menos mal** | zum Glück, umso besser | Todavía es el recreo. ~ para los alumnos. |
| **¿Cómo se dice ... ?** | Wie sagt man ... ? | |
| **la mochila** | der Rucksack | – ¿Qué buscas? – Mi ~ . |
| **Se dice ...** | Man sagt (dazu) ..., Das heißt ... | – ¿Cómo se dice «Schüler»? – ~ «alumno». |
| **¿Cómo se escribe?** | Wie schreibt man das? | |
| **gracias** | danke | – Aquí, tu boli. – ~. L gratia |
| **¿Qué significa ...?** | Was bedeutet ...? | – ¿~ «vecino»? – Significa «Nachbar». |
| **mirar *algo*** ▶ ¡Mira! | *etw.* ansehen | |
| **tomar *algo*** | *etw.* nehmen, *hier:* essen, trinken | En el recreo los chicos ~⁵ algo. |
| **la cafetería** | die Cafeteria | |
| ***el francés*** | *Französisch, hier: Sprache* | |

**1** charlan **2** buscan **3** hablan **4** escucha **5** toman

## 1C EN INTERNET

| | | |
|---|---|---|
| **el/la Internet** | das Internet | Los chicos buscan fotos en ~. |
| **pasar (mucho tiempo en +** *sust.***)** | (viel Zeit in + S.) verbringen | Los alumnos ~[1] mucho tiempo en el instituto. **F** passer |
| **el tiempo** | die Zeit, das Wetter | **F** le temps |
| **compartir** ***algo*** | *etw.* (miteinander) teilen, *etw.* tauschen | Yo ~[2] el libro con Vega. |
| **la foto** *fam.* **(= la fotografía)** | die Fotografie, das Foto | Y esta es mi ~ . |
| **el vídeo** | das Video | Laura mira el ~ de Shakira. |
| **preparar** ***algo*** | *etw.* vorbereiten, *hier:* machen | **E** to prepare **F** préparer |
| **los deberes** *pl.* | die Hausaufgaben | Las alumnas preparan los ~ de Inglés. **F** les devoirs *m. pl.* |
| **la información** | die Information | Busco ~ en Internet. |

⚠ *Anders als im Deutschen verwendest du* **la información** *im Spanischen meist nur im Singular.*

| | | |
|---|---|---|
| **leer** ***algo*** | *etw.* lesen | Roberto no escucha, ~[3] algo. **F** lire **L** legere |
| **la página** | die Seite | **E** page **F** la page |
| **de repente** | plötzlich, auf einmal | **L** repente |
| **recibir** ***algo*** | *etw.* bekommen, erhalten | Diego ~[4] fotos de los amigos de Colombia. **E** to receive **F** recevoir |
| **el mensaje** | die Nachricht | **E** message **F** le message |
| **el chat** | der Chat | Charlo en el ~ con amigos. |
| **el mensaje de chat** | die Chatnachricht | Diego recibe el ~ de Carlitos. |
| **escribir** ***algo*** | *etw.* schreiben | **F** écrire **L** scribere |
| ***el parcero, la parcera*** *lat. am. fam.* | *der/die Freund/in* | = el amigo / la amiga |
| **mañana** | morgen | Preparo los deberes para ~. ≠ hoy |
| **preguntar** ***algo*** | *etw.* fragen | |
| **contestar** ***algo*** | *etw.* antworten, *etw.* beantworten | ≠ preguntar |
| **Es verdad.** | Das stimmt. | ◆ ¿Verdad? |
| **aprender (a +** *inf.***)** | lernen *(etw. zu tun)* | ◆ estudiar **F** apprendre |
| **tocar** ***algo*** | *etw.* spielen *Instrument* | |
| **la guitarra** | die Gitarre | |
| *¡Qué bacano! fam.* | *Großartig!* | = ¡Fenomenal! |
| **¿Dónde?** | Wo? | ◆ ¿De dónde? |
| **en casa (de** ***alguien*****)** | (bei *jdm*) zu Hause | Paso mucho tiempo ~ de mi amiga. |
| **la casa** | das Haus, die Wohnung | **L** casa |
| **fácil** | einfach | **F** facile **L** facilis/-e |
| **vivir (en +** *sust.***)** | (in + S.) leben, wohnen | **F** vivre **L** vivere |

| | | |
|---|---|---|
| *Londres* | *London* | |
| comprender *algo* | *etw.* verstehen | Ahora ~[5] un poco el español. |
| mucho *adv.* | viel | En clase Vega no habla ~. |
| ¡Adiós! | Tschüß!, Auf Wiedersehen! | ≠ ¡Hola! |
| ¡Hasta pronto! | Bis bald! | |
| pronto | bald, gleich | |

**1** pasan **2** comparto **3** lee **4** recibe **5** comprendo

## PARA COMUNICARSE UNIDAD 1

***jdn begrüßen / sich verabschieden***
¡Hola! / Buenos días.
Bienvenido a (Salamanca).
¡Adiós! / ¡Hasta pronto!

***sagen, wie es jdm geht / wie jdm etw. gefallen hat***
¿Qué tal (las vacaciones / en Salamanca)?
(muy) bien/regular/fenomenal/estupendo
como siempre / más o menos
¡bah!/mal/fatal

***die Aufmerksamkeit von jdm erregen***
¡Mira!/¡Oye!

***eine Stadt vorstellen***
Para mí, (Salamanca) es/son …

***sich vergewissern***
¿Verdad? / ¿No es …?

***sich bedanken***
Gracias.

***sich oder jdn vorstellen***
Me llamo (Diego).
Soy de (Bogotá).
Vivo en (Salamanca).
Hablo (español) y un poco de (inglés).
Este es (Roberto). / Esta es (Vega).

***Fragen stellen und beantworten***
¿Cómo te llamas?
¿De dónde eres?
¿Dónde vives?
¿Qué lenguas hablas?
¿Quién es? / ¿Quiénes son?

***nach der Bedeutung von Wörtern fragen***
¿Qué significa …?
¿Cómo se dice («Rucksack») en español?
Se dice («mochila»).
¿Cómo se escribe?

*Das Alphabet auf Spanisch findest du auf S. 177.*

## 2 MI MUNDO

### ¡ACÉRCATE!

| | | |
|---|---|---|
| el mundo | die Welt | F le monde L mundus |
| el nombre | der Vorname, der Name | F le nom L nomen |
| mis | meine *Possessivbegleiter* | ~ amigos son Tarkan y Linh. |
| el apellido | der Nachname | Mi ~ es Müller. ◆ el nombre |
| la edad | das Alter | |
| Tengo (14) años. | Ich bin (14) Jahre alt. | F J'ai (14) ans. |

*Die Zahlen findest du auf S. 178.*

| | | |
|---|---|---|
| el año | das Jahr | F l'an *m.* L annus |
| la dirección | die Adresse, die Richtung | Mi ~ es Goethestraße, 19. |
| la avenida | die Allee, der Boulevard | E avenue F l'avenue *f.* |

| | | |
|---|---|---|
| **el número** | die (An-) Zahl, die Nummer | F le numéro |
| **el teléfono** | das Telefon | |
| **el número de teléfono** | die Telefonnummer | Mi ~ es el 61278377. |
| **la música** | die Musik | Comparto ~ en Internet. |
| **favorito/-a** | Lieblings... | Mi música ~[1] es el pop. E favourite |
| **la música favorita** | die Lieblingsmusik | |

| | | | | | |
|---|---|---|---|---|---|
| Mi música favorita | **el pop**<br>**el rock** | **el flamenco**<br>**el rap** | **el heavy metal**<br>***el hip-hop*** | ***el soul***<br>***la música clásica***[1] | 1 klassische Musik |

| | | |
|---|---|---|
| **el grupo** | die Band, die Gruppe | Mi ~ favorito es Chambao. |
| **la calle** | die Straße | Vivo en la ~ Mallorca, 16. |
| **¿Cuántos años tienes?** | Wie alt bist du? | – ¿~? – Tengo 15 años. |
| **¿Cuál es tu número de teléfono?** | Wie ist deine Telefonnummer? | – ¿~? – Es el 692761179. |

1 favorita

## 2A EN EL PISO DE ROBERTO

| | | |
|---|---|---|
| **el piso** | die Wohnung, das Stockwerk | Roberto vive en el primer ~. |
| **esperar *algo* / a *alguien*** | auf *etw./jdn* warten; *etw.* hoffen | |
| **la visita** | der Besuch | Roberto espera ~ de Diego. E visit F la visite |
| **tener *algo*** (yo tengo) | *etw.* haben | – ¿~[1] mi libro de Español? – Sí, aquí ~[1]. |
| **los padres** *pl.* | die Eltern | Los ~ de Roberto preguntan mucho. |
| **estar** (estoy) | (da) sein, sich befinden | ¿Dónde ~[2] Vega? No ~[2] en casa. |
| **los abuelos** *pl.* | die Großeltern | |
| **el abuelo, la abuela** | der Großvater, die Großmutter | Mi ~ se llama Hugo García. |
| **¡Pasa!** | Komm rein! | |
| **la peli** *fam.* (= **la película**) | der Film | |
| **la tele** *fam.* (= **la televisión**) | der Fernseher | E television F la télé(vision) |
| **el salón** | das Wohnzimmer | – ¿Dónde estás? – En el ~. |
| **el cuarto de baño** | das Badezimmer | – ¿Dónde está ~? – Allí está. |
| **la familia** | die Familie | |
| **el padre** | der Vater | F le père L pater |
| **la madre** | die Mutter | F la mère L mater |
| **el hermano, la hermana** | der Bruder, die Schwester | |
| **los hermanos** *pl.* | die Geschwister | Alba y Adrián son los ~ de Roberto. |

| | | |
|---|---|---|
| estos/-as son … | das sind … | ~ son mis padres. |
| *la mamá fam.* | *die Mama* | = la madre |
| estar con *alguien* | bei *jdm* sein, mit *jdm* unterwegs sein | Diego ~[2] con Roberto. |
| *el papá fam.* | *der Papa* | ≠ la mamá = el padre |
| llegar | kommen, ankommen | Laura espera visita, pero la amiga no ~[3]. |
| (llegar) a casa | nach Hause (kommen) | Mis abuelos llegan ~ mañana. |

⚠ *Unterscheide:* Estoy **en** casa. Ich bin **zu** Hause.
Llego **a** casa. Ich komme **nach** Hause.

| | | |
|---|---|---|
| el hijo, la hija | der Sohn, die Tochter | Mi madre es la ~ de mis abuelos. |

| La familia | los padres<br>el padre<br>la madre | *el papá*<br>*la mamá*<br>el hijo, la hija | el hermano, la hermana<br>los hermanos | el abuelo, la abuela<br>los abuelos |
|---|---|---|---|---|

| | | |
|---|---|---|
| la cena | das Abendessen | Diego y su padre preparan la ~ . |
| la cocina | die Küche | F la cuisine |
| ¿Por qué no …? | Warum … nicht …? | Diego, ¿~ estudias ahora? |
| ver *algo* | *etw.* sehen, *etw.* ansehen | = mirar algo F voir L videre |
| la habitación, las habitaciones *pl.* | das Zimmer | ¡Mis hermanos siempre están en mi ~! |

Mi piso

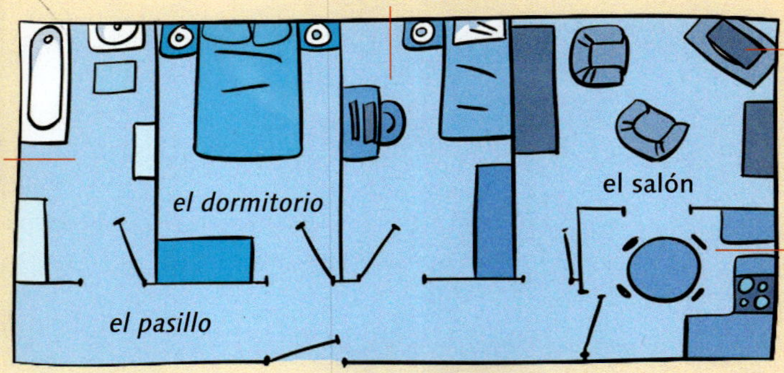


| | | |
|---|---|---|
| Claro que *(+ Satz).* | Natürlich (+ *Satz*). | ¡~ tengo ganas de ver la peli! |
| tener ganas de *algo* / + *inf.* (yo tengo) | Lust auf *etw.* haben, Lust haben, *etw. zu tun* | Vega hoy no ~[4] de preparar los deberes. |
| vale | o.k., in Ordnung | = Bueno … |
| el novio, la novia | der/die (feste) Freund/in | – Vega, tienes ~, ¿verdad? – Eh, mamá … |
| ¡Qué rollo! *fam.* | Wie nervig! | Los padres siempre preguntan mucho. ¡~! |

**1** tienes **2** está **3** llega **4** tiene ganas

## 2B Y TÚ, ¿TIENES TU ESPACIO?

| | | |
|---|---|---|
| **el espacio** | der Raum, Platz | E space F l'espace *m.* |
| **a veces** | manchmal | – ¿Escuchas rap? – ~ sí. |
| **difícil** | schwierig | ≠ fácil E difficult F difficile L difficilis/-e |
| **necesitar *algo*** | *etw.* brauchen | Vega ~[1] mucho tiempo para los deberes. |
| **posible** | möglich | E/F possible |
| **grande** | groß | Mi habitación es ~. ≠ pequeño/-a F grand/e |
| **pequeño/-a** | klein | Vega no tiene hermanos ~[2]. |
| **la lámpara** | die Lampe | |
| **la silla** | der Stuhl | |
| **el ordenador** | der Computer | F l'ordinateur *m.* |
| **propio/-a** | eigener, eigene, eigenes | Lucía no tiene una habitación ~[3]. |
| **(super)interesante** | (super)interessant | ¿Vemos la peli con Penélope Cruz? Es ~. |
| **la pared** | die Wand | Tengo mis fotos de Bogotá en la ~. |
| **hay** | es gibt | En mi clase ~ 13 chicas y 17 chicos. |

⚠ **Hay** *kannst du auch mit* sein, liegen *oder* stehen *übersetzen.*
En la habitación **hay** una mesa. In dem Zimmer **steht** ein Tisch.
**Hay** dos chicos en la habitación. Es **sind** zwei Jugendliche in dem Zimmer.

| | | |
|---|---|---|
| **la estantería** | das Regal | Los vídeos están en la ~. |
| **el DVD, los DVD** *pl.* | die DVD | |
| **el lado** | die Seite | ◆ al lado (de) |
| **al lado (de)** | neben | |
| **el póster** | das Poster | |
| **encima (de)** *prep.* | auf | |
| **la mesa** | der Tisch | La cena está en la ~. L mensa |
| **la gorra** | die Mütze | Mamá, ¿dónde está mi ~? |
| **bastante** | ziemlich, genug | La habitación de Diego es ~ pequeña. |
| **el problema** ⚠ *m.* | das Problem | |
| **divertido/-a** | lustig | |
| **a todo volumen** | in voller Lautstärke | Yo siempre escucho música ~. |
| **aburrido/-a** | langweilig | ≠ divertido/-a, interesante |
| **a la derecha (de)** | rechts (von) | |
| **a la izquierda (de)** | links (von) | ≠ a la derecha (de) |
| **la cama** | das Bett | |
| **debajo (de)** | (dar)unter | ≠ encima (de) |
| **diferente** | unterschiedlich | E different F différent/e |
| **para** + *inf.* | um zu + *Inf.* | F pour + *Inf.* |
| **(estar) solo/-a** | allein (sein) | Estoy ~ en casa . F seul/e L solus/-a/-um |

| | | |
|---|---|---|
| **compartido/-a**<br>▶ compartir | gemeinsam | Tengo una habitación ~[4]. |
| ***¡Tortura segura!*** | *hier: Der Ärger ist vorprogrammiert!* | |
| **el diario** | das Tagebuch | Escribo mis problemas en mi ~. **E** diary |
| **curioso/-a** | neugierig | **E** curious **F** curieux/-se **L** curiosus/-a/-um |
| **esconder** ***algo*** | *etw.* verstecken | Yo ~[5] mis DVD favoritos debajo de la cama. |
| **detrás (de)** | (da)hinter | |

¿Dónde está? **a la derecha (de)** **a la izquierda (de)** **al lado (de)** **encima (de)** **debajo (de)** **detrás (de)** ***delante (de)***[1] ***entre***[2]

1 (da)vor 2 zwischen

| | | |
|---|---|---|
| **el armario** | der Schrank | **F** l'armoire *f.* |
| **el balcón** | der Balkon | Nuestro piso no tiene ~. |

Mi habitación

1 necesita 2 pequeños 3 propia 4 compartida 5 escondo

## 2C ¿AMIGO DE TUS AMIGOS?

| | | |
|---|---|---|
| **importante** | wichtig | Los amigos son ~[1]. **E** important |
| **querer** ***algo / + inf.***<br>(e → ie, yo quiero) | *etw.* wollen / *etw.* + *Inf.* + wollen | Vega ~[2] ver una peli. |
| **hacer** ***algo*** (yo hago) | *etw.* tun | Los chicos ~[3] los deberes. **L** facere |
| **todo** *adv.* | alles | Siempre yo hago ~. ¡Qué rollo! **F** tout |
| **quedar (con** ***alguien*****)** | sich (mit *jdm*) treffen | Hoy Vega ~[4] con Diego en la cafetería. |
| **contigo** | mit dir | Oye, Diego, quiero quedar ~. |
| **el momento** | der Moment, der Augenblick | Este es el ~ para hablar con Diego. |
| **bueno/-a** | gut | **F** bon/ne **L** bonus/-a/-um |
| **malo/-a** | schlecht | – ¿Qué tal la peli? – Es muy ~[5]. ≠ bueno/-a |
| **pensar** ***algo*****, en** ***algo/ alguien*** (e → ie, yo pienso) | *etw.* denken, an *etw./jdn* denken | Y tú, ¿qué ~[6]? **F** penser **L** pensare |
| **el cumpleaños (= el cumple** *fam.***)** | der Geburtstag | Hay una fiesta. Es el ~ de Roberto. |
| **preferir** ***algo*** **(a** ***algo*****) /** + *inf.* (e → ie, yo prefiero) | *etw.* lieber (+ *Inf.*) wollen, *etw.* (*einer Sache*) vorziehen, vorziehen + *Inf.* | – ¿Vemos una peli? – No, hoy ~[7] hacer deporte. **E** to prefer **F** préférer |

| | | |
|---|---|---|
| **mandar** ***algo*** | *etw.* schicken | ≠ recibir algo **L** mandare |
| **el SMS** ⚠ *m.* | die SMS | |
| **el móvil** | das Handy, Mobiltelefon | **E** mobile |
| **el regalo** | das Geschenk | Todavía necesito un ~ para su cumple. |
| **bonito/-a** | schön, hübsch | Salamanca es una ciudad muy ~8. |
| **la sorpresa** | die Überraschung | **E** surprise **F** la surprise |
| **la fiesta sorpresa** | die Überraschungsparty | ¿Por qué no hacemos una ~ para Vega? |
| **la peña** *fam.* | die Clique | Vega y la ~ preparan una fiesta. |
| **el mejor amigo, la mejor amiga** | der/die (beste) Freund/in | Laura es la ~9 de Vega.<br>**F** le/la meilleur/e ami/e |
| **Qué** + *adj./adv.*! | Das ist ja + *Adj./Adv.*! | ¿Tú hablas catalán? ¡~ interesante! |
| **el deporte** | der Sport | Mi ~ favorito es el fútbol. |
| **después** | danach, später | Ahora tenemos Inglés y ~ Español. |
| **ya no** | nicht mehr | – Tú tocas la guitarra, ¿verdad? – No, ~ . |
| **la semana** | die Woche | Siete días son una ~. **F** la semaine |
| **conmigo** | mit mir | – ¿Ya no quieres hablar ~? – ¡Sí! ◆ contigo |
| **el resultado** | das Ergebnis, Resultat | **E** result **F** le résultat |
| **la mayoría (de** ***algo*****)** | die Mehrzahl (von *etw.*), die meisten | **E** majority of **F** la majorité de |
| **la suerte** | das Glück | Hoy no tenemos clase. ¡Qué ~! **L** sors |
| **egoísta** *inv.* | egoistisch | Él no quiere compartir. Es muy ~. |

**1** importantes **2** quiere **3** hacen **4** queda **5** mala **6** piensas **7** prefiero **8** bonita **9** mejor amiga

## PARA COMUNICARSE UNIDAD 2

***Alter, Telefonnummer und Adresse angeben***
Vivo en la Calle … / en la Avenida … / en la Plaza … 13.
¿Cuántos años tienes?
Tengo (14) años.
¿Cuál es tu número de teléfono/móvil?
Mi número de teléfono es el …

***über Familie und Freunde sprechen***
Estos son (mis abuelos).
Vivir con mi familia es (divertido).
Quiero quedar (contigo).
¿Hacemos una fiesta con la peña?
Veo a (vuestra amiga Carmen).

***sagen, wo jd oder etw. ist***
¿Dónde estás?
Estoy (en casa de mi amigo Javi / en el instituto).
El boli está encima / detrás / al lado / a la derecha / a la izquierda de (los libros).

***eine Wohnung / ein Zimmer beschreiben***
Comparto mi habitación con mi hermano/-a.
Tengo mi espacio / una habitación propia.
En mi habitación hay una cama, una mesa y un armario.
Mi habitación es superinteresante / un poco aburrida.

***fragen und sagen, was du (lieber) tun willst***
Quiero (ver una peli).
– Y tú, ¿qué piensas/prefieres? – Para mí …
Tengo ganas de (escuchar música).
Prefiero (hacer deporte).

## 3 ¿QUÉ HORA ES?

### ¡ACÉRCATE!

| | | |
|---|---|---|
| **¿Qué hora es?** | Wie viel Uhr ist es? | – ¿~? – Son las siete. |
| **la hora** | die Uhrzeit, die Stunde | Una ~ son sesenta (60) minutos. |
| **Es la una. / Son las (diez).** | Es ist ein Uhr./Es ist (zehn) Uhr. | ~[1] dos. |
| **la mañana** | der Morgen | ◆ mañana *adv.* |
| **(las diez) de la mañana** | (zehn Uhr) morgens | Son las ocho ~. Tengo clase de Inglés. |
| ***(las Islas) Canarias*** *pl.* | *die Kanaren* | |
| **¿Y qué?** *fam.* | Na und? | – Hijo, ¡¡¡son las 10!!! – ~ |
| **temprano** | früh | Son las seis de la mañana. Es muy ~. |
| **la librería** | die Buchhandlung | ◆ el libro F la librairie |
| **cerrar** (e → ie, yo cierro) | schließen | Es la una. La librería Nebrija ~[2] pronto. |
| **a la una** | um ein Uhr | |
| **a las (dos)** | um (zwei) Uhr | El instituto cierra ~ seis. |
| **a la (una) y media** | um halb (zwei) | Mi padre llega ~. |
| **Es la una y cuarto.** | Es ist Viertel nach (eins). | |
| **el minuto** | die Minute | Una hora son sesenta (60) ~[3]. |
| **¿A qué hora ...?** | Um wie viel Uhr...? | ¿~ llegas a casa? |

⚠ – **¿A qué hora** llegas a casa? – **A la** una. / **A las** nueve.

| | | |
|---|---|---|
| **el bus** | der Bus | |
| **la noche** | die Nacht, der Abend | ≠ el día ◆ la mañana L nox |
| **(las once) de la noche** | (elf Uhr) abends | ¿Ahora llegas? ¡Son las diez ~! |
| **¡Vaya...!** *fam.* | Was für ein/e...! | |
| **empezar** (*algo*/a + *inf.*, e → ie, yo empiezo) | *etw.* anfangen / anfangen, *etw.* zu tun | – ¿A qué hora ~[4] la clase? – A las ocho. |
| **(las ocho) en punto** | (um) Punkt (acht Uhr), | – ¿A qué hora quedamos? – A las cinco ~. |
| **Son las (dos) menos ...** | Es ist ... vor (zwei Uhr). | Son las once ~ veinticinco. |
| **correr** | rennen, laufen | F courir |
| **¡Corre!** | *hier:* Beeil dich! | – Tenemos un minuto – ¡~! |

¿Qué hora es?

Es la una. | Son las (dos). | ... (las ocho) y cuarto | ... (las ocho) y media

... (las nueve) menos cuarto | ... (las nueve) en punto | ... (las diez) de la mañana | ... (las diez) de la noche

**1** Son las **2** cierra **3** minutos **4** empieza

## 3A ¿QUÉ HACEMOS?

| | | |
|---|---|---|
| **ir** (**a** + *sust.*, **yo voy**) | (nach …, zu …) gehen, fahren | Yo ~[1] a la plaza. **L** ire |
| **a** | nach + *Stadt/Land*, zu + *Richtung* | |
| **el centro comercial** | das Einkaufszentrum | **F** le centre commercial |
| **el cedé, los cedés** *pl.* | die CD | |
| **por favor** | bitte | ¿Haces los deberes conmigo, ~? ◆ gracias |
| **¿Por qué?** | Warum? | – No quiero. – ¿~? |
| **porque** | weil, da | Él no está allí ~ no quiere esperar. |
| **la cola** | die Schlange | En el recreo, siempre hay ~ en la cafetería. |
| **tener que** + *inf.* | *etw. tun* müssen | Yo todavía ~[2] hacer los deberes. |
| **el cine** | das Kino | ◆ la película **E** cinema **F** le cinéma |
| **el dinero** | das Geld | ¿Tenemos ~ para tomar algo? |
| **el centro cultural** | das Kulturzentrum | Hay fiesta en el ~. |
| **esta tarde** | heute Nachmittag | |
| **la tarde** | der Nachmittag | ◆ la mañana, la noche |
| **la entrada** | die Eintrittskarte, der Eingang | ¿Vas al cine conmigo? Tengo dos ~[3]. |
| **gratis** | gratis | |
| **bailar** | tanzen | |
| **pasar de** *algo* | keine Lust (auf *etw.*) haben, (auf *etw.*) verzichten können | Tus amigos son aburridos. ~[4] de tu fiesta. |
| **la bolera** | die Bowlingbahn | **E** bowling alley |
| **¿Adónde?** | Wohin? | – ¿Vamos? – ¿~? ≠ ¿de dónde? |
| **venir** (e → ie, yo vengo) | kommen | ≠ ir **F** venir **L** venire |

⚠ *Das deutsche Verb* kommen *entspricht in einem Fall dem spanischen Verb* **ir**: – ¿**Vienes**? – **Kommst** du? – **Voy**. – Ich **komme**.

**1** voy **2** tengo que **3** entradas **4** Paso

## 3B UN REGALO PARA SANDRA

| | | |
|---|---|---|
| **el mes, los meses** *pl.* | der Monat | Enero es un ~ del año. **F** le mois **L** mensis |

*Die Monate auf Spanisch findest du auf Seite 179.*

| | | |
|---|---|---|
| **echar de menos** *algo / a alguien* | *etw./jdn* vermissen | Yo ~[1] a mi novio porque él ya no vive aquí. |
| **sobre todo** | vor allem | Escucho pop, ~ los grupos de España. |
| **comprar** *algo* | *etw.* kaufen | Mi padre ~[2] la mochila para mí. ◆ el dinero |
| **llamar a** *alguien* (**por teléfono**) | *jdn* (an)rufen | – ¿Quedamos hoy? – Vale, yo ~[3] a la peña. **L** clamare |

⚠ *Unterscheide:* **Me llamo** David. **Ich heiße** David. **Llamo a** Ana. **Ich rufe** Ana **an**.

| | | |
|---|---|---|
| **poder** (o → ue, yo puedo) | können | – ¿Vamos al cine? – No, no ~[4]. **F** pouvoir |
| **el final** | das Ende | El ~ de la peli es aburrido. **L** finalis |
| **al final** | am Ende, schließlich | ~ yo tengo que hacer todo. |
| **¿Qué pasa?** | Was ist los? | ¿No quieres ir al cine? ¿~? |
| **cumplir … años** ▶ el cumple(años) | … Jahre alt werden | Mañana hago una fiesta porque ~[5]. |
| **juntos/-as** | gemeinsam, zusammen | ¿Hacemos los deberes ~? |
| **ya** | schon, bereits, *hier:* jetzt sofort | ¡Tienes que preparar los deberes ~! |
| **volver** (o→ ue, yo vuelvo) | zurückkehren | Roberto ~[6] a casa a las once de la noche. |
| **volver a casa** | nach Hause kommen | = llegar a casa |
| **por fin** | endlich | Roberto, ¡~ llegas! |
| **tranquilo/-a** | ruhig, *hier:* immer mit der Ruhe | **F** tranquille |
| **¿Cuándo?** | Wann? | ¿~ es tu cumple? **F** quand |
| **el (27) de (enero)** | am (27. Januar) | |
| **tímido/-a** | schüchtern | **E** timid **F** timide |
| **alegre** | fröhlich, lustig | Vega es una chica muy ~. |
| **contar *algo*** (o → ue, yo cuento) | *etw.* erzählen, zählen | Vega ~[7] una historia divertida. |
| **la cosa** | die Sache, das Ding | Alba siempre busca sus ~[8]. **F** la chose |
| **deportista** *inv.* | sportlich | Roberto es bastante ~. |
| **la bici** *fam.* (= la bicicleta) | das Fahrrad | **E** bicycle **F** la bicyclette |
| **ir en bici(cleta)** | (mit dem) Fahrrad fahren | Sandra siempre ~[9]. |
| **el fin de semana** | das Wochenende | El ~ siempre estoy con mi familia. |
| **entonces** | dann, damals | ~, ¿quedamos después? |
| **¡Qué va!** | Ach was!, Ganz und gar nicht! | ¿Laura aburrida? ¡~! |
| **casi** | fast, beinahe, quasi | **E/F/L** quasi |
| **nunca** | nie | ≠ siempre |
| **gracioso/-a** | witzig, humorvoll | Roberto es mi mejor amigo. Es muy ~. |
| **majo/-a** | nett, sympathisch | Tu amigo Javier es ~. |
| **la camiseta** | das T-Shirt | **F** la chemise |
| **la rana** | der Frosch | Kermit es una ~. |
| **feo/-a** | hässlich | ≠ bonito/-a **L** foedus/-a/-um |
| **simpático/-a** | sympathisch | |
| **creer** | glauben | **F** croire **L** credere |
| **que** *conj.* | dass | **F** que |

**1** echo de menos **2** compra **3** llamo **4** puedo **5** cumplo (15) años **6** vuelve **7** cuenta **8** cosas **9** va en bicicleta

## 3C ¡HOY ES MI CUMPLE!

| | | |
|---|---|---|
| **por la mañana/tarde/noche** | am Morgen/Nachmittag/Abend, in der Nacht | ~ voy al insti, ~ quedo con mis amigos y ~ hay fiesta. |
| **dormir** (o → ue, yo duermo) | schlafen | Vega a veces ~[1] en clase. **F** dormir **L** dormire |
| **despertarse** (e → ie, yo me despierto) | aufwachen | Alba siempre ~[2] temprano. |
| ***el celular*** *lat. am.*, ***(= el móvil)*** | *das Handy* | **E** cellular phone |
| **¡Felicidades!** | Herzlichen Glückwunsch! | ¿Cumples años hoy? ¡~! |
| **querer** a ***alguien*** | *jdn* lieben, *jdn* gern haben | |
| ***TQM (= Te quiero mucho.)*** | *SMS-Abkürzung, etwa: hdgdl* | |
| **levantarse** | aufstehen | Hoy Roberto ~[3] a las once. **F** se lever |
| **ducharse** | sich duschen | Me levanto y voy al baño para ~[4]. |
| **ponerse** ***algo*** (yo me pongo) | *etw.* anziehen, aufsetzen | Diego ~[5] una gorra. |
| **el uniforme** | die Uniform | |
| **el colegio (= el cole** *fam.***)** | die Schule, *in Spanien:* die Grundschule | |
| **el comedor** | die Kantine, das Esszimmer | A la una y media voy al ~. |
| **¡Feliz cumpleaños!** | Alles Gute zum Geburtstag! | ◆ ¡Felicidades! |
| ***la arepa*** | *der Maisfladen* | |
| **el queso** | der Käse | **L** caseus |
| **la princesa** | die Prinzessin | |
| **la bruja** | die Hexe | |
| **irse** (me voy) | weggehen | A las diez Ana ~[6] de la fiesta. ≠ llegar |
| **nos vemos** | wir sehen uns | |
| **acordarse (de** ***algo,*** o → ue, yo me acuerdo) | sich (an *etw.*) erinnern | – ¿Cúando es el cumple de Hassan? – No ~[7]. |
| **tarde** *adv.* | spät | ≠ temprano **F** tard |
| **ponerse** (+ *adj.*) | (*Adj.*) werden | Diego ~[8] un poco tímido. |

⚠ *Das Verb* **ponerse** *hat unterschiedliche Bedeutungen:*

Sandra **se pone** el uniforme.

Carlitos **se pone** rojo.

| | | |
|---|---|---|
| **rojo/-a** | rot | **F** rouge |
| **el tomate** | die Tomate | |

| | | |
|---|---|---|
| **ponerse rojo/-a como un tomate** | knallrot werden | Vega ~[9] como un tomate. |
| **el mediodía** | der Mittag | |
| **a mediodía** | am Mittag, mittags | |
| **estar en las nubes** | geistesabwesend sein | En clase Sandra a veces ~[10]. |
| ***el grafiti, los grafitis*** *pl.* | *das Graffiti* | |
| **la tarjeta** | die Karte | Escribo una ~ a mis amigos. |
| ***lindo/-a*** *lat. am.* | *schön* | = bonito/-a |
| **el beso** | der Kuss | F un bisou |
| ***BSS (= Besos)*** | *Abschiedsformel in Briefen/SMS* | F Bisous. |
| **la lista** | die Liste | |
| **faltar** | fehlen | Creo que ~[11] algo en mi mochila. |
| **acostarse** (o → ue; yo me acuesto) | sich hinlegen | |
| **soñar (con *algo/alguien*)** (o → ue, yo sueño) | (von *etw./jdm*) träumen | Yo ~[12] con ser una estrella de rock. |

**1** duerme **2** se despierta **3** se levanta **4** ducharme **5** se pone **6** se va **7** me acuerdo **8** se pone **9** se pone roja **10** está en las nubes **11** falta **12** sueño

## PARA COMUNICARSE UNIDAD 3

***nach der Uhrzeit fragen und sie angeben***
¿Qué hora es?
Es la una. / Son las (diez) y cuarto / menos cuarto / menos (cinco).
Es mediodía / muy temprano / un poco tarde.
¿A qué hora (llega el bus)?
Llega a las (cinco en punto).
A la una y media. / A las dieciséis treinta.

***Vorschläge machen und darauf reagieren***
¿Por qué no (vamos al cine)?
¿Quién quiere (ir al centro cultural)?
¿Queréis (ir a la bolera)?
No, yo no voy. / No tengo ganas. / ¡Paso!
¡Qué (divertido)! / Voy con vosotras. Sí, claro.

***einen Grund erfragen und angeben***
¿Por qué (están los chicos todavía en la plaza)?
Porque (Roberto está muy bien allí).

***sich mit jdm verabreden***
¿Puedes a las seis?
¿Dónde quedamos? / ¿Quedamos en la plaza?
No puedo porque todavía tengo que (hacer los deberes).
Yo sí puedo, pero (vuelvo a casa a las cuatro).
Sí, claro. A las seis en (la plaza).

***beschreiben, wie jemand ist***
¿Cómo es tu amigo?
Es bastante tranquilo/-a / alegre / divertido/-a / majo/-a / curioso/-a / gracioso/-a …

***fragen und sagen, wann jemand Geburtstag hat***
¿Cuándo es el cumple de (Sandra)?
Es el (27 de enero).
Cumple (quince años en dos semanas).

***jdm zum Geburtstag gratulieren***
¡Feliz cumpleaños! / ¡Felicidades!

***eine Vermutung anstellen***
Creo que (vuelvo a casa a las cuatro).

***seinen Tagesablauf beschreiben***
Me despierto a las (seis) de la mañana.
Me levanto (cinco minutos después).
A las siete y media (voy al instituto).
A mediodía (como algo).
Por la tarde (vuelvo a casa).
(Veo la tele) a las ocho.
A las (once) de la noche me acuesto.
Sueño con (ser una estrella de rock).

# 4 MI VIDA DE CADA DÍA

## ¡ACÉRCATE!

| | | |
|---|---|---|
| **la vida** ▶ vivir | das Leben | Quiero vivir mi propia ~. F la vie L vita |
| **cada** + *sust. (inv.)* | jede/r, jedes + S. | Mi abuela se levanta ~ día a las siete. |

⚠ **Cada** ist *unveränderlich:* cada día cada semana cada mes

| | | |
|---|---|---|
| **el horario** ▶ la hora | der Stundenplan | En el ~ escribes las horas de clase. |

| La semana | | | | |
|---|---|---|---|---|
| | **el lunes** | (am) Montag | **el viernes** | (am) Freitag |
| | **el martes** | (am) Dienstag | **el sábado** | (am) Samstag |
| | **el miércoles** | (am) Mittwoch | **el domingo** | (am) Sonntag |
| | **el jueves** | (am) Donnerstag | **el fin de semana** | (am) Wochenende |

| | | |
|---|---|---|
| **Matemáticas** *pl.* (= **Mates** *fam.*) | Mathematik *Schulfach* | E mathematics *pl.* F mathématiques *f. pl.* |
| **Geografía e Historia** | Erdkunde und Geschichte *Schulfach* | |

⚠ *Denk daran: Vor Wörtern, die mit* **hi-** *oder* **i-** *beginnen, wird die Konjunktion* **y** *zu* **e**.
Hablo español **e** inglés. Hablo inglés **y** español.

| | | |
|---|---|---|
| **Lengua Castellana y Literatura** (= **Lengua** *fam.*) | *etwa:* Spanischunterricht *Schulfach* | |
| **Educación para la Ciudadanía y Derechos** | *etwa:* Sozialkunde *Schulfach* | |
| **Educación Física** | Sportunterricht *Schulfach* | F Éducation Physique *f.* |
| **Ciencias Naturales** *pl.* (= **Naturales** *fam.*) | Naturwissenschaften *Schulfach* | |
| **Religión** (= **Reli** *fam.*) | Religionsunterricht *Schulfach* | |
| **Optativa** | Wahlfach | F Option *f.* |
| **Tutoría** | Nachhilfe *Schulfach* | |
| **Francés** | Französisch *Schulfach* | |
| **Alemán** | Deutsch *Schulfach* | |
| **¿Cuántas horas ...?** | Wie viele Stunden ...? | ¿~ pasas con tus amigos? |
| **por** | *hier:* pro | |
| **sólo** *adv.* | nur | No puedo ir al cine. ~ tengo tres euros. |

⚠ *Unterscheide:* Laura quiere estar **sola**. Laura möchte **allein** sein.
Hoy **sólo** tengo tres horas de clase. Heute habe ich **nur** drei Stunden Unterricht.

| | | |
|---|---|---|
| **desde ... hasta ...** | von ... bis ... *Uhrzeit* | Hoy leo ~ las dos ~ las tres. |
| **la asignatura** | das Schulfach | Mis ~[1] favoritas son Naturales e Inglés. |

| | | |
|---|---|---|
| **¿Cuál es tu asignatura favorita?** | Was ist dein Lieblingsfach? | |

| Las asignaturas | **Matemáticas (= Mates)** *pl.*<br>**Ciencias Naturales (= Naturales)** *pl.*<br>**Lengua Castellana y Literatura (= Lengua)**<br>**Educación para la Ciudadanía y Derechos**<br>**Educación Física** | **Música**<br>**Religión (= Reli)**<br>**Geografía e Historia**<br>**Tutoría**<br>**Optativa** |
|---|---|---|

| | | |
|---|---|---|
| **el examen, los exámenes** *pl.* | die Klassenarbeit, Prüfung | En el instituto tenemos ~$^2$.<br>E exam F l'examen *m.* L examen |
| **para ti** | für dich | Tengo una sorpresa ~. ◆ para mí |

⚠ *Achte auf die unterschiedliche Schreibung:* para **mí** für mich para **ti** für dich

**1** asignaturas **2** exámenes

## 4A ¿QUÉ TAL EN EL INSTITUTO?

| | | |
|---|---|---|
| **segundo/-a** | zweite/r, zweites | ◆ primero/-a |
| **¡No mola nada!** *fam.* | Das mag ich überhaupt nicht! | Tengo que hacer los deberes. Y ¡~! |
| **Mola mucho.** *fam.* | Das mag ich! | |
| **morirse (de *algo*)** | (an *etw.*) sterben | |
| **el hambre** ⚠ *f.* | der Hunger | Tengo mucha ~. |
| **comer *algo***<br>▶ el comedor | *etw.* essen | En el recreo los chicos ~$^1$ algo. |
| **¡Qué horror!** | Das ist ja schrecklich! | F Quelle horreur! |
| **mucho/-a** *adj.* | viel/e | ~$^2$ alumnas comen en el comedor. |
| **odiar *algo*** | *etw.* hassen | El chico ~$^3$ Geografía. L odisse |
| **el fuerte** | die Stärke | Mi ~ es contar historias. |
| **la redacción** | der Aufsatz | Escribo una ~ para la clase de Lengua. |
| dar ***algo* a *alguien***<br>(yo doy) | *jdm etw.* geben | Tú compras las entradas y yo te ~$^4$ el dinero.<br>≠ tomar algo L dare |
| **así** | so | F ainsi L sic |
| **después de** + *sust.* | nach + *Subst.* | ~ las clases Ana vuelve a casa. |
| ***P.D. (= posdata)*** | *P.S. (Brief)* | |
| estar **nervioso/-a** | nervös sein, aufgeregt sein | Laura está ~$^5$ porque tiene un examen. |
| **la nota** | die (Schul-)Note, *auch:* Notiz | Él siempre tiene buenas ~$^6$. |
| **el sobresaliente** | sehr gut *Schulnote* | Un ~ es una nota superbuena. |
| ***el comentario*** | *der Kommentar* | |
| **un buen/mal profe** | ein guter/schlechter Lehrer | |
| **un montón (de)** *fam.* | eine Menge (…) | Adrián tiene ~ de libros. = mucho/-a |
| **sobre** | über | El libro habla ~ la vida de la gente. |
| poner (yo pongo) | stellen, setzen, legen | Yo ~$^7$ mis cedés en la estantería. L ponere |

| | | |
|---|---|---|
| *la ostra* | die Auster | |
| **aburrirse (como una ostra)** ▶ aburrido/-a | sich (schrecklich) langweilen | ¡Qué peli aburrida! ~[8] como una ostra. |
| estar **harto/-a (de *algo/ alguien*)** | genug (von *etw./jdm*) haben, (*etw./jdn*) satt haben | Roberto siempre hace todo y está ~. |
| **estricto/-a** | streng | La profe es muy ~[9]. F strict/e |
| **poco/-a** *adj.* | wenig | ◆ un poco (de) |
| entender ***algo / a alguien*** (e → ie, yo entiendo) | *etw./jdn* verstehen | Yo no te ~[10]. = comprender |
| **No entiendo ni jota.** *fam.* | Ich verstehe nur Bahnhof. | |
| **sacar (buenas/malas) notas** | (gute/schlechte) Noten bekommen | Melek estudia mucho y ~[11] buenas notas. |
| **el suficiente** | befriedigend *Schulnote* | |
| **(aprender *algo*) de memoria** | (*etw.*) auswendig (lernen) | Para sacar una buena nota en el examen, Vega ~[12] la redacción ~[13]. |
| **la idea** | die Idee | E idea F l'idée *f.* |
| poner **atención (a *algo*)** | (auf *etw.*) aufpassen | Vega ~[14] en la clase de Inglés. |

⚠ *Das Verb* **poner** *hat viele unterschiedliche Verwendungen:*

| | |
|---|---|
| Roberto **pone** su mochila en la mesa. | Roberto **legt** seinen Rucksack auf den Tisch. |
| El profe **pone** pocos deberes. | Der Lehrer **gibt** wenige Hausaufgaben **auf**. |
| La alumna **pone** atención en la clase. | Die Schülerin **passt** im Unterricht **auf**. |
| Sandra **se pone** el uniforme. | Sandra **zieht** die Uniform **an**. |
| Carlitos **se pone** rojo. | Carlitos **wird** rot. |

| | | |
|---|---|---|
| **la pregunta** ▶ preguntar | die Frage | Los alumnos hacen muchas ~[15] al profe. |
| **el empollón, la empollona** *pl.* | der/die Streber/in | Un ~ siempre pone atención en clase y nunca habla con los vecinos. |
| estar **feliz, felices** *pl.* | glücklich sein | Estoy ~ porque tengo buenos amigos. ◆ ¡Feliz cumpleaños! L felix |
| **el notable** | gut *Schulnote* | Un ~ es una buena nota. |
| estar **contento/-a** | zufrieden sein | F content/e L contentus/-a/-um |

**1** comen **2** Muchas **3** odia **4** doy **5** nerviosa **6** notas **7** pongo **8** me aburro **9** estricta **10** entiendo **11** saca **12** aprende **13** de memoria **14** pone atención **15** preguntas

## 4B ¿QUÉ TE GUSTA HACER?

| | | |
|---|---|---|
| **gustar a *alguien*** | *jdm* gefallen, *etw.* mögen, *etw.* gerne *tun* | Me ~[1] los deportes. |

⚠ Me/te/le/nos/os/les **gusta** (la música / jugar). Me/te/le/nos/os/les **gustan** (los deportes).

| | | |
|---|---|---|
| **apuntarse (a *algo*)** | sich (für *etw.* ) anmelden, (bei *etw.*) mitmachen | Jugamos al fútbol. Y tú, ¿ ~[2]? |
| **la revista** | die Zeitschrift | Diego lee un libro y Laura una ~. ◆ el libro |

| | | |
|---|---|---|
| **cantar** | singen | F chanter L cantare |
| **la prueba** | die Prüfung, das Vorspielen | Hoy hay ~ para el grupo de teatro. |
| **el coro** | der Chor | Muchos alumnos cantan en el ~ del Lucía. |
| **el teatro** | das Theater | A veces vamos al ~ en la clase de Lengua. |
| **el grupo de teatro** | die Theatergruppe | En el ~ de mi instituto hay muchos chicos. |
| **ensayar** ***algo*** | *etw.* proben, üben | El grupo de teatro tiene que ~ mucho. |
| **jugar a** (u → ue, yo juego) | spielen *Sport* | Los miércoles las chicas ~³ al fútbol. F jouer à … |

⚠ *Unterscheide:* **jugar** al fútbol/baloncesto/… Fußball/Basketball/... spielen
**hacer** teatro Theater spielen
**tocar** la guitarra Gitarre spielen

| | | |
|---|---|---|
| **el baloncesto** | Basketball | Ellos juegan bien al ~. |
| **el ping-pong** | Tischtennis | En el recreo los alumnos juegan al ~. |
| **el voleibol** | Volleyball | Me gusta el ~. |
| **el entrenamiento** | Training | Tienes que ir al ~ para jugar bien. |
| **A mí me gusta …** | Mir gefällt … | ~ el ping-pong. |
| **tampoco** | auch nicht | – No quiero ver la peli. – Yo ~. |

⚠ *Unterscheide:* Vega canta en el coro. Cristina **también**. … Cristina **auch**.
Diego no está en el equipo de fútbol. Laura **tampoco**. … Laura **auch nicht**.

| | | |
|---|---|---|
| **¿Y a ti?** | *hier:* Und dir? | A mí me gusta el baloncesto. ¿~? |
| **además** | außerdem | No quiero ir. ~, no tengo tiempo. |
| **el partido** | das Spiel, die Partie | Hoy hay un ~ de voleibol. |
| **por eso** | deswegen | Tengo examen mañana. ~ estudio. |
| **el equipo** | die Mannschaft | Mi instituto tiene un buen ~. F l'équipe *f.* |
| **contra** | gegen | ≠ para F contre L contra |

Los deportes
**jugar al fútbol**
**jugar al baloncesto**
**jugar al ping-pong**
**jugar al voleibol**
**jugar en un equipo**
**ir al entrenamiento**
**tener un partido contra** ***alguien***

| | | |
|---|---|---|
| **No pasa nada.** | Das macht nichts. | ◆ ¿Qué pasa? |
| **meter (un gol)** | (ein Tor) schießen, werfen | En el minuto 14 Roberto ~⁴ un gol. |
| ***el tiro de esquina*** | *der Eckball* | |
| ***sacar el balón*** | *den Ball wegschlagen* | |
| **el balón** | der Ball | F le ballon |
| ***la portería*** | *das Tor* | Roberto mete gol en SU ~. ¡Qué rollo! |
| **delante (de)** | vor | ≠ detrás (de) |
| **la puerta** | die Tür, das Tor | Vega cierra la ~. F la porte |

| | | |
|---|---|---|
| **el aula** ⚠ *f.* | der (Klassen)Raum | Los alumnos ya están en el ~ de Naturales. |
| **entrar** ▶ la entrada | hineingehen, eintreten | ≠ salir E to enter F entrer L intrare |
| **ponerse como un flan** | zum Nervenbündel werden | Mañana tengo examen y ya ~5. |
| **alguien** *inv.* | jemand | L aliquem |
| **abrir *algo*** | *etw.* öffnen | Tomás ~6 la puerta. ≠ cerrar F ouvrir |
| **explicar *algo* a *alguien*** | *jdm etw.* erklären | ¿Me puedes ~ los deberes?<br>E to explain F expliquer L explicare |

**1** gustan **2** te apuntas **3** juegan **4** mete **5** me pongo como un flan **6** abre

## 4C SEMANA BLANCA

| | | |
|---|---|---|
| **la Semana Blanca** | *Skikurs, Skilager* | |
| **blanco/-a** | weiß | |
| **subir (al bus)** | (in den Bus) einsteigen, *etw.* besteigen, auf *etw.* klettern | Los chicos ~1 al bus. |
| **salir** (yo salgo) | abfahren, (aus)gehen, hinausgehen | – ¿A qué hora ~2 de clase? – A la una y media. ≠ llegar |
| **Ven.** | Komm! | Roberto, ¿dónde estás? ¡~! F Viens. |
| **saber *algo* / + *inf.*** (yo sé) | wissen, *auch:* können | Roberto ~3 tocar la guitarra muy bien.<br>F savoir + *Inf.* |
| **esquiar** (yo esquío, nosotros esquiamos) | Ski fahren | En la Semana Blanca los chicos ~4. |
| **el pueblo** | das Dorf | Baqueira es un ~. ≠ la ciudad |
| **los Pirineos** *pl.* | die Pyrenäen | Los ~ están en España. |
| **el invierno** | der Winter | F l'hiver *m.* |
| **la nieve** | der Schnee | ◆ esquiar F la neige |
| **bajar (*algo*; por la pista)** | *etw.* leiser stellen, senken; (die Piste) hinuntergehen, hinunterfahren | Los chicos ~5 por la pista. ≠ subir |
| **bajarse (del bus)** | (aus dem Bus) aussteigen | |

⚠ *Das Verb* **bajar** *hat unterschiedliche Bedeutungen:*

| | |
|---|---|
| **bajar del bus** | aus dem Bus aussteigen |
| **bajar por la pista** | die Piste hinunter fahren |
| **bajar el volumen** | die Lautstärke senken, leiser machen |
| ***bajar la mano*** | *die Hand senken* |

| | | |
|---|---|---|
| **cenar** ▶ la cena | zu Abend essen | ◆ comer |
| **¡A dormir!** | Geh/t schlafen! | Ya son las once de la noche. ¡~! |
| **el desayuno** | das Frühstück | Por la mañana no como mucho en el ~. |
| **el chiste** | der Witz | Diego sabe contar ~6 muy bien. |
| **el caos** | das Chaos | |
| **el volumen** | die Lautstärke | E volume F le volume |

| | | |
|---|---|---|
| **el/la principiante** | der/die Anfänger/in | Yo todavía no sé esquiar. Soy ~. |
| **el miedo** | die Angst, Furcht | Alba tiene ~ por la noche. |
| tener **miedo de** ***algo*** | Angst vor *etw.* haben | Él ~[7] de hablar delante de la clase. |
| **el ojo** | das Auge | ¿Qué te pasa? Tienes los ~[8] rojos. |
| caerse (me caigo) | fallen, hinfallen, stürzen | |
| **despacio** *adv.* | langsam | |
| **la montaña** | der Berg, das Gebirge | E mountain F la montagne |
| **¡Ten cuidado!** | Sei vorsichtig! | ¡~! Hay alguien detrás de ti. |
| **¿Estás bien?** | Geht es dir gut? | |
| **la mano** ⚠ *f.* | die Hand | La profe da la ~ al alumno. F la main |
| doler (o → ue, duele/n) | schmerzen, weh tun | Ay, hoy me ~[9] todo. L dolere |

⚠ *Das Verb* **doler** *funktioniert genauso wie* **gustar**:
Me **duele** la cabeza. Me **duelen** las piernas.

| | | |
|---|---|---|
| **la pierna** | das Bein | ◆ la mano |
| **la espalda** | der Rücken | |
| **el dolor** ▶ doler | der Schmerz | F la douleur |
| **la cabeza** | der Kopf | |
| **el dolor de cabeza** | die Kopfschmerzen | ¡Baja el volumen! Tengo ~. |

Las partes del cuerpo[1]

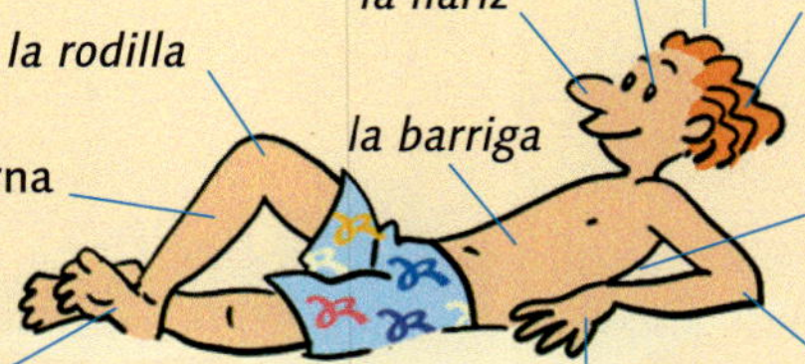


1 die Körperteile

| | | |
|---|---|---|
| estar **enfermo/-a** | krank sein | Roberto está ~. Le duele todo. |
| **¡Levántate!** | Steh auf! | |
| **agotador/a** | anstrengend | Esquiar es un deporte ~. |
| **pasar** | *hier:* vergehen | Las horas ~[10] a veces muy despacio. |

**1** suben **2** sales **3** sabe **4** esquían **5** bajan **6** chistes **7** tiene miedo **8** ojos **9** duele **10** pasan

## PARA COMUNICARSE UNIDAD 4

***über deinen Stundenplan sprechen***
¿Cuántas horas de (Mates) por semana tienes?
Tengo clases desde (las 8) hasta (las 4).
Una clase tiene (45) minutos.
El (lunes/martes/...) tenemos (7) horas de clase.
¿Cuál es tu asignatura favorita?
Mi asignatura favorita es (Naturales).

***über Schule und Noten sprechen***
Me gusta (Lengua) porque (la profe es maja).
Él/ella es bueno/-a / malo/-a / regular en (Inglés).
Su fuerte es (Mates).
Él/ella saca buenas/malas notas en (los exámenes de Geografía e Historia).
A veces me aburro como una ostra. / no entiendo ni jota.
Tienes que poner atención.
Aprendo las palabras de memoria.
En los exámenes de (Mates) siempre me pongo como un flan.

***sagen, wie du gelaunt bist***
Estoy contento/-a / feliz / nervioso/-a / harto/-a.

***etw. gut/schlecht finden***
Mola mucho. / No mola nada.
Odio (hacer muchos deberes).
Estoy harto/-a de (hacer muchas preguntas).
¡Qué horror!

***fragen und sagen, was jdm gefällt***
¿Qué te gusta?
Me gusta (ir en bici), ¿y a ti?
¿Te gustan (los deportes)? / ¿Te gusta (esquiar)?
Sí, me gusta(n) mucho/bastante. / No, no me gusta(n). Odio (esquiar).

***über deine Hobbys sprechen***
Él/ella juega al fútbol/baloncesto/ping-pong.
Se apunta a (un equipo/a un curso de fútbol).
Me gusta hacer teatro/cantar en un coro/escribir para una revista.

***jdn zu etw. auffordern***
¡Ten cuidado!
¡Levántate!
¡Ven!
¡Baja el volumen!

***jdn fragen, ob es ihm gut geht***
¿Estás bien?

***sagen, dass dir etw. weh tut***
Tengo (dolor de cabeza).
Me duele (la espalda). / Me duelen (las piernas).

# 5 PADRES E HIJOS

## ¡ACÉRCATE!

| | | |
|---|---|---|
| **verde** | grün | Rocío tiene los ojos ~[1]. F vert/e |
| **alto/-a** | groß, hoch, laut | |
| **rubio/-a** | blond | Julia es ~[2]. |
| **llevar *algo / a alguien*** | *etw.* tragen *Kleidung, Brille, Bart etc., etw./jdn* mitnehmen | Hoy, Vega ~[3] sus vaqueros favoritos. ◆ ponerse algo |
| **las gafas** ⚠ *pl.* | die Brille | |
| **ese/-a** | der/die/das (da) | ¿Qué camiseta quieres? Esta o ~[4]. ≠ este/-a |
| **¿Cuál/es?** *pron.* | Welche/r, welches? | Hay gafas verdes y rojas. ¿~[5] quieres? |
| **que** | der, die, das *Relativpronomen* | ¿Ves al chico ~ habla con Diego? F qui/que |
| **la cazadora** | die (Wind)Jacke | Diego lleva una ~ roja. |
| **negro/-a** | schwarz | Laura tiene el pelo ~. ≠ blanco/-a F noir/e |
| **los vaqueros** ⚠ *pl.* | die Jeans | Los ~ de Diego son muy grandes. |
| **el pelo** | das Haar | Julia tiene el ~ rubio. |
| **largo/-a** | lang | Vega tiene el pelo castaño y ~. |

| | | |
|---|---|---|
| **moreno/-a** | dunkel *Haut- und Haarfarbe* | Laura es ~[6]. |
| **castaño** | (kastanien)braun | |

> ⚠ *Achte auf den Gebrauch der Artikel:*
> Vega **tiene el** pelo castaño y **los** ojos verdes. Vega hat kastanienbraunes Haar und grüne Augen.

| | | |
|---|---|---|
| **el jersey,** ⚠ **los jerséis** *pl.* | der Pullover | A Diego le gustan los ~[7] blancos. **E** jersey |
| **la chica del jersey rojo** | das Mädchen mit dem roten Pulli | |
| **las zapatillas (de deporte)** *pl.* | die Turnschuhe | Voy al fútbol, pero todavía busco mis ~. |
| **el zapato** | der Schuh | ¿Llevas los ~[8] negros para la fiesta? |
| **la falda** | der Rock | No me gustan los vestidos. Prefiero las ~[9]. |
| **la camisa** ▶ la camiseta | das Hemd | Él se pone una ~ blanca. **F** la chemise |
| **la manga** | der Ärmel | **F** la manche |
| **de manga (larga)** | (lang)ärmlig | Quiero la camisa ~. **F** à manches longues |
| **el vestido** | das Kleid | Alba lleva un ~ muy bonito. **L** vestis |
| **amarillo/-a** | gelb | El jersey ~ es un poco feo. |
| **los pantalones** ⚠ *pl.* | die Hose | ◆ los vaqueros **F** le pantalon |
| **rosa** ⚠ *inv.* | rosa | Busco el vestido ~. |
| **corto/-a** | kurz | Roberto tiene el pelo ~. ≠ largo/-a **F** court/e |
| **azul** | blau | Jana tiene los ojos ~[10]. |
| **la chaqueta** | die Jacke | Oye, ¿tienes una ~ nueva? |

La ropa[1] y los colores[2]

1 la ropa die Kleidung 2 el color die Farbe

1 verdes 2 rubia 3 lleva 4 esa 5 cuáles 6 morena 7 jerséis 8 zapatos 9 faldas 10 azules

## 5A VAQUEROS NUEVOS

| | | |
|---|---|---|
| **llevarse bien/mal con** ***alguien*** | sich mit *jdm* gut/schlecht verstehen | Laura ~[1] muy bien con sus padres. |

⚠ *Das Verb* **llevar** *hat unterschiedliche Bedeutungen:*

| | |
|---|---|
| Roberto **lleva** el libro a su casa. | Roberto **nimmt** das Buch mit nach Hause. |
| Laura **lleva** una cazadora azul. | Laura **trägt** eine blaue Jacke. |
| Diego **se lleva bien con** su madre. | Diego **versteht sich gut mit** seiner Mutter. |

| | | |
|---|---|---|
| **discutir** | diskutieren, streiten | Los alumnos ~[2] mucho sobre los deberes. |
| **por** | *hier:* wegen | ◆ por eso |
| ***los jeans*** *pl. lat. am.* | *die Jeans* | = unos vaqueros |
| **viejo/-a** | alt | Mis vaqueros favoritos ya están muy ~[3].<br>≠ nuevo/-a |
| **roto/-a** | kaputt | Mi mochila está ~[4]. Necesito una nueva. |
| **la moda** | die Mode | |
| **cambiarse** | sich umziehen | |
| **¡Cámbiate (esas zapatillas)!** | Zieh dir (andere Turnschuhe) an! | ~ el jersey. Está roto. |
| **ahora mismo** | jetzt sofort | |
| **de fiesta** *adj.* | schick, festlich | En su fiesta de quince Sandra lleva un vestido ~. |
| **este/-a** | diese/r (hier), dieses (hier) | Me gustan ~[5] vaqueros y ~[6] camisetas. |

⚠ *Unterscheide:*

**esta** camiseta
dieses T-Shirt **(hier)**

**esa** camiseta
dieses T-Shirt **(da)**

| | | |
|---|---|---|
| **unos/-as** *pl.* | einige, ein paar, ungefähr + *Zahl,*<br>*hier: ohne deutsche Entsprechung* | – ¿Cuántas personas vienen a tu fiesta?<br>– No sé, ~[7] diez. |
| **ir de compras** | einkaufen gehen | Diego no quiere ~ con su madre. |
| ***la plata*** *lat. am.* | *das Geld, Silber* | = el dinero |
| **la tienda** | der Laden | En mi calle abre una nueva ~. |
| **caro/-a** | teuer | F cher/chère L carus/-a/-um |
| **el/la vendedor/a** | der/die Verkäufer/in | |
| **estrecho/-a** | eng | Me gustan los pantalones ~[8]. F étroit/e |
| **ancho/-a** | weit | Él lleva pantalones ~[9]. ≠ estrecho/-a |
| **la oferta** | das Angebot | En esta tienda hay muchas ~[10]. E offer |
| **estar de oferta** | im Angebot sein | Hoy los vaqueros están ~ en esta tienda. |
| **oscuro/-a** | dunkel | Diego prefiere las camisetas ~[11]. |
| **claro/-a** | hell | A Laura le gustan las faldas ~[12].<br>≠ oscuro/-a F clair/e |
| **ahí** | da | ≠ aquí, allí |

| | | |
|---|---|---|
| **Seguro que** *(+ Satz).* | Sicherlich (+ *Satz*). | – ¿Dónde está mi móvil?<br>– ~ está en tu casa. ◆ Claro que (+ *Satz*). |
| **quedar (bien/mal) a** ***alguien*** | *jdm* (gut/schlecht) stehen | ¿Esta chaqueta me ~[13] bien? |
| **la talla** | die Größe *Kleidung* | F la taille |
| **igual** *(a* ***algo/alguien,*** **= igualito/-a** *fam.)* | gleich, genauso wie (*etw./jd*) | ¿Ves a Diego? Yo quiero una gorra ~. |
| **el probador** | die Umkleidekabine | Me pongo la camisa, ¿Dónde está el ~? |
| **costar** (o → ue, cuesta/n) | kosten | ¿Cuánto ~[14] las zapatillas? F coûter |

⚠ *Gleiche die Form von costar an das Subjekt an:* ¿Cuánto **cuesta** este jersey? Wie viel **kostet** dieser Pulli? ¿Cuánto **cuestan** estos zapatos? Wie viel **kosten** diese Schuhe?

| | | |
|---|---|---|
| **el euro** | der Euro | – ¿Cuánto cuesta? – Once ~[15]. ◆ el dinero |
| **¿Cuánto es?** | Wie viel macht das? | |

**1** se lleva **2** discuten **3** viejos **4** rota **5** estos **6** estas **7** unas **8** estrechos **9** anchos **10** ofertas **11** oscuras **12** claras **13** queda **14** cuestan **15** euros

## 5B ESTOY HABLANDO POR TELÉFONO

| | | |
|---|---|---|
| **hablar por teléfono** | telefonieren | |
| **¿Diga?** | Ja, bitte? *Anrede beim Telefonieren* | – ¿~? – Hola, ¿está Laura? |
| **dejar** | lassen | |
| **el recado** | die Nachricht | |
| **¿Le quieres dejar un recado?** | Möchtest du ihm/ihr eine Nachricht hinterlassen? | No, Laura no está, ¿~? |
| **más tarde** | später | |
| **a la hora de (comer/ dormir ...)** | zur (Essens-/Schlafens-)zeit | |
| **la tortilla** | die Tortilla *Kartoffelomelette* | |
| **¡Pon la mesa!** | Decke den Tisch! | |
| **acabar de** + *inf.* | *etw.* gerade getan haben | – ¿Tomamos algo? – No, ~[1] de comer. |
| **la ensalada** | der Salat | Comer ~ es bueno. |
| **poner** ***algo*** **a** ***alguien*** | *hier: jdm etw.* auftun, servieren | ¿Me ~[2] un poco de tortilla? |
| **el vaso** | das Glas | |
| **el plato** | der Teller | E plate |
| **el jamón** | der Schinken | F le jambon |
| **el cuchillo** | das Messer | |
| **la cuchara** | der Löffel | |
| **el tenedor** | die Gabel | |
| **la sal** | das Salz | E salt F le sel |
| **¿Qué te pasa?** | Was ist mit dir los? | |

| | | |
|---|---|---|
| pasar *algo a alguien* | *jdm etw.* reichen, geben | ¿Me ~[3] el queso, por favor? |

⚠ *Das Verb* **pasar** *hat viele Verwendungen:*

Diego **pasa** mucho tiempo con Roberto.

– ¿Vamos al cine? – **¡Paso!**

¿Me **pasas** el pan, por favor?

| | | |
|---|---|---|
| **el pan** | das Brot | F le pain L panis |
| **el agua** ⚠ *f.* | das Wasser | ¿Me pasas el ~, por favor? L aqua |
| **el piercing** | das Piercing | |
| **la cara** | das Gesicht | Laura, hija, ¿por qué pones esa ~? |
| **la vez, las veces** *pl.*<br>▶ a veces | das Mal | |
| **decir** (yo digo) | sagen | ¿Me ~[4] la verdad? F dire L dicere |
| **la paz** | der Frieden | |
| **dejar a** ***alguien*** **en paz** | *jdn* in Ruhe lassen | Mi hermano es curioso y nunca me ~[5]. |
| **¿De parte de quién?** | Wer ist am Apparat? *Telefonieren* | |
| **ponerse (al teléfono)** | (ans Telefon) gehen, kommen *Telefonieren* | ¿Quieres hablar con Laura? Ahora ~[6]. |

⚠ Das Verb **poner** hat viele Verwendungen:

Diego **se pone** un jersey.

Laura **se pone** al teléfono.

Roberto **pone** el libro en la mesa.

Laura **pone** su música favorita.

Manuel **pone** la mesa.

Sergio **pone** ensalada a Manuel.

| | | |
|---|---|---|
| **el postre** | der Nachtisch, das Dessert | A Daniel le gustan los ~[7]. |
| **¿Qué hay de postre?** | Was gibt es zum Nachtisch? | |
| **terminar** ***algo*** | (*etw.*) (be-)enden, *hier:* mit *etw.* fertig werden | ≠ empezar F terminer |

1 acabo 2 pones 3 pasas 4 dices 5 deja en paz 6 se pone 7 postres

## 5C ¡YA SOY MAYOR!

| | | |
|---|---|---|
| (**ser**) **mayor** | *hier:* erwachsen; größer | Con 18 años tú eres ~. |
| **el niño, la niña** | das Kind | Alba todavía es una ~[1]. ◆ el/la chico/-a |
| **No sé qué hacer.** | Ich weiß nicht, was ich tun soll. | |
| **meterse en** ***algo*** | sich in *etw.* einmischen | Mi familia ~[2] mucho en mi vida. |
| **dejar de** + *inf.* | aufhören, *etw.* zu tun | |
| **estar triste** | traurig sein | ≠ feliz F triste |
| **controlar** ***algo / a alguien*** | *etw./jdn* kontrollieren, überwachen | |
| **aguantar** ***algo / a alguien*** | *etw./jdn* aushalten | Mi hermano siempre hace chistes conmigo. No lo ~[3]. |

| | | |
|---|---|---|
| **¡Qué corte!** | Wie peinlich! | ¿Leer mi redacción a la clase? ¡~! |
| **a mi aire** | nach Lust und Laune | Quiero estar ~. |
| **el chivato, la chivata** *fam.* | die Petze | Manuel es un ~. Siempre cuenta todo a su padre. |
| **sin** | ohne | ≠ con **F** sans **L** sine |
| **cuando** + *ind., conj.* | immer wenn | ~ llego a casa, él me espera. **F** quand |

⚠ *Unterscheide:* ¿**Cuándo** tocas la guitarra? **Wann** spielst du Gitarre?
Toco **cuando** tengo tiempo. Ich spiele, **(immer) wenn** ich Zeit habe.

| | | |
|---|---|---|
| estar **a solas** | allein sein | |
| pedir ***algo* a *alguien*** (e → i, yo pido) | *jdn* um *etw.* bitten, *etw.* bestellen | Diego ~[4] a su madre un poco de dinero. |
| **demasiado** | zu, zu sehr, zu viel | Ana habla ~. ◆ bastante, muy |
| **si** | ob | Pregunta a Vega ~ quiere salir con nosotras. |

⚠ *Achte auf die unterschiedliche Schreibung:*
**Sí**, es verdad. **Ja**, das stimmt.
Verena **sí** sabe esquiar. Verena kann **doch** Skifahren.
Mis padres pregunta **si** quiero ir. Meine Eltern fragen, **ob** ich fahren will.

| | | |
|---|---|---|
| **trabajar** | arbeiten | Mi madre ~[5] mucho. **F** travailler |
| **el ejemplo** | das Beispiel | **E** example **F** l'exemple *m.* |
| **por ejemplo (= p. ej.)** | zum Beispiel (z. B.) | **E** for example **F** par exemple |
| conocer ***algo* / a *alguien*** (c → zc, yo conozco) | *etw./jdn* kennen, kennenlernen | ¿~[6] a Pepe? Es un chico muy alegre. **F** connaître |
| **enfadarse con *alguien*** | auf *jdn* böse werden, sich über *jdn* ärgern | La profe ~[7] conmigo porque estoy en las nubes. |
| **la bronca** | der Streit, Krach | |
| **tener bronca** | Streit haben | Con un suspenso tengo ~ en casa. |
| **rebelde** | rebellisch, aufmüpfig | Vega es una chica un poco ~. |
| **el consejo** | der Rat | **F** conseil **L** consilium |
| **el lugar** | der Ort, die Stelle | Este es mi ~ favorito en Salamanca. |
| ponerse **en el lugar de *alguien*** | sich in *jdn* hinein versetzen | |
| **antes** *adv.* | vorher, früher | ≠ después |
| **independiente** | unabhängig | **E** independent **F** indépendant/e |
| **el secreto** | das Geheimnis | |
| **normal** | normal, gewöhnlich | ¡Tranquilo! Es ~. |
| **responsable (de *algo*/ *alguien*)** | (für *etw./jdn*) verantwortlich | Los padres son ~[8] de sus hijos. **E** responsible **F** responsable |
| **la paciencia** | die Geduld | **E** patience **F** la patience **L** patientia |
| **opinar *algo* (de *algo*)** | *etw.* (über *etw.*) denken | Creo que es así. Y tú, ¿qué ~[9]? |

**1** niña **2** se mete **3** aguanto **4** pide **5** trabaja **6** Conoces **7** se enfada **8** responsables **9** opinas

## PARA COMUNICARSE UNIDAD 5

***das Aussehen von Personen beschreiben***
(Mi prima) es bastante (alta).
Tiene el pelo (rubio) y los ojos (azules).
Siempre lleva (una cazadora verde y vaqueros).
A veces lleva (gafas).

***über Kleidung sprechen***
¿Te gusta este (jersey) o ese de ahí?
¿No es demasiado estrecho/ancho/claro/oscuro …?
Estos zapatos son (muy de fiesta).
Es la moda.
Necesito la talla (38).
¿(No) me queda bien?

***nach dem Preis fragen***
¿Cuánto es? / ¿Cuánto cuestan?
Son (28) euros, por favor.
No es caro/-a. / Es muy/demasiado caro/-a.

***die Aussage von jdm wiedergeben***
Dicen que … / Piensa que … / Me pregunta si …

***dich am Telefon melden und reagieren***
– ¿Diga? – Hola, ¿está (Laura)?
– ¿De parte de quién? / ¿Quién es? – Soy (Tomás).
Sí, ahora se pone. / Pues no, no está. ¿Le quieres dejar un recado?
Llamo más tarde.

***sagen, was jd gerade macht***
Estoy comiendo/leyendo/haciendo los deberes.

***einen Rat geben***
Tienes que (tener un poco de paciencia).
¿Por que no (te pones en el lugar de …)?
Habla con ella de tus problemas.
Creo que … / Pienso que …

***jdn nach seiner Meinung fragen***
¿Qué opinas?
¿Qué piensas?

# 6 COLOMBIA

## ¡ACÉRCATE!

| | | |
|---|---|---|
| **la capital** | die Hauptstadt | **E** capital **F** la capitale |
| **el millón, los millones** *pl.* | die Million | |
| **el/la habitante** | der/die Einwohner/in | Los ~[1] de Salamanca se llaman salmantinos. **E** inhabitant **F** l'habitant/e |
| **el/la productor/a** | der/die Produzent/in | **F** le/la producteur/-trice |
| **el café** | der Kaffee | –¿Qué tomas? –Un ~, por favor. |
| **la flor** | die Blume | La rosa es una ~. |
| **la plantación, las plantaciones** *pl.* | die Plantage | Un productor de café tiene grandes ~[2]. **E** plantation **F** la plantation |
| **cerca (de …)** *adv./prep.* | in der Nähe (von …), nahe (bei …) | Toledo está ~[3] Madrid. |
| **el norte** | der Norden | Bilbao es una ciudad en el ~ de España. |
| **el país** | das Land | Colombia es un ~ bonito. **F** le pays |
| **la altura** ▶ alto/-a | die Höhe | **F** l'altitude *f.* |
| **el metro** | der Meter | |
| **tener una altura de … metros** | … Meter hoch sein | |
| **la fruta** | das Obst | **E** fruit **F** le fruit |
| **el zumo** | der Saft | A muchos no les gusta el ~ de tomate. |
| **la región, las regiones** *pl.* | die Region | |

| | | |
|---|---|---|
| estar **situado en** + *Ort* | liegen | F être situé/e à |
| **América del Sur** | Südamerika | Venezuela es un país de ~. |
| **el sur** | der Süden | Málaga está en el ~ de España. ≠ el norte |
| **el este** | der Osten | Valencia está en el ~ de España. F l'est *m.* |
| **el oeste** | der Westen | Salamanca está en el ~ de España.<br>≠ el este F l'ouest *m.* |

| | | |
|---|---|---|
| **dos veces más grande que ...** | zwei Mal so groß wie ... | |
| **limitar con** ***algo*** | an *etw.* grenzen | España ~[4] Portugal, Francia e Inglaterra. |
| ***Brasil*** | *Brasilien* | Río de Janeiro es una ciudad en ~. |
| ***Bolivia*** | *Bolivien* | La capital de ~ es Sucre. |
| ***Panamá*** | *Panama* | ~ limita con Costa Rica y Colombia. |
| ***la Cordillera de los Andes*** | *die Andenkordillere* | La ~ está situada en América del Sur. |
| **el canal** | der Kanal | El ~ de Panamá está en América del Sur. |
| **la lengua oficial** | die Amtssprache | En España hay cuatro ~[5].<br>E official language F la langue officielle |
| **el portugués** | Portugiesisch *Sprache* | En Portugal la gente habla ~.<br>E Portuguese F le portugais |
| **el producto** | das Produkt | |
| **típico/-a** | typisch | E typical F typique |
| **el plátano** | die Banane | ◆ la fruta |
| **el azúcar** | der Zucker | Así no me gusta el café. Falta ~.<br>E sugar F le sucre |
| **la persona** | die Person | En Bogotá viven siete millones de ~[6]. |
| **famoso/-a** | berühmt | Shakira es muy ~[7] en Colombia. |
| **el kilómetro** | der Kilometer | |

**1** habitantes **2** plantaciones **3** cerca de **4** limita con **5** lenguas oficiales **6** personas **7** famosa

## 6A AYER EN BOGOTÁ

| | | |
|---|---|---|
| **ayer** | gestern | ~ es el día antes de hoy. ◆ mañana, hoy<br>F hier |
| **el primo, la prima** | der/die Cousin/e | La hija de mi tía es mi ~[1]. |
| **¡Disculpa!** | Entschuldige. | ~, ¿te puedo preguntar algo? |
| **por el momento** | momentan, im Moment | –¿Quieres comer algo? – ~ no, gracias. |

| | | |
|---|---|---|
| **pagar** ***algo*** | *etw.* bezahlen | E to pay F payer |
| **la cuenta** ▶ contar | die Rechnung | |
| **fuera** | draußen | |
| **cuando** *conj.* | als *zeitlich* | ~ llegué a casa, comí primero algo. F quand |

⚠ *Unterscheide:*
**Cuando** llego a casa escucho música. **Immer wenn** ich nach Hause komme, höre ich Musik.
**Cuando** entré en el aula, todos se callaron. **Als** ich den Raum betrat, verstummten alle plötzlich.

| | | |
|---|---|---|
| **¡Fíjate!** | Stell dir vor! | ◆ ¡Imagínate! |
| **el festival** | das Festival | |
| **el verano** | der Sommer | En ~ tengo seis semanas de vacaciones. |
| **el festival de verano** | das Sommerfestival | |
| **el programa** ⚠ *m.* | das Programm | |
| **el concierto** | das Konzert | Me gusta el rock. Voy a muchos ~[2]. |
| **más** | *hier:* noch | |
| **¡Cuéntame!** | Erzähl! | ¿Es un secreto? Anda, ~. |
| **primero** | zuerst | ~ hago los deberes y después veo una peli. |
| **el compañero, la compañera** | der/die Klassenkamerad/in, Mitschüler/in | Cristina es una ~[3] de clase de Laura y los chicos. |
| **perderse** (e → ie, yo me pierdo) | sich verlaufen, sich verirren | En Madrid yo ~[4] a veces. |
| **justo** *adv.* | genau | Mi casa está ~ delante de la universidad. |
| **antes de** + *sust.* | vor (+ S.) | Prepara tu mochila para mañana ~ la peli. |
| **pasar por** (+ *sust.*) | bei (+ S.) vorbeikommen | F passer par |
| **Es que** (+ *Satz*). *fam.* | Es ist nämlich so, dass (+ *Satz*). | – ¿No vienes? – No. ~ no tengo dinero. |
| **hace** + *Zeitangabe* | vor + *Zeitangabe* | ~ dos días me llamó. |
| **último/-a** | letzte/r, letztes | ≠ primero/-a L ultimus/-a/-um |
| **por última vez** | zum letzten Mal | |
| **desde entonces** | seitdem | |
| **nada** | nichts | – ¿Qué te pasa? – ~. ≠ todo |
| **quedarse** | bleiben | – ¿~[5] hoy en casa? – No, después salgo. |

⚠ *Unterscheide:* Roberto **queda** con Diego a las seis. Roberto **trifft** Diego um sechs Uhr.
Vega **se queda** en casa. Vega **bleibt** zu Hause.

| | | |
|---|---|---|
| **llamar a la puerta** | an der Tür klingeln | Escucha, creo que alguien ~[6]. |
| **la playa** | der Strand | F la plage |
| **el lago** | der See | Hay playas muy bonitas en este ~ . F le lac |
| **el Caribe** | die Karibik | |
| **No hace falta.** | Es ist nicht nötig. | – ¿Te ayudo? – No, gracias, ~. ◆ necesitar |

| | | |
|---|---|---|
| **encontrarse con *alguien*** (o → ue, yo me encuentro) ▸ el encuentro | *jdm* begegnen, sich mit *jdm* treffen | Ayer Carlos ~⁷ con Ana en el cine. |
| **¡No me digas!** | Was du nicht sagst! / Sag bloß! | – Imagínate: ¡me encontré con Diego! – ¡~! |
| **todo el tiempo** | die ganze Zeit | ~ pienso en él. F tout le temps |
| **callarse** | schweigen, verstummen | |
| **¿Cómo que …?** | Was soll das heißen, dass …? | ¿Qué estás diciendo? ¿~ no vienes conmigo? |
| **Ni idea.** | Keine Ahnung! | – ¿Qué hacemos? – ~. E No idea! |

**1** prima **2** conciertos **3** compañera **4** me pierdo **5** Te quedas **6** llama a la puerta **7** se encontró

## 6B EL GOLOMBIAO

| | | |
|---|---|---|
| **el Golombiao** | *Wortschöpfung aus* gol *und* Colombia | |
| **gritar** | schreien | Eh, ¿me esperas? ~¹ el chico. ◆ llamar |
| **(no) vale** | *hier:* das gilt (nicht) | No es correcto y no ~. F valoir L valere |
| **participar (en *algo)*** | (an *etw.*) teilnehmen | Laura ~² en el grupo de teatro del Lucía. E to participate F participer |
| **el campeonato** | der Wettkampf, die Meisterschaft | E championship F le championnat |
| **la regla** | die Regel | F la règle |
| **el juego** ▸ jugar | das Spiel | ¿Por qué discutís? Sólo es un ~. F le jeu |
| **la regla de juego** | die Spielregel | Antes de jugar tenemos que leer las ~³. |
| **al menos** | wenigstens, mindestens | Para aprenderlo de memoria leo el texto ~ cinco veces. F au moins |
| **el árbitro** | der Schiedsrichter | F l'arbitre *m.* L arbiter |
| **antes de** + *verbo* | (be)vor + *Verb* | Me cambio siempre ~ salir. F avant de |
| **ganar *algo*** | *etw.* gewinnen *Spiel*, verdienen *Geld* | Me gusta jugar, sobre todo cuando ~⁴. F gagner |
| **sino** | sondern | Diego no es de Venezuela ~ de Colombia. |
| **no sólo … sino también** | nicht nur …, sondern auch … | En Cuzco mucha gente ~ habla español ~ quechua. |
| **el respeto** | der Respekt | Más ~, por favor. Soy tu hermana. |
| **el trabajo** ▸ trabajar | die Arbeit | A las siete y media mi madre se va al ~. F le travail |
| **el trabajo en equipo** | das Teamwork | En el mundo de hoy el ~ es importante. |
| **tener lugar** | stattfinden | El campeonato ~⁵ en España. |
| **el barrio** | das Viertel | En una ciudad hay muchos ~⁶. ◆ la ciudad, el pueblo |
| **pobre** | arm | Ruben está muy enfermo. ¡~ tío! F pauvre L pauper |

| | | |
|---|---|---|
| **la violencia** | die Gewalt | E violence F la violence L violentia |
| **ayudar a *alguien*** | *jdm* helfen | ¿Tienes problemas? Te puedo ~. L adiuvare |
| nacer (c → zc, yo nazco) | geboren werden, entstehen | Yo ~[7] hace quince años. F naître |
| **la mezcla** | die Mischung | |
| **por primera vez** | zum ersten Mal | ≠ por última vez |
| **organizar *algo*** | *etw.* organisieren | La peña ~[8] una fiesta sorpresa. |
| **mil** | tausend | F/L mille |
| **3000 (= tres mil)** | 3000 | |
| **el proyecto** | das Projekt | |
| **luchar** | kämpfen | El equipo ~[9] mucho para ganar el juego. F lutter |
| **el éxito** | der Erfolg | Shakira tuvo mucho ~ en todo el mundo. |
| **otro/-a** | andere/r, anderes | ¿Tienes la camiseta también en ~[10] tallas? F autre L alter/a/-um |
| **en 2005 (dos mil cinco)** | (im Jahre) 2005 | |
| **internacional** | international | Este es un partido de fútbol ~. |
| **Argentina** | Argentinien | |
| **Alemania** | Deutschland | F l'Allemagne *f.* |
| **el asesor, la asesora** | der/die Berater/in | |
| **después de** + *verbo* | nach + *Verb* | ~ comer hago los deberes. |

⚠ *Unterscheide:*

Voy contigo al cine, pero **antes** tengo que ducharme.
**Antes de** la cena salgo con mis amigos.
**Antes de** estudiar escucho música.

Primero te duchas y **después**, vamos al cine.
**Después del** instituto vuelvo a casa.
**Después de** ver la tele hago los deberes.

| | | |
|---|---|---|
| **decidir *algo*** | *etw.* entscheiden | Tenemos que ~: ¿vamos al cine o no? E to decide F décider |
| **el punto** | der Punkt | Mi equipo ganó cien ~[11]. F le point |
| **el comportamiento** | das Verhalten | Un buen ~ es importante para el trabajo en equipo. F le comportement |
| **entre** | zwischen | Panamá está situado ~ Costa Rica y Colombia. F entre L inter |
| estar **de acuerdo** | einverstanden sein | Él piensa otra cosa, no ~[12]. F être d'accord |
| **al principio** | am Anfang | ≠ al final |
| **pasado/-a** ▶ pasar | vergangen/e, vergangenes | El mes ~ fui a Cartagena. F passé/e |
| **el viaje** | die Reise | Los alumnos hicieron un ~ a Baqueira. |

**1** grita **2** participa **3** reglas del juego **4** gano **5** tiene lugar **6** barrios **7** nací **8** organiza **9** lucha **10** otras **11** puntos **12** está de acuerdo

## PARA COMUNICARSE UNIDAD 6

***wichtige Daten eines Landes vorstellen***
(España) está situada en (Europa).
Limita con (Portugal y Francia).
La capital de (España) es (Madrid).
España tiene (47) millones de habitantes.
(El español y el catalán) son lenguas oficiales de España.
El Río (Tormes) tiene (247) kilómetros. / es muy importante.
(El pico de Aneto) tiene una altura de (3400) metros.
Productos típicos españoles son (los tomates y el jamón).

***Angaben zu den Himmelsrichtungen machen***
(Los Pirineos) están en el norte de (España).
En el sur / en el este / en el oeste de (España) hay …

***in einem Gespräch etw. besonders betonen und darauf reagieren***
¡Fíjate! … / ¡Imagínate! …
¿Sabes qué pasó (luego)?
Cuéntame.
¡Vaya sorpresa/caos …!
¡No me digas! ¿Cómo que …?

***erzählen, was jd erlebt hat***
Primero …, después …, además … y al final …
Antes de …. / Después de ….
Hace dos días …. / Desde entonces …. /
Dos días más tarde …. / La semana pasada …
Por eso, …. / Es que …

***sich entschuldigen***
¡Disculpa! Es que (no tengo tiempo).

***etw. bewerten***
Al principio fue (difícil).
Claro, todavía hay problemas, pero ahora (hay más respeto).
Para (mi madre), (el fútbol es un deporte para chicos).

## 7 DE VIAJE POR ESPAÑA

### ¡ACÉRCATE!

| | | |
|---|---|---|
| **(estar) de viaje** | auf Reisen (sein) | Mi madre no está aquí. ~[1]. |
| **la farmacia** | die Apotheke | E pharmacy F la pharmacie |
| **por aquí** | hier (in der Nähe, entlang) | |
| **cruzar *algo*** | *etw.* überqueren | El niño es muy pequeño para ~ la calle a solas. E to cross |
| **todo recto** | (immer) geradeaus | ¿Para ir a la Plaza Mayor? Ve ~. F tout droit |
| **girar** | abbiegen | Tienes que ~ a la derecha. |
| **¡Perdona!** | Verzeihung! | ~, ¿me puedes ayudar? ◆ ¡Disculpa! |
| **la oficina** | das Büro | E office F l'office *m.* |
| **Correos** | die Post *Amt* | |

*Die Ordnungszahlen findest du auf S. 179.*

| | | |
|---|---|---|
| **seguir *algo / a alguien*** (e → i, yo sigo) | weitergehen, *etw./jdm* folgen | – ¿Cómo ~[2] la historia? |
| **¿Cómo?** | Wie bitte? | ¿~? No entiendo ni jota. |
| **repetir *algo*** (e → i, yo repito) | *etw.* wiederholen | No entiendo, ¿~[3] la pregunta? E to repeat F répéter L repetere |

| | | |
|---|---|---|
| coger (yo cojo) | nehmen | – ¿Qué bus ~[4] para ir allí? L colligere |

⚠ *Achte darauf, dass das* **-g-** *von* **coger** *vor* **-a** *und* **-o** *zu* **-j-** *wird:*
Yo siempre cojo esta calle para ir al instituto.

| | | |
|---|---|---|
| **lejos (de)** *adv./prep.* | weit (weg), weit (entfernt) | – ¿Está por aquí? – No, está un poco ~. ≠ cerca |
| **luego** | dann, später, nachher | – Primero leo y ~ veo la tele. = después |
| **el supermercado** | der Supermarkt | |
| **enfrente (de)** *adv./prep.* | gegenüber | El puente está ~ de la catedral. E in front of |
| **Más despacio.** | Langsamer. | ¿Puedes hablar ~? |
| **otra vez** | noch einmal, (schon) wieder | – Mañana, hay un examen. – ¿Qué? ¡~! |

**1** Está de viaje **2** sigue **3** repites **4** cojo

## 7A ¡POR FIN VACACIONES!

| | | |
|---|---|---|
| **las vacaciones de verano** *pl.* | die Sommerferien | Las ~ en España son desde junio hasta septiembre. |
| **todo el** + *sust.* **/ toda la** + *sust.* | alle | Los chicos se ven ~[1] días. F tout le / toute la L totus/-a/-um |

| | | | | | |
|---|---|---|---|---|---|
| **todos los** chicos | alle Jugendlichen | **todo el** mundo | die ganze Welt | **todo el** día | den ganzen Tag |
| **toda la** gente | alle Leute | **todo el** tiempo | die ganze Zeit | **todos los** días | jeden Tag |

| | | |
|---|---|---|
| **el plan** | der Plan | – ¿Qué haces hoy? – Todavía no tengo ~[2]. |
| **(tres semanas) más** | (drei Wochen) noch | Dos días ~ y ya tenemos el examen. |
| **¡Yuju!** | Juhu! | – No hay examen. – ¡~ ! |
| **a lo mejor** | unter Umständen, womöglich | |
| **dejar a** ***alguien*** **a su aire** | *jdm* seinen Willen lassen | No los aguanto. ¿Por qué no me ~[3]? |
| **cotilla** *inv.* | klatschhaft | Este charla de todo. Es muy ~. |
| **olvidar** ***algo*** | *etw.* vergessen | En las vacaciones quiero ~ el instituto. ≠ pensar en algo/alguien |
| **el chaval** *fam.* | der Junge, der Bursche | |
| **seguir igual** | *hier:* immer noch genauso aussehen/sein | Ana ya tiene 16 años pero ~[4]. |

⚠ *Das Verb* **seguir** *hat viele unterschiedliche Verwendungen:*

| | |
|---|---|
| Tienes que **seguir** este ejemplo. | Du musst diesem Beispiel **folgen**. |
| ¿Cómo **sigue** la historia? | Wie **geht** die Geschichte **weiter**? |
| Tienes que **seguir** todo recto. | Du musst geradeaus **weitergehen**. |
| Pero, ¡**sigues** igual! | Aber du **siehst immer noch genauso aus!** |

| | | |
|---|---|---|
| **¡Cómo pasa el tiempo!** | Wie die Zeit vergeht! | – Pronto voy a terminar la ESO. – ¡~! |
| **de mi edad** | in meinem Alter | Busco chicos ~ para hablar en el chat. |
| **la marcha** *fam.* | *hier:* die Stimmung, Atmosphäre | Ahí siempre hay mucha ~. |
| **la verdad** *fam.* | *hier:* aber echt | Fui a un concierto superbueno, ~. |
| **secreto/-a** ▶ el secreto | geheim | E secret F secret/-ète |

| | | |
|---|---|---|
| **lo mismo** | dasselbe | La gente siempre cuenta ~. |
| estar **lleno/-a** | voll sein | El bus está ~. No podemos subir. L plenus/-a/-um |
| **el campamento** | das (Ferien-)Lager | En julio me fui a un ~ de deporte. |
| ser **una pasada** *fam.* | fantastisch sein | Tengo una nueva bici. ¡Es una ~! |
| **el piragüismo** | der Kanusport | En el Río Tormes, se puede hacer ~. |
| **la caminata** | der (lange) Fußmarsch | Odio las ~[5] largas. Me duelen los pies. |
| **la sierra** | das Gebirge | En la ~ la gente hace caminatas largas. |
| **¡Anda!** *fam.* | Na, komm! | |
| **el chalé, los chalés** *pl.* | das Ferienhaus | Mi padre sueña con un ~. F le chalet |
| **el tío, la tía** | der Onkel, die Tante | La hermana de mi madre es mi ~[6]. |
| **patinar** | Rollschuh laufen, Inline skaten, eislaufen | En invierno, mucha gente va a ~. F patiner |
| **el cíber** *fam.* **(= el cibercafé)** | das Internetcafé | En un ~ puedes buscar cosas en Internet. |

**1** todos los **2** planes **3** dejan a mi aire **4** sigue igual **5** caminatas **6** tía

## 7B BESOS Y RECUERDOS A TODOS

| | | |
|---|---|---|
| **el recuerdo** | der Gruß, das Souvenir | Cuando estoy de viaje, compro ~[1]. |
| **Querido/-a ...** | Liebe/r ... *Brief* | |
| **el surf** | das Surfen | |
| **Hace (viento).** | Es ist (windig). | |
| **el viento** | der Wind | En las montañas hace mucho ~. F le vent L ventus |
| **el calor** | die Hitze, Wärme | En Sevilla hace mucho ~. |
| estar **nublado** | bewölkt sein | Hoy está un poco ~. |
| **el sol** | die Sonne | En julio, hace mucho ~. F le soleil L sol |
| **quemar** | brennen, verbrennen | El sol puede ~. L cremare |
| **Hace buen/mal tiempo.** | Es ist gutes/schlechtes Wetter. | |
| **Estamos a 34 grados.** | Es sind 34°. | |
| **visitar** ▶ la visita | besuchen | E to visit F visiter L visitare |
| **la montaña rusa** | die Achterbahn | |
| *estar* ***dale que dale ...*** *fam.* | *etw. zum wiederholten Mal sagen* | |
| **Cataluña** ▶ el catalán | Katalonien | ~ es una región en el este de España. |
| **no ... nada** | nichts, überhaupt nicht | A veces Vega ~ entiende ~ en la clase. |
| estar **emocionado/-a** | gerührt sein | |
| **no ... nadie** | niemand | En Barcelona Vega ~ conoce a ~. |
| dar **recuerdos a** ***alguien*** | *jdn* grüßen | Y ~[2] a tu novia también. |
| **el saludo** | der Gruß, *hier:* Liebe Grüße *Brief* | ~[3] a tu amiga Sandra |

| | | |
|---|---|---|
| **Galicia** | Galicien | ~ está en el noroeste de España. |
| **Andalucía** | Andalusien | ~ está en el sur de España. |
| **llover** (o → ue, llueve) | regnen | En noviembre ~[4] mucho en Alemania.<br>≠ hacer sol |
| **el frío** | die Kälte | En enero hace mucho ~ en Alemania.<br>≠ el calor |

¿Hace buen tiempo?

Hace sol. Hace calor. Hace frío. Llueve. Está nublado. Hace viento.

| | | |
|---|---|---|
| ***Nos quedamos aquí como sardinas.*** | *Wir sitzen hier wie die Ölsardinen.* | |
| **no … nunca** | nie | |
| **perder *algo*** (e → ie, yo pierdo) ▶ perderse | *etw.* verlieren | ¡Cuidado con tu móvil! Ya ~[5] el viejo.<br>F perdre |
| **más** | mehr | |
| **el abrazo** | die Umarmung; *hier:* Herzliche Grüße *Brief* | |
| **el clima** | das Klima | |
| **la cultura** | die Kultur | |
| **la tradición** | die Tradition | |

**1** recuerdos **2** dale recuerdos **3** Saludos **4** llueve **5** perdiste

## PARA COMUNICARSE UNIDAD 7

***einen Weg beschreiben***
Perdona, ¿dónde hay (una farmacia) por aquí?
¿Está por aquí (la oficina de Correos)?
¿Cómo llego a (la Plaza Mayor)?
¿Está cerca/lejos?
Cruza esta calle/plaza. / Ve todo recto y después gira a la (izquierda/derecha). / Sigue todo recto hasta (la plaza) y luego coge la (segunda) calle a la (derecha).

***nachfragen, wenn du etw. nicht verstehst***
¿Cómo? Más despacio, por favor.
No entiendo, ¿puedes repetir?
No tan rápido, otra vez por favor.

***über Pläne und Vorhaben sprechen***
¿Qué vais a hacer (este fin de semana/esta tarde)?
¿Vas a visitar (a tus abuelos)?
Pues, no sé. A lo mejor voy a …
Bueno, el sábado vamos a …

***Vor- und Nachteile abwägen***
No está mal porque …
Además hay…
Pero …, ¿no?
Por eso …

***eine Postkarte und einen Brief schreiben***
¡Hola (familia)! / Querido/-a …:
¿Qué tal? Por aquí todo bien.
¡Escríbeme pronto!
¡Mil besos y recuerdos a (todos)! / Un beso y dale recuerdos a (Rubén).

***über das Wetter sprechen***
Hace buen/mal tiempo.
Hace (mucho / un poco) sol/viento/calor/frío.
Está (un poco) nublado.
Llueve mucho.
Estamos a (29) grados.

***Begeisterung ausdrücken***
¡Es una pasada!

## SUPLEMENTO CATALUÑA: A BARCELONA

| | | |
|---|---|---|
| *haber* | haben *Hilfsverb* | |
| ⚠ *Das Verb* haben *hat im Spanischen zwei Entsprechungen:* | **tener** Vollverb<br>Yo **tengo** hambre.<br>Ellos no **tienen** tiempo. | **haber** Hilfsverb (pretérito perfecto)<br>Yo **he** visitado Barcelona.<br>Ellos no **han** estado en Madrid. |
| ***Es la primera vez que …*** | Es ist das erste Mal, dass … | No lo conozco, ~ lo veo. |
| ***enseñar algo a alguien*** | *jdm etw.* zeigen | No lo veo, ¿me lo puedes ~? **F** enseigner |
| ***¡Oiga!*** ▶ ¡Oye! | Hören Sie. *hier:* Entschuldigen Sie. | |
| ***¿Qué vais a tomar?*** | Was wollt ihr essen/trinken? | |
| ***el bocadillo*** | das belegte Brötchen | Quiero un ~ con queso por favor. |
| ***la naranja*** | die Orange | ¿Me pones un zumo de ~, por favor? |
| ***A ver.*** *fam.* | Mal sehen. | |
| ***el pincho*** | das Spießchen | En Bilbao la gente come muchos ~[1]. |
| ***el pan con tomate (= el pà amb tomàquet*** *cat.)* | *Brot mit Tomate (katalanische Spezialität)* | El ~ es típico de Cataluña. |
| ***el/la camarero/-a*** | der/die Kellner/in | El ~ nos pregunta qué vamos a tomar. |
| ***beber algo*** | *etw.* trinken | En verano tienes que ~ mucha agua.<br>≠ comer ◆ cenar, la cena, el desayuno |
| ***¿Y de beber?*** | Und zu trinken? | |
| ***¿Qué te pongo?*** | Was kann ich dir bringen? | |
| ***el granizado*** | *das Granizado (Erfrischungsgetränk)* | |

Comer y beber …

| | | |
|---|---|---|
| *probar* ***algo*** (o → ue, yo pruebo) ▶ la prueba | *etw.* probieren | ¿Qué tal el granizado? ¿Puedo ~? |
| ***mejor que*** | besser als *Vergleich* | |
| ***el sitio***<br>▶ estar situado en | der Ort | Ya conozco el ~. Estuve aquí hace un año.<br>= el lugar **E** site **F** le site |
| ***más (fácil) que*** | (leicht)er als *Vergleich* | |
| ***tan (fácil) como*** | so (leicht) wie *Vergleich* | Esas gafas no son ~ caras ~ estas. |
| ***la lengua materna*** | die Muttersprache | Mi ~ es el alemán/ruso/turco.<br>◆ la lengua oficial **F** la langue maternelle |
| ***la vuelta*** ▶ volver | die Runde, der Spaziergang | |
| *dar* ***una vuelta*** (yo doy) | spazieren gehen | ¡Qué buen tiempo! ¿~[2] al parque? |
| ***el músico, la música*** ▶ la música | der/die Musiker/in | Una persona que toca la guitarra es un ~. |

| | | |
|---|---|---|
| *la vista* ▶ ver | die Aussicht | Desde la montaña tienes una ~ fenomenal. |
| *guay* *inv., fam.* | cool | = fenomenal, genial |
| *la iglesia* | die Kirche | F l'église *f.* L ecclesia |
| *raro/-a* | seltsam | |
| *menos (famoso/-a) que* | weniger (berühmt) als *Vergleich* | |
| *Hay tantas cosas que (ver).* | Es gibt so viele Dinge zu (sehen). | En este pueblo ~. |
| *estar muerto/-a* ▶ morirse | tod(müde) sein | Despues de patinar todo el día ¡estoy ~!<br>F mort/e L mortuus/-a/-um |
| *¿Ponemos fondo?* | Legen wir zusammen? | ¿Cómo pagamos? ¿~? |
| *peor (que)* *adj./adv.* | schlechter *Vergleich* | |

**1** pinchos **2** Damos una vuelta

## SUPLEMENTO CATALUÑA: B MI LUGAR FAVORITO

| | | |
|---|---|---|
| *el/la reportero/-a* | der/die Reporter/in | El ~ hizo preguntas a la estrella de rock. |
| *el periódico* | die (Tages-)Zeitung | Mi madre lee cada mañana el ~.<br>◆ la revista, el/la reportero/-a |
| *escolar* | schulisch, Schul- (+ S.) | F scolaire |
| *el periódico escolar* | die Schülerzeitung | |
| *el reportaje* | die Reportage | Laura hace ~[1] para el periódico escolar. |
| *el/la joven, los jóvenes* *pl.* | der/die Jugendliche | En la ciudad faltan espacios para ~[2].<br>◆ el chico/la chica |
| *la entrevista* | das Interview | |

| Hacer un periódico escolar | **el/la reportero/-a**<br>**la revista** | **escribir un reportaje**<br>**hacer una entrevista** |
|---|---|---|

| | | |
|---|---|---|
| *cambiar algo* ▶ cambiarse | *etw.* verändern | ¿No te gusta el programa? Lo podemos ~.<br>≠ seguir igual |
| *acostumbrarse a algo/alguien* | sich an *etw./jdn* gewöhnen | Es nuevo para él, pero se va a ~[3]. |
| *a menudo* | oft | Cuando haces algo ~, lo haces muchas veces. ≠ a veces |
| *el/la mejor* + *sust.* | der/die beste (+ S.) *Vergleich* | |
| *el museo* | das Museum | ¿Vamos a ver la catedral o el ~? |
| *sentarse* (e → ie, yo me siento) | sich hinsetzen | Después de correr dos horas, tengo que ~[4]. |
| *la escalera* | die Treppe, Leiter | No subo la ~, tengo miedo de caerme.<br>F l'escalier *m.* |
| *pasarlo bomba* *fam.* | sich köstlich amüsieren | |
| *el malabarismo* | *das Jonglieren, die Gauklerei* | |
| *el tambor* | die Trommel | ◆ la guitarra F le tambour |

| | | |
|---|---|---|
| ***enseñar a alguien a +*** *Inf.* | jdm beibringen, *etw.* zu tun | ¿Me vas ~ a tocar la guitarra? |
| ***tocar el tambor*** | trommeln | El músico sabe ~. |
| ***el rato*** | die Weile | = un momento |
| ***la canción, las canciones*** ▶ cantar | das Lied | ¿Por qué no cantas una ~ bonita? |
| ***marchoso/-a*** ▶ la marcha | belebt | Por la noche la plaza se pone muy ~[5]. = animado/-a |
| ***barato/-a*** | billig, günstig | Algo que no cuesta mucho es ~. ≠ caro/-a |
| ***de segunda mano*** | gebraucht, Second Hand- (+ S.) | No es nuevo sino ~. |
| ***encontrar algo*** (o → ue, yo encuentro) ▶ encontrarse, el encuentro | *etw.* finden | Vega nunca ~[6] sus cosas, siempre está buscando algo. ≠ buscar algo |

⚠ *Unterscheide:*

Vega no **encuentra** sus cosas. Vega **findet** ihre Sachen nicht.
Vega **se encuentra** con Cristina en la Plaza Mayor. Vega **begegnet** Cristina auf der Plaza Mayor.

| | | |
|---|---|---|
| ***el otro día*** | letztens, neulich | No sabes a quién vi ~. F l'autre jour |
| ***recorrer algo*** ▶ correr | *etw.* durchqueren | Para conocer una ciudad tienes que ~ sus barrios. |
| ***el puerto*** | der Hafen | En Barcelona puedes dar una vuelta en el ~. E port F le port L portus |
| ***animado/-a*** | belebt | = marchoso/-a |

**1** reportajes **2** jóvenes **3** acostumbrar **4** sentarme **5** marchosa **6** encuentra

## PARA COMUNICARSE SUPLEMENTO CATALUÑA

***erzählen, was jd heute gemacht hat***
Ya (he estado allí).
Hoy (he visto por primera vez al novio de mi amiga).
Esta mañana/tarde (hemos dado una vuelta de la ciudad).
Esta vez (he ido a solas).
Nunca (lo he escuchado antes).
Hasta ahora (no hemos comido nada).

***Dinge miteinander vergleichen***
(El catalán) es más/menos (fácil) que (el español).
(No es) tan (difícil) como (el inglés).
Es el mejor (sitio) de (toda la ciudad).
El lugar que más me gusta es (la *Plaça dels Àngels*).

***etw. zu Essen und Trinken bestellen***
Oiga, por favor.
¿Que te/os pongo? / ¿Que vais a tomar? / ¿Y de beber?
Para mí (un bocadillo con queso y un zumo de naranja), por favor.
La cuenta, por favor.
¿Ponemos fondo?

***ein Interview führen***
Hola, ¿te puedo hacer unas preguntas?
¿Puedes decirme cuál es (tu lugar favorito en Barcelona)?
Es que quiero escribir un reportaje sobre (los lugares favoritos de los jóvenes).
Soy reportero/-a del periódico escolar del (Lucía de Medrano).
¿Qué (sitio) te gusta más (en Barcelona)?

***seine Lieblingsplätze beschreiben***
¿Mi lugar favorito? (El *Carrer dels Tallers*), por ejemplo.
Para mí, (el *Port Olímpic*) es el sitio más importante.
Es una de (las calles más marchosas de Barcelona).
Allí encuentras de todo. Son las mejores (tiendas de la ciudad).
Es que (aquí/allí siempre pasa algo).
Hay gente que (hace malabarismos).
Está muy bien para (pasar un rato aquí/allí).

# LISTA ALFABÉTICA

Die Zahl hinter dem Pfeil zeigt die Fundstelle an.
Verben mit Besonderheiten sind blau gedruckt, siehe **Los verbos** ab S. 181.
**Grundschrift** = obligatorischer Wortschatz
***kursiv*** = fakultativer Wortschatz

A

**a** nach + *Stadt/Land*, zu/in ▶3/A
**a casa** nach Hause ▶2/A
**¡A dormir!** Geht schlafen! ▶4/C
**a la/s ...** um ... Uhr *Uhrzeit* ▶3/Ac
**a la derecha (de)** rechts (von) ▶2/B
**a la hora de (comer)** zur (Essens-)zeit ▶5/B
**a la izquierda (de)** links (von) ▶2/B
**a lo mejor** unter Umständen, womöglich ▶7/A
***a menudo*** *oft* ▶Supl./B
**a mi aire** nach Lust und Laune ▶5/C
**a solas (estar)** allein sein ▶5/C
**a veces** manchmal ▶2/B
el **abrazo** die Umarmung ▶7/B; **Un ~** Herzliche Grüße *Brief* ▶7/B
**abrir *algo*** *etw.* öffnen ▶4/B
el/la **abuelo/-a** der Großvater, die Großmutter ▶2/A
los **abuelos** *pl.* die Großeltern ▶2/A
**aburrido/-a** langweilig ▶2/B
**aburrirse (como una ostra)** sich (schrecklich) langweilen ▶4/A
**acabar de** + *inf.* *etw.* gerade getan haben ▶5/B
**acordarse (de *algo*,** o → ue) sich (an *etw.*) erinnern ▶3/C
**acostarse** (o → ue) sich hinlegen ▶3/C
***acostumbrarse a algo/alguien*** *sich an etw./jdn gewöhnen* ▶Supl./B
**además** außerdem ▶4/B
**¡Adiós!** Auf Wiedersehen! ▶1/C
**¿Adónde?** Wohin? ▶3/A
**agotador/a** anstrengend ▶4/C
el **agua** *f.* das Wasser ▶5/B
**aguantar *algo/a alguien*** *etw./jdn* aushalten ▶5/C
**ahí** da ▶5/A
**ahora** jetzt, gleich ▶1/B; **~ mismo** jetzt sofort ▶5/A
**al final** am Ende, schließlich ▶3/B
**al lado (de)** neben ▶2/B
**al menos** wenigstens ▶6/B
**al principio** am Anfang ▶6/B
**alegre** fröhlich, lustig ▶3/B
**Alemán** Deutsch *Schulfach* ▶4/Ac
**Alemania** Deutschland ▶6/B
**algo** etwas ▶1/B
**alguien** *inv.* jemand ▶4/B
**allí** dort (drüben) ▶1/A
**alto/-a** groß, hoch, laut ▶5/Ac
la **altura** die Höhe ▶6/Ac; **tener una ~ de ... metros** ... m hoch sein ▶6/Ac
el/la **alumno/-a** der/die Schüler/in ▶1/B
**amarillo/-a** gelb ▶5/Ac
**América del Sur** Südamerika ▶6/Ac
el/la **amigo/-a** der/die Freund/in ▶1/Ac
**ancho/-a** weit ▶5/A
**¡Anda!** *fam.* Na, komm! ▶7/A
**Andalucía** Andalusien ▶7/B
***animado/-a*** *belebt* ▶Supl./B
el **año** das Jahr ▶2/Ac
**antes** *adv.* vorher, früher ▶5/C
**antes de** vor *zeitlich* ▶6/A; **~ + *verbo*** (be)vor ... ▶6/B
el **apellido** der Nachname ▶2/Ac
**aprender a** + *inf.* lernen, *etw. zu tun* ▶1/C; **~ *algo* de memoria** *etw.* auswendig lernen ▶4/A
**apuntarse (a *algo*)** sich (für *etw.*) anmelden, (bei *etw.*) mitmachen ▶4/B
**aquí** hier ▶1/A
el **árbitro** der Schiedsrichter ▶6/B
*la* ***arepa*** *der Maisfladen* ▶3/C
el **armario** der Schrank ▶2/B
el/la **asesor/a** der/die Berater/in ▶6/B
**así** so ▶4/A
la **asignatura** das Schulfach ▶4/Ac
el **aula, las aulas** *f., pl.* der (Klassen)Raum ▶4/B
la **avenida** die Allee, der Boulevard ▶2/Ac
**ayer** gestern ▶6/A
**ayudar a *alguien*** *jdm* helfen ▶6/B
el **azúcar** der Zucker ▶6/Ac
**azul** blau ▶5/Ac

B

**¡Bah!** Naja... ▶1/A
**bailar** tanzen ▶3/A
**bajar *algo*** *etw.* leiser stellen, senken ▶4/C; **bajarse (del bus)** (aus dem Bus) aussteigen ▶4/C; **~ por (la pista)** (die Piste) hinunterfahren, hinuntergehen ▶4/C
el **balcón** der Balkon ▶2/B
el **balón** der Ball ▶4/B
el **baloncesto** Basketball ▶4/B
***barato/-a*** *billig, günstig* ▶Supl./B
el **barrio** das Viertel *Stadt* ▶6/B
**bastante** ziemlich, genug ▶2/B
***beber algo*** *etw. trinken* ▶Supl./A
el **beso** der Kuss ▶3/C
la **bici** *fam.* **(= la bicicleta)** das Fahrrad ▶3/B
**bien** gut ▶1/A
**bienvenido/-a a ...** willkommen in ... ▶1/Ac
**blanco/-a** weiß ▶4/C
*el* ***bocadillo*** *das belegte Brötchen* ▶Supl./A
la **bolera** die Kegelbahn ▶3/A
el **boli** *fam.* **(= el bolígrafo)** der Kuli (=Kugelschreiber) ▶1/B
**bonito/-a** schön, hübsch ▶2/C
la **bronca** der Streit, Krach ▶5/C
la **bruja** die Hexe ▶3/C
**bueno** na gut, o.k. ▶¡Hola!; **bueno/-a** gut ▶2/C; **Buenos días.** Guten Tag! ▶1/B
el **bus** der Bus ▶3/Ac
**buscar *algo*** *etw.* suchen ▶1/B

C

la **cabeza** der Kopf ▶4/C
**cada** *adj.* jede/r, jedes ▶4/Ac
**caerse (me caigo)** fallen, hinfallen, stürzen ▶4/C
el **café** der Kaffee ▶6/Ac
la **cafetería** die Cafeteria ▶1/B
**callarse** schweigen, verstummen ▶6/A
la **calle** die Straße ▶2/Ac
el **calor** die Hitze, Wärme ▶7/B
la **cama** das Bett ▶2/B
*el/la* ***camarero/-a*** *der/die Kellner/in* ▶Supl./A
***cambiar algo*** *etw. verändern* ▶Supl./B
**cambiarse** sich umziehen ▶5/A
la **caminata** der (lange) Fußmarsch ▶7/A
la **camisa** das Hemd ▶5/Ac
la **camiseta** das T-Shirt ▶3/B
el **campamento** das (Ferien-)Lager ▶7/A
el **campeonato** der Wettkampf, die Meisterschaft ▶6/B
el **canal** der Kanal ▶6/Ac
***Canarias*** *pl. die Kanaren* ▶3/Ac
*la* ***canción*** *das Lied* ▶Supl./B
**cantar *algo*** *etw.* singen ▶4/B
el **caos** das Chaos ▶4/C
la **capital** die Hauptstadt ▶6/Ac
la **cara** das Gesicht ▶5/B
el **Caribe** die Karibik ▶6/A
**caro/-a** teuer ▶5/A
la **casa** das Haus, die Wohnung ▶1/C

**casi** fast, beinahe, quasi ▶ 3/B
**castaño** (kastanien-)braun ▶ 5/Ac
*el* ***catalán*** *Katalanisch (Sprache)* ▶ ¡Hola!
**Cataluña** Katalonien ▶ 7/B
la **catedral** die Kathedrale ▶ 1/Ac
la **cazadora** die (Wind-)Jacke ▶ 5/Ac
el **cedé** die CD ▶ 3/A
la **cena** das Abendessen ▶ 2/A
**cenar** zu Abend essen ▶ 4/C
el **centro** das Zentrum ▶ 1/Ac; **el ~ comercial** das Einkaufszentrum ▶ 3/A; **el ~ cultural** das Kulturzentrum ▶ 3/A; **el ~ de la ciudad** das Stadtzentrum ▶ 1/Ac
**cerca (de …)** in der Nähe (von …), nahe (bei …) ▶ 6/Ac
**cerrar** (e → ie) schließen ▶ 3/Ac
el **chalé** das Ferienhaus ▶ 7/A
la **chaqueta** die Jacke ▶ 5/Ac
**charlar** plaudern, sich unterhalten ▶ 1/B
el **chat** der Chat ▶ 1/C
el **chaval** *fam.* der Junge ▶ 7/A
el/la **chico/-a** der Junge, das Mädchen ▶ 1/A
el **chiste** der Witz ▶ 4/C
el/la **chivato/-a** *m./f., fam.* die Petze ▶ 5/C
el/la **cíber** *fam.* **(= el cibercafé)** das Internetcafé ▶ 7/A
**Ciencias Naturales** *pl.* Naturwissenschaften *Schulfach* ▶ 4/Ac
el **cine** das Kino ▶ 3/A
la **ciudad** die Stadt ▶ 1/Ac
**claro** *adv.* (na) klar ▶ 1/Ac; **~ que** … Natürlich (+ Satz). ▶ 2/A
**claro/-a** *adj.* hell ▶ 5/A
la **clase** der Unterricht, die Klasse, das Klassenzimmer ▶ 1/B
el **clima** das Klima ▶ 7/B
la **cocina** die Küche ▶ 2/A
**coger** nehmen ▶ 7/Ac
la **cola** die Schlange ▶ 3/A
el **colegio (= el cole** *fam.***)** die Schule, *in Spanien:* die Grundschule ▶ 3/C
**Colombia** Kolumbien ▶ 1/A
el **comedor** die Kantine, das Esszimmer ▶ 3/C
*el* ***comentario*** *der Kommentar* ▶ 4/A
**comer** ***algo*** *etw.* essen ▶ 4/A
**como** wie ▶ 1/A
**¿Cómo?** Wie? ▶ ¡Hola!; Wie bitte? ▶ 7/Ac; **¡~ pasa el tiempo!** Wie die Zeit vergeht! ▶ 7/A; **¿~ se dice (en español)?** Wie sagt man (auf Spanisch)? ▶ 1/B; **¿~ se escribe?** Wie schreibt man das? ▶ 1/B
el/la **compañero/-a** der/die Klassenkamerad/in ▶ 6/A
**compartido/-a** gemeinsam ▶ 2/B
**compartir** ***algo*** *etw.* (miteinander) teilen ▶ 1/C
el **comportamiento** das Verhalten ▶ 6/B
**comprar** ***algo*** *etw.* kaufen ▶ 3/B
**comprender** ***algo*** *etw.* verstehen ▶ 1/C
**con** mit ▶ 1/A
el **concierto** das Konzert ▶ 6/A
**conmigo** mit mir ▶ 2/C
**conocer** ***algo*/a *alguien*** (c → zc) *etw./jdn* kennen, kennenlernen ▶ 5/C
el **consejo** der Rat ▶ 5/C
**contar** ***algo*** (o → ue) *etw.* erzählen, zählen ▶ 3/B
**contento/-a (estar)** zufrieden sein ▶ 4/A
**contestar** ***algo*** *etw.* (be)antworten ▶ 1/C
**contigo** mit dir ▶ 2/C
**contra** gegen ▶ 4/B
**controlar** ***algo*/a *alguien*** *etw./jdn* kontrollieren, überwachen, überprüfen ▶ 5/C
*la* ***Cordillera de los Andes*** *die Andenkordillere* ▶ 6/Ac
el **coro** der Chor ▶ 4/B
**Correos** die Post *Amt* ▶ 7/Ac
**correr** rennen, laufen ▶ 3/Ac; **¡Corre!** Beeil dich! ▶ 3/Ac
**corto/-a** kurz ▶ 5/Ac
la **cosa** die Sache, das Ding ▶ 3/B
**costar** (o → ue) kosten ▶ 5/A
**cotilla** *inv.* klatschhaft ▶ 7/A
**creer** ***algo*** *etw.* glauben ▶ 3/B
**cruzar** ***algo*** *etw.* überqueren ▶ 7/Ac
**¿Cuál/es?** *pron.* welche/r, welches? ▶ 5/Ac
**¿~ es tu asignatura favorita?** Was ist dein Lieblingsfach? ▶ 4/Ac
**¿~ es tu número de teléfono?** Wie ist deine Telefonnummer? ▶ 2/Ac
**cuando +** *ind., conj.* immer wenn ▶ 5/C; (zeitlich) als ▶ 6/A
**¿Cuándo?** Wann? ▶ 3/B
**¿Cuánto es?** Wie viel macht das? ▶ 5/A
**¿Cuántas horas …?** Wie viele Stunden…? ▶ 4/Ac
**¿Cuántos años tienes?** Wie alt bist du? ▶ 2/Ac
el **cuarto de baño** das Badezimmer ▶ 2/A
la **cuchara** der Löffel ▶ 5/B
el **cuchillo** das Messer ▶ 5/B
la **cuenta** die Rechnung ▶ 6/A
la **cultura** die Kultur ▶ 7/B
el **cumpleaños (= el cumple** *fam.***)** der Geburtstag ▶ 2/C
**cumplir … años** … Jahre alt werden ▶ 3/B
**curioso/-a** neugierig ▶ 2/B

## D

**dar** ***algo*** **a *alguien*** *jdm etw.* geben ▶ 4/A; **~ recuerdos a *alguien*** *jdn* grüßen ▶ 7/B; ***~ una vuelta*** *spazieren gehen* ▶ Supl./A
**de** von, aus, über ▶ ¡Hola!
**de acuerdo (estar)** einverstanden sein ▶ 6/B
**¿De dónde?** Woher? ▶ ¡Hola!
**de memoria** auswendig ▶ 4/A
**¿De quién?** Wer ist am Apparat? *Telefonieren* ▶ 5/B
**de repente** plötzlich, auf einmal ▶ 1/C
**debajo (de)** (dar)unter ▶ 2/B
los **deberes** *pl.* die Hausaufgaben ▶ 1/C
**decidir** ***algo*** *etw.* entscheiden ▶ 6/B
**decir** sagen ▶ 5/B
**dejar** lassen ▶ 5/B; **~ a *alguien* en paz** *jdn* in Ruhe lassen ▶ 5/B; **a *alguien* ~ a su aire** *jdm* seinen Willen lassen ▶ 7/A; **~ de** + *inf.* aufhören, *etw.* zu tun ▶ 5/C
**delante (de)** vor ▶ 4/B
**demasiado** zu, zu sehr/viel ▶ 5/C
el **deporte** der Sport ▶ 2/C
**deportista** *inv.* sportlich ▶ 3/B
el **desayuno** das Frühstück ▶ 4/C
**desde** von, ab, seit *Zeit* ▶ 4/Ac; **~ entonces** seitdem ▶ 6/A
**despacio** *adv.* langsam ▶ 4/C
**despertarse** (e → ie) aufwachen ▶ 3/C
**después** danach, später ▶ 2/C
**después de** + *sust.* nach + S. ▶ 4/A; **~** + *verbo* nach + *Verb* ▶ 6/B
**detrás (de)** (da-)hinter ▶ 2/B
el **día** der Tag ▶ 1/B; ***el otro ~*** *letztens, neulich* ▶ Supl./B
el **diario** das Tagebuch ▶ 2/B
**diferente** unterschiedlich ▶ 2/B
**difícil** schwierig ▶ 2/B
**¿Diga?** Ja, bitte? *Telefonieren* ▶ 5/B
el **dinero** das Geld ▶ 3/A
la **dirección** die Adresse, die Richtung ▶ 2/Ac
**¡Disculpa!** Entschuldige! ▶ 6/A
**discutir** diskutieren, streiten ▶ 5/A
**divertido/-a** lustig ▶ 2/B
**doler** (o → ue) schmerzen, weh tun ▶ 4/C

el **dolor** der Schmerz ▶4/C; **el ~ de cabeza** die Kopfschmerzen ▶4/C
**¿Dónde?** Wo? ▶1/C
**dormir** (o → ue) schlafen ▶3/C
**ducharse** sich duschen ▶3/C
el **DVD** die DVD ▶2/B

**E**

**e** und (**y** vor hi- und i-) ▶4/Ac
**echar de menos *algo/a alguien*** *etw./jdn* vermissen ▶3/B
la **edad** das Alter ▶2/Ac; **de mi ~** in meinem Alter ▶7/A
**Educación Física** Sportunterricht ▶4/Ac
**Educación para la Ciudadanía y Derechos** Sozialkunde *Schulfach* ▶4/Ac
**egoísta** *inv.* egoistisch ▶2/C
el **ejemplo** das Beispiel ▶5/C; **por ~** zum Beispiel ▶5/C
**empezar** (***algo***, e → ie) *etw.* anfangen ▶3/Ac
**emocionado/-a** (**estar**) gerührt sein ▶7/B
el **empollón / la empollona** der/die Streber/in ▶4/A
**en** in, an, auf ▶1/A
**en casa (de *alguien*)** (bei *jdm*) zu Hause ▶1/C
**encima (de)** auf ▶2/B
***encontrar* *algo* / a *alguien*** (o → ue) *etw./jdn finden* ▶Supl./B
**encontrarse con *alguien*** (o → ue) *jdm* begegnen, sich mit *jdm* treffen ▶6/A
el **encuentro** das Treffen, die Begegnung ▶1/Ac
**enfadarse con *alguien*** auf *jdn* böse werden, sich über jdn ärgern ▶5/C
**enfermo/-a** (**estar**) krank sein ▶4/C
**enfrente (de)** gegenüber ▶7/Ac
la **ensalada** der Salat ▶5/B
**ensayar *algo*** *etw.* proben, üben ▶4/B
***enseñar algo a alguien*** *jdm etw. zeigen* ▶Supl./A; ***enseñar a + inf. (a alguien)*** *jdm etw. beibringen* ▶Supl./B
**entender *algo* / a *alguien*** (e → ie) *etw./jdn* verstehen ▶4/A
**entonces** dann, damals ▶3/B
la **entrada** die Eintrittskarte, der Eingang ▶3/A
**entrar** hineingehen, eintreten ▶4/B
**entre** zwischen ▶6/B
el **entrenamiento** das Training ▶4/B
*la* ***entrevista*** *das Interview* ▶Supl./B
el **equipo** die Mannschaft ▶4/B

**Es la una.** Es ist ein Uhr. ▶3/Ac; **~ y cuarto.** Es ist Viertel nach eins. ▶3/Ac; **~ y medio.** Es ist halb zwei. ▶3/Ac; **~ menos cuarto.** Es ist Viertel vor eins. ▶3/Ac
**Es que** ... Es ist nämlich so, dass ... ▶6/A
*la* ***escalera*** *die Treppe, Leiter* ▶Supl./B
***escolar*** *schulisch, Schul...* ▶Supl./B
**esconder *algo*** *etw.* verstecken ▶2/B
**escribir *algo*** *etw.* schreiben ▶1/C
**escuchar *algo*** *etw.* hören, zuhören ▶1/B
**ese, esa, esos, esas** diese/r (da) ▶5/Ac
el **espacio** der Raum, Platz ▶2/B
la **espalda** der Rücken ▶4/C
**España** Spanien ▶1/B
el **español** Spanisch *Sprache* ▶¡Hola!
**esperar *algo* / a *alguien*** auf *etw./jdn* warten ▶2/A
**esquiar** Ski fahren ▶4/C
el **estadio** das Stadion ▶1/Ac, **el ~ de fútbol** das Fußballstadion ▶1/Ac
la **estantería** das Regal ▶2/B
**estar** (da) sein, sich befinden ▶2/A; **~ en las nubes** geistesabwesend sein ▶3/C; **~ situado en** liegen *Ort* ▶6/Ac; **Estamos a (34°).** Es sind (34°). ▶7/B; **¿Estás bien?** Geht es dir gut? ▶4/C
el **este** der Osten ▶6/Ac
**este, esta, estos, estas** diese/r (hier) ▶5/A
**estrecho/-a** eng ▶5/A
la **estrella** der Stern ▶1/B; **ser la ~** sehr gut/begabt sein ▶1/B
**estricto/-a** streng ▶4/A
el/la **estudiante** *m./f.* der/die Student/in ▶1/Ac
**estudiar** lernen, studieren ▶1/B
**estupendo** *adv.* hervorragend, super ▶1/A
el **euro** der Euro ▶5/A
el **examen** die Klassenarbeit, Prüfung ▶4/Ac
el **éxito** der Erfolg ▶6/B
**explicar *algo* a *alguien*** *jdm etw.* erklären ▶4/B

**F**

**fácil** einfach ▶1/C
la **falda** der Rock ▶5/Ac
**faltar** fehlen ▶3/C
la **familia** die Familie ▶2/A
**famoso/-a** berühmt ▶6/Ac
la **farmacia** die Apotheke ▶7/Ac

**fatal** mies, furchtbar ▶1/A
**favorito/-a** Lieblings... ▶2/Ac
**¡Felicidades!** Herzlichen Glückwunsch! ▶3/C
**feliz** glücklich ▶4/A; **¡~ cumpleaños!** Alles Gute zum Geburtstag! ▶3/C
**fenomenal** fabelhaft, großartig ▶1/A
**feo/-a** hässlich ▶3/B
el **festival** das Festival ▶6/A; **el ~ de verano** das Sommerfestival ▶6/A
la **fiesta** das Fest, die Party ▶1/Ac; **la ~ sorpresa** die Überraschungsparty ▶2/C; **de ~** schick, festlich ▶5/A
**¡Fíjate!** Stell dir vor! ▶6/A
el **fin de semana** das Wochenende ▶3/B
el **final** das Ende ▶3/B; **al ~** am Ende, schließlich ▶3/B
el **flamenco** Flamenco *Musik* ▶2/Ac
la **flor** die Blume ▶6/Ac
la **foto** *fam.* (**= la fotografía**) das Foto ▶1/C
*el* ***francés*** *Französisch (Sprache)* ▶1/B
el **frío** die Kälte ▶7/B
la **fruta** das Obst, die Frucht ▶6/Ac
**fuera** draußen ▶6/A
el **fuerte** die Stärke ▶4/A
el **fútbol** der Fußball *Sport* ▶1/Ac

**G**

las **gafas** *pl.* die Brille ▶5/Ac
**Galicia** Galicien ▶7/B
**ganar *algo*** *etw.* gewinnen, verdienen ▶6/B
**genial** genial ▶1/A
la **gente** *sg.* die Leute ▶1/Ac
**Geografía e Historia** Erdkunde und Geschichte *Schulfach* ▶4/Ac
**girar** abbiegen ▶7/Ac
el **gol** das Tor *Sport* ▶1/Ac
la **gorra** die Mütze ▶2/B
**gracias** danke ▶1/B
**gracioso/-a** witzig ▶3/B
*el* ***grafiti*** *das Graffiti* ▶3/C
**grande** groß ▶2/B
*el* ***granizado*** *Erfrischungsgetränk* ▶Supl./A
**gratis** gratis ▶3/A
**gritar** schreien ▶6/B
el **grupo** die Band, die Gruppe ▶2/Ac; **el ~ de teatro** die Theatergruppe ▶4/B
***guay*** *cool* ▶Supl./A
la **guitarra** die Gitarre ▶1/C
**gustar** gefallen, mögen, *etw. gerne tun* ▶4/B

H

*haber* *haben Hilfsverb* ▶ Supl./A
la **habitación** das Zimmer ▶ 2/A
el/la **habitante** *m./f.* der/die Einwohner/in ▶ 6/Ac
**hablar (de *algo*)** (von *etw.*) sprechen ▶ 1/B
**~ por teléfono** telefonieren ▶ 5/B
**hacer *algo*** *etw.* tun ▶ 2/C; **~** + *Zeitangabe* vor + *Zeitangabe* ▶ 6/A; **Hace buen/mal tiempo.** Es ist gutes/schlechtes Wetter. ▶ 7/B; **~ calor/frío.** Es ist heiß/kalt. ▶ 7/B; **~ sol/viento.** Es ist sonnig/windig. ▶ 7/B
el **hambre** *f.* der Hunger ▶ 4/A
**harto/-a (de *algo/alguien*) (estar)** genug (von *etw./jdm*) haben, (*etw./jdn*) satt haben ▶ 4/A
**hasta** bis ▶ 4/Ac; **¡~ pronto!** Bis bald! ▶ 1/C
**hay** es gibt ▶ 2/B
el/la **hermano/-a** der Bruder, die Schwester ▶ 2/A
los **hermanos** *pl.* die Geschwister ▶ 2/A
el/la **hijo/-a** der Sohn, die Tochter ▶ 2/A
la **historia** die Geschichte ▶ 1/B
**¡Hola!** Hallo! ▶ ¡Hola!
la **hora** die Uhrzeit, die Stunde ▶ 3/Ac; **¿A qué ~?** Um wieviel Uhr? ▶ 3/Ac
el **horario** der Stundenplan ▶ 4/Ac
**hoy** heute ▶ 1/B

I

la **idea** die Idee ▶ 4/A
*la* ***iglesia*** *die Kirche* ▶ Supl./A
**igual (a *algo/alguien*)** gleich, genauso wie (*etw./jd*) ▶ 5/A
***¡Imagínate!*** *Stell dir vor!* ▶ 1/A
**importante** wichtig ▶ 2/C
**independiente** unabhängig ▶ 5/C
la **información** die Information ▶ 1/C
el **inglés** Englisch ▶ ¡Hola!
el **instituto** das Gymnasium ▶ 1/B
**interesante** interessant ▶ 2/B
**internacional** international ▶ 6/B
el/la **Internet** das Internet ▶ 1/C
el **invierno** der Winter ▶ 4/C
**ir** gehen, fahren ▶ 3/A; **~ de compras** einkaufen gehen ▶ 5/A; **~ en bici(cleta)** (mit dem) Fahrrad fahren ▶ 3/B
**irse** weggehen ▶ 3/C

J

el **jersey** der Pullover ▶ 5/Ac
*el/la* ***joven*** *der/die Jugendliche* ▶ Supl./B
el **juego** das Spiel ▶ 6/B
**jugar a** (u → ue) spielen ▶ 4/B
**juntos/-as** zusammen ▶ 3/B
**justo** *adv.* genau ▶ 6/A

K

el **kilómetro** der Kilometer ▶ 6/Ac

L

el **lado** die Seite ▶ 2/B
el **lago** der See ▶ 6/A
la **lámpara** die Lampe ▶ 2/B
**largo/-a** lang ▶ 5/Ac
**leer *algo*** *etw.* lesen ▶ 1/C
**lejos** weit (weg), weit (entfernt) ▶ 7/Ac
la **lengua** die Sprache ▶ ¡Hola!; **~ Castellana y Literatura** Spanischunterricht *Schulfach* ▶ 4/Ac; ***la ~ materna*** *die Muttersprache* ▶ Supl./A; **la ~ oficial** die Amtssprache ▶ 6/Ac
**levantarse** aufstehen ▶ 3/C
la **librería** die Buchhandlung ▶ 3/Ac
el **libro** das Buch ▶ 1/B
**limitar con *algo*** an *etw.* grenzen ▶ 6/Ac
***lindo/-a*** *(lat. am.) schön* ▶ 3/C
la **lista** die Liste ▶ 3/C
**llamar a *alguien* (por teléfono)** *jdn* (an-)rufen ▶ 3/B; **~ a la puerta** an der Tür klingeln ▶ 6/A
**llamarse** heißen ▶ ¡Hola!/
**llegar** kommen, ankommen, hinkommen ▶ 2/A
**lleno/-a (estar)** voll sein ▶ 7/A
**llevar *algo/a alguien*** *etw.* tragen *Kleidung, Brille, Bart etc., etw./jdn* mitnehmen ▶ 5/Ac
**llevarse bien/mal con *alguien*** sich mit *jdm* gut/schlecht verstehen ▶ 5/A
**llover** (o → ue) regnen ▶ 7/B
**lo mismo** dasselbe ▶ 7/A
**luchar** kämpfen ▶ 6/B
**luego** dann, später, nachher ▶ 7/Ac
el **lugar** der Ort, die Stelle ▶ 5/C

M

la **madre** die Mutter ▶ 2/A
**majo/-a** nett, sympathisch ▶ 3/B
**mal** *adv.* schlecht ▶ 1/A
*el* ***malabarismo*** *das Jonglieren* ▶ Supl./B
**malo/-a** schlecht ▶ 2/C
*la* ***mamá*** *fam. die Mama* ▶ 2/A
**mañana** *adv.* morgen ▶ 1/C; **la mañana** der Morgen ▶ 3/Ac
**mandar *algo*** *etw.* schicken ▶ 2/C
la **manga** der Ärmel ▶ 5/Ac; **de ~ larga/corta** lang-/kurzärmelig ▶ 5/Ac
la **mano** *f.* die Hand ▶ 4/C; ***de segunda ~*** *gebraucht, Second Hand-* ▶ Supl./B
la **marcha** *fam.* die Stimmung, Atmosphäre ▶ 7/A
***marchoso/-a*** *belebt* ▶ Supl./B
**más** *hier:* noch ▶ 6/A; mehr ▶ 7/B; **~ o menos** *hier:* naja ▶ 1/A; ***~ … que*** *(Vergleich)* ▶ Supl./A; **~ despacio** langsamer ▶ 7/Ac; **~ tarde** später ▶ 5/B
**Matemáticas** *pl.* **(= Mates** *fam.***)** Mathematik *Schulfach* ▶ 4/Ac
**mayor (ser)** erwachsen; größer ▶ 5/C
la **mayoría (de *algo*)** die Mehrzahl (von *etw.*), die meisten ▶ 2/C
el **mediodía** der Mittag ▶ 3/C
**a ~** mittags ▶ 3/C
*el/la* ***mejor*** *+ sust. der/die beste + S* ▶ Supl./B; **el/la ~ amigo/-a** der/die (beste) Freund/in ▶ 2/C
***mejor que*** *besser als (Vergleich)* ▶ Supl./A
***menos … que*** *weniger … als (Vergleich)* ▶ Supl./A
**menos mal (para *alguien*)** zum Glück, umso besser (für *jdn*) ▶ 1/B
el **mensaje** die Nachricht ▶ 1/C; **el ~ de chat** die Chatnachricht ▶ 1/C
el **mes** der Monat ▶ 3/B
la **mesa** der Tisch ▶ 2/B
**meter (un gol)** (ein Tor) schießen, werfen *Sport* ▶ 4/B
el **metro** der Meter ▶ 6/Ac
**meterse en *algo*** sich in *etw.* einmischen ▶ 5/C
la **mezcla** die Mischung ▶ 6/B
el **miedo** die Angst, Furcht ▶ 4/C
**mil** tausend ▶ 6/B
el **millón** die Million ▶ 6/Ac
el **minuto** die Minute ▶ 3/Ac
**mirar *algo*** *etw.* ansehen ▶ 1/B
**¡Mira!** Schau mal! ▶ 1/A
la **mochila** der Rucksack ▶ 1/B
la **moda** die Mode ▶ 5/A
**¡Mola mucho!** Das mag ich! ▶ 4/A; **¡No mola nada!** *fam.* Das mag ich überhaupt nicht! ▶ 4/A
el **momento** der Moment, der Augenblick ▶ 2/C
la **montaña** der Berg, das Gebirge ▶ 4/C; **la ~ rusa** die Achterbahn ▶ 7/B
un **montón de …** *fam.* eine Menge … ▶ 4/A
el **monumento** das Denkmal, die Sehenswürdigkeit ▶ 1/Ac
**moreno/-a** dunkel *Haut- und Haarfarbe* ▶ 5/Ac

**morirse (de hambre)** (vor Hunger) sterben ▶4/A
el **móvil** das Handy ▶2/C
**mucho** *adv.* viel ▶1/C; **mucho/-a** *adj.* viel/e ▶4/A
***muerto/-a (estar)*** *tod(müde) sein* ▶Supl./A
el **mundo** die Welt ▶2/Ac
*el **museo** das Museum* ▶Supl./B
la **música** die Musik ▶2/Ac; **la ~ favorita** die Lieblingsmusik ▶2/Ac
*el/la **músico/-a** der/die Musiker/in* ▶Supl./A
**muy** sehr ▶1/A

N

**nacer** (c → zc) geboren werden, entstehen ▶6/B
**nada** nichts ▶6/A
*la **naranja** die Orange* ▶Supl./A
**necesitar *algo*** *etw.* brauchen ▶2/B
**negro/-a** schwarz ▶5/Ac
**nervioso/-a (estar)** nervös sein, aufgeregt sein ▶4/A
**Ni idea.** Keine Ahnung! ▶6/A
la **nieve** der Schnee ▶4/C
el/la **niño/-a** das Kind ▶5/C
**no** nein, nicht ▶1/B; **~ ... nada** nichts ▶7/B; **~ ... nadie** niemand ▶7/B; **~ ... nunca** nie ... ▶7/B; **~ hace falta.** Es ist nicht nötig. ▶6/A; **¡~ me digas!** Sag bloß! ▶6/A; **~ pasa nada.** Das macht nichts. ▶4/B; **~ sé qué hacer.** Ich weiß nicht, was ich tun soll. ▶5/C
la **noche** die Nacht ▶3/Ac
el **nombre** der Vorname, der Name ▶2/Ac
**normal** normal ▶5/C
el **norte** der Norden ▶6/Ac
la **nota** die (Schul-)Note ▶4/A
el **notable** gut *Schulnote* ▶4/A
el/la **novio/-a** der/die (feste) Freund/in ▶2/A
**nublado/-a (estar)** bewölkt ▶7/B
**nuevo/-a** neu ▶1/A
el **número** die (An-) Zahl, die Nummer ▶2/Ac; **el ~ de teléfono** die Telefonnummer ▶2/Ac
**nunca** nie ▶3/B

O

**o** oder ▶1/B
**odiar *algo*** *etw.* hassen ▶4/A
el **oeste** der Westen ▶6/Ac
la **oferta** das Angebot ▶5/A; **de ~ (estar)** im Angebot sein ▶5/A
la **oficina** das Büro ▶7/Ac
***¡Oiga!*** *Hören Sie. hier: Entschuldigen Sie.* ▶Supl./A
el **ojo** das Auge ▶4/C
**olvidar *algo*** *etw.* vergessen ▶7/A
**opinar *algo* (de *algo*)** *etw.* (über *etw.*) denken ▶5/C
**Optativa** Wahlfach ▶4/Ac
el **ordenador** der Computer ▶2/B
**organizar *algo*** *etw.* organisieren ▶6/B
**oscuro/-a** dunkel ▶5/A
*la **ostra** die Auster* ▶4/A
**otra vez** noch einmal ▶7/Ac
***otro/-a*** *andere/r, anderes* ▶6/B
**¡Oye!** *fam.* Hey!, Hör mal. ▶1/A

P

la **paciencia** die Geduld ▶5/C
el **padre** der Vater ▶2/A
los **padres** *pl.* die Eltern ▶2/A
**pagar** bezahlen ▶6/A
la **página** die Seite ▶1/C
el **país** das Land ▶6/Ac
el **pan** das Brot ▶5/B
los **pantalones** *pl.* die Hose ▶5/Ac
*el **papá** fam. der Papa* ▶2/A
**para** für ▶1/Ac; **~** + *inf.* um zu + *Inf.* ▶2/B; **~ mí** für mich, meiner Ansicht nach ▶1/Ac; **~ ti** für dich ▶4/Ac
la **pared** die Wand ▶2/B
el **parque** der Park ▶1/Ac
**participar (en *algo*)** (an *etw.*) teilnehmen ▶6/B
el **partido** das Spiel, die Partie ▶4/B
**pasada: ser una ~** *fam.* fantastisch sein ▶7/A
**pasado/-a** vergangen ▶6/B
**pasar (mucho tiempo)** (viel Zeit) verbringen ▶1/C; vergehen Zeit ▶4/C; **~ *algo a alguien*** *jdm etw.* reichen, geben ▶5/B; **~ de *algo*** keine Lust (auf *etw.*) haben ▶3/A; **~ por** bei *etw.* vorbeikommen ▶6/A; ***¡Pasa!*** *Komm rein!* ▶2/A; **No pasa nada.** Das macht nichts. ▶4/B
**patinar** Rollschuh laufen, Inline skaten, eislaufen ▶7/A
el **patio** der Hof ▶1/B
la **paz** der Frieden ▶5/B
**pedir *algo a alguien*** *(e → i) jdn* um *etw.* bitten, *etw.* bestellen ▶5/C
la **peli** *fam.* **(= la película)** der Film ▶2/A
el **pelo** das Haar ▶5/Ac
la **peña** *fam.* die Clique ▶2/C
**pensar *algo*** (e → ie) *etw.* denken ▶2/C; **~ en *algo/alguien*** an *etw./jdn* denken 2/C
**pequeño/-a** klein ▶2/B
**perder *algo*** (e → ie) *etw.* verlieren ▶7/B
**perderse** (e → ie) sich verlaufen ▶6/A
**¡Perdona!** Verzeihung! ▶7/Ac
*el **periódico** die (Tages-)Zeitung* ▶Supl./B; ***el ~ escolar*** *die Schülerzeitung* ▶Supl./B
**pero** aber ▶1/A
la **persona** die Person ▶6/Ac
la **pierna** das Bein ▶4/C
*el **pincho** das Spießchen* ▶Supl./A
el **ping-pong** Tischtennis ▶4/B
el **piragüismo** der Kanusport ▶7/A
los **Pirineos** *pl.* die Pyrenäen ▶4/C
el **piso** die Wohnung, das Stockwerk ▶2/A
la **pista** die Piste ▶4/C
el **plan** der Plan ▶7/A
la **plantación** die Plantage ▶6/Ac
*la **plata** lat. am. das Geld, Silber* ▶5/A
el **plátano** die Banane ▶6/Ac
el **plato** der Teller ▶5/B
la **playa** der Strand ▶6/A
la **plaza** der Platz ▶1/Ac
**pobre** arm ▶6/B
**un poco (de)** ein bisschen ▶¡Hola!
**poco/-a** *adj.* wenig ▶4/A
**poder** (o → ue) können ▶3/B
**poner *algo*** *etw.* stellen, setzen, legen ▶4/A; **~ *algo a alguien*** *jdm etw.* auftun, servieren ▶5/B; **~ atención (a *algo*)** auf *etw.* achten ▶4/A; ***~ fondo*** *zusammenlegen* ▶Supl./A; **¡Pon la mesa!** Decke den Tisch! ▶5/B
**ponerse** (+ *adj.*) werden *(Adj.)* ▶3/C; **~ (al teléfono)** (ans Telefon) gehen, kommen ▶5/B; **~ *algo*** *etw.* anziehen, aufsetzen ▶3/C; **~ como un flan** zum Nervenbündel werden ▶4/B; **~ en el lugar de *alguien*** sich in *jdn* hinein versetzen ▶5/C; **~ rojo/-a como un tomate** knallrot werden ▶3/C
el **pop** Pop *Musik* ▶2/Ac
**por** pro ▶4/Ac; wegen ▶5/A; **~ aquí** hier (in der Nähe, entlang) ▶7/Ac; **~ el momento** momentan, im Moment ▶6/A; **~ eso** deswegen ▶4/B; **~ favor** bitte ▶3/A; **~ fin** endlich ▶3/B; **~ la mañana/tarde/noche** am Morgen/Nachmittag/Abend, in der Nacht ▶3/C; **~ primera vez** zum ersten Mal ▶6/B
**¿Por qué?** Warum? ▶3/A
**porque** weil, da ▶3/A
*la **portería** das Tor (Spielfeld)* ▶4/B
el **portugués** Portugiesisch *Sprache* ▶6/Ac
**posible** möglich ▶2/B
el **póster** das Poster ▶2/B
el **postre** der Nachtisch ▶5/B

**preferir** ***algo*** (e → ie) etw. lieber wollen, *etw.* (einer Sache) vorziehen ▶2/C
la **pregunta** die Frage ▶4/A
**preguntar** ***algo*** *etw.* fragen ▶1/C
**preparar** ***algo*** *etw.* vorbereiten ▶1/C
**primero** zuerst ▶6/A
el/la **primo/-a** der/die Cousin/e ▶6/A
la **princesa** die Prinzessin ▶3/C
el/la **principiante** *m./f.* der/die Anfänger/in ▶4/C
el **probador** die Umkleidekabine ▶5/A
***probar*** ***algo*** (o → ue) *etw. probieren* ▶Supl./A
el **problema** *m.* das Problem ▶2/B
el **producto** das Produkt ▶6/Ac
el/la **productor/a** der/die Produzent/in ▶6/Ac
el/la **profesor/-a (= el/la profe** *fam.***)** der/die Lehrer/in ▶1/Ac
el **programa** *m.* das Programm ▶6/A
**pronto** bald, gleich ▶1/C
**propio/-a** eigener, eigene/s ▶2/B
el **proyecto** das Projekt ▶6/B
la **prueba** die Prüfung, das Vorspielen ▶4/B
el **pueblo** das Dorf ▶4/C
el **puente** die Brücke ▶1/Ac
la **puerta** die Tür, das Tor ▶4/B
*el* ***puerto*** *der Hafen* ▶Supl./B
**pues** also ▶1/A
el **punto** der Punkt ▶6/B; **(la/s …) en ~** (um) Punkt (*… Uhr*) ▶3/Ac

## Q

**que** dass ▶3/B; der, die, das *Relativpronomen* ▶5/Ac
**¿Qué?** Was? ▶1/B; Welche/r, Welches ▶¡Hola!; **~** + *adj./adv.*! Das ist ja + *Adj./Adv.*! ▶2/C; **¡~ casualidad!** Was für ein Zufall! ▶1/A; **¡~ corte!** Wie peinlich! ▶5/C; **¿~ hora es?** Wie viel Uhr ist es? ▶3/Ac; **¡~ horror!** Das ist ja schrecklich! ▶4/A; **¿~ (te) pasa?** Was ist (mit dir) los? ▶3/B; **¡~ rollo!** *fam.* Wie ärgerlich!, Was für ein Theater! ▶2/A; **¿~ significa … ?** Was bedeutet…? ▶1/B; **¿~ tal?** Wie geht's? ▶¡Hola!; **¡~ va!** Ach was!, Ganz und gar nicht! ▶3/B
*el* ***quechua*** *Quechua (indigene Sprache)* ▶¡Hola!
**quedar (con** ***alguien*****)** sich (mit *jdm*) treffen ▶2/C; **~ (bien/mal) a** ***alguien*** *jdm* (gut/schlecht) stehen ▶5/A
**quedarse** bleiben ▶6/A
**quemar** (ver)brennen ▶7/B
**querer** ***algo*** (e → ie) *etw.* + wollen ▶2/C
**~ a** ***alguien*** *jdn* lieben, gern haben ▶3/C
**Querido/-a …** Liebe/r … *Brief* ▶7/B
el **queso** *der Käse* ▶3/C
**¿Quién?** Wer? *Sg.* ▶1/A;
**¿Quiénes?** *pl.* Wer? *Pl.* ▶1/B

## R

la **rana** der Frosch ▶3/B
*el* ***rato*** *die Weile* ▶Supl./B
el **rap** Rap *Musik* ▶2/Ac
***raro/-a*** *seltsam* ▶Supl./A
**rebelde** rebellisch, aufmüpfig ▶5/C
el **recado** die Nachricht ▶5/B
**recibir** ***algo*** *etw.* bekommen, erhalten ▶1/C
***recorrer*** *durchqueren* ▶Supl./B
el **recreo** die Pause ▶1/B
el **recuerdo** der Gruß ▶7/B
la **redacción** der Aufsatz ▶4/A
el **regalo** das Geschenk ▶2/C
la **región** die Region ▶6/Ac
la **regla** die Regel ▶6/B; **la ~ de juego** die Spielregel ▶6/B
**regular** es geht so ▶1/A
**Religión (= Reli** *fam.***)** Religionsunterricht ▶4/Ac
**repetir** ***algo*** (e → i) *etw.* wiederholen ▶7/Ac
*el* ***reportaje*** die Reportage ▶Supl./B
*el/la* ***reportero/-a*** *der/die Reporter/in* ▶Supl./B
el **respeto** der Respekt ▶6/B
**responsable (de** ***algo/alguien*****)** (für *etw./jdn*) verantwortlich ▶5/C
el **resultado** das Ergebnis ▶2/C
la **revista** die Zeitschrift ▶4/B
el **río** der Fluss ▶1/Ac
el **rock** Rock *Musik* ▶2/Ac
**rojo/-a** rot ▶3/C
**rosa** rosa ▶5/Ac
**roto/-a (estar)** kaputt ▶5/A
**rubio/-a** blond ▶5/Ac

## S

**saber** ***algo*** *etw.* wissen können ▶4/C
**sacar (buenas/malas) notas** (gute/schlechte) Noten bekommen ▶4/A; ***sacar el balón*** *den Ball wegschlagen* ▶4/B
la **sal** das Salz ▶5/B
**salir** abfahren, (aus-)gehen, hinausgehen ▶4/C
el/la **salmantino/-a** der/die Salmantiner/in ▶1/Ac
el **salón** das Wohnzimmer ▶2/A
el **saludo** der Gruß ▶7/B
*la* ***sardina*** *die (Öl-)Sardine* ▶7/B
**Se dice …** Man sagt (dazu) … / Das heißt … ▶1/B
el **secreto** das Geheimnis ▶5/C
**secreto/-a** geheim ▶7/A
**seguir** (e → i) *etw./jdm* folgen; weitergehen ▶7/Ac; **~ igual** immer noch genauso aussehen ▶7/A
**segundo/-a** zweite/r/-s ▶4/A; **el segundo de ESO** die achte Klasse ▶1/B
**Seguro que** Sicherlich + *Satz.* ▶5/A
la **semana** die Woche ▶2/C; **la ~ Blanca** *Skikurs, Skilager* ▶4/C
***sentarse*** (e → ie) *sich hinsetzen* ▶Supl./B
**ser** sein ▶1/A; **~ de …** aus … kommen ▶1/A
**si** ob ▶5/C
**sí** ja, doch ▶1/A
**siempre** immer ▶1/A
la **sierra** das Gebirge ▶7/A
la **silla** der Stuhl ▶2/B
**simpático/-a** sympathisch ▶3/B
**sin** ohne ▶5/C
**sino** sondern ▶6/B
*el* ***sitio*** *der Ort* ▶Supl./A
el **SMS** die SMS ▶2/C
**sobre** über ▶4/A
**sobre todo** vor allem ▶3/B
el **sobresaliente** sehr gut *Schulnote* ▶4/A
el **sol** die Sonne ▶7/B
**sólo** nur ▶4/Ac
**solo/-a (estar)** allein (sein) ▶2/B
**Son las (…).** Es ist (…) Uhr. ▶3/Ac
**soñar (con** ***algo/alguien*****,** o → ue) (von *etw./jdm*) träumen ▶3/C
la **sorpresa** die Überraschung ▶2/C
**subir (al bus)** (in den Bus) einsteigen ▶4/C
la **suerte** das Glück ▶2/C
el **suficiente** befriedigend *Schulnote* ▶4/A
**super(bien)** super(gut) ▶1/A
el **supermercado** der Supermarkt ▶7/Ac
el **sur** der Süden ▶6/Ac
el **surf** das Surfen ▶7/B

## T

la **talla** die Größe *Kleidung* ▶5/A
**también** auch ▶¡Hola!
*el* ***tambor*** *die Trommel* ▶Supl./B
**tampoco** auch nicht ▶4/B
**tan … como** so … wie *Vergleich* ▶Supl./A
la **tarde** der Nachmittag ▶3/A; **esta ~** heute Nachmittag ▶3/A
**tarde** *adv.* spät ▶3/C

la **tarjeta** die Karte ▶3/C
el **teatro** das Theater ▶4/B
la **tele** *fam.* (= **la televisión**) der Fernseher ▶2/A
el **teléfono** das Telefon ▶2/Ac
**temprano** früh ▶3/Ac
el **tenedor** die Gabel ▶5/B
**tener** ***algo*** *etw.* haben ▶2/A; **~ … años** … Jahre alt sein ▶2/Ac; **~ bronca** Streit haben ▶5/C; **~ cuidado** vorsichtig sein ▶4/C; **~ ganas de** ***algo*** Lust auf *etw.* haben ▶2/A; **~ lugar** stattfinden ▶6/B; **~ miedo de** ***algo*** Angst vor *etw.* haben ▶4/C; **~ que** müssen ▶3/A
**terminar** (***algo***, **de** + *inf.*) (*etw.*) (be-)enden ▶5/B
el **tiempo** die Zeit, das Wetter ▶1/C
la **tienda** der Laden ▶5/A
**tímido/-a** schüchtern ▶3/B
el/la **tío/-a** der Onkel, die Tante ▶7/A
**típico/-a** typisch ▶6/Ac
*el* ***tiro de esquina*** *der Eckball* ▶4/B
**tocar** spielen *Instrument* ▶1/C; *~ el tambor trommeln* ▶Supl./B
**todavía** noch (immer) ▶1/B
**todo** *adv.* alles ▶2/C
**todo el mundo** alle ▶7/A
**todo el tiempo** die ganze Zeit ▶6/A
**todo recto** (immer) geradeaus ▶7/Ac
**todos/-as** alle *m./f.* ▶1/A
**tomar** ***algo*** *etw.* nehmen, essen, trinken ▶1/B
el **tomate** die Tomate ▶3/C
*la* ***tortilla*** Kartoffelomelette ▶5/B
***¡Tortura segura!*** *Der Ärger ist vorprogrammiert!* ▶2/B
**trabajar** arbeiten ▶5/C
el **trabajo** die Arbeit ▶6/B; **el ~ en equipo** das Teamwork ▶6/B
la **tradición** die Tradition ▶7/B
**tranquilo/-a** ruhig, gelassen ▶3/B
**triste** (**estar**) traurig sein ▶5/C
el/la **turista** der/die Tourist/in ▶1/Ac
**Tutoría** Nachhilfe *Schulfach* ▶4/Ac

U

**último/-a** letzte/r, letztes ▶6/A
el **uniforme** die Uniform ▶3/C
la **universidad** die Universität ▶1/Ac
**unos/-as** *pl.* einige, ein paar, ungefähr (+ *Zahl*) ▶5/A
**usted/es** Sie *Anrede, im Plural in Lateinamerika:* ihr ▶1/A

V

las **vacaciones** *pl.* die Ferien ▶1/A; **las ~ de verano** *pl.* die Sommerferien ▶7/A
**vale** o.k., in Ordnung ▶2/A; **(No) vale.** Das gilt (nicht). ▶6/B
los **vaqueros** *pl.* die Jeans ▶5/Ac
*el* ***vasco*** *Baskisch* ▶¡Hola!
el **vaso** das Glas ▶5/B
**¡Vaya …!** *fam.* Was für ein/e …! ▶3/Ac
el/la **vecino/-a** der/die Nachbar/in ▶1/A
el/la **vendedor/a** der/die Verkäufer/in ▶5/A
**venir** (e → ie) kommen ▶3/A
**ver** ***algo*** *etw.* (an-)sehen ▶2/A
el **verano** der Sommer ▶6/A
la **verdad** die Wahrheit ▶1/A; **¿~?** Nicht wahr? ▶1/A; **Es ~.** Das stimmt. ▶1/C
**verde** grün ▶5/Ac
el **vestido** das Kleid ▶5/Ac
la **vez** das Mal ▶5/B
el **viaje** die Reise ▶6/B; **de ~** (**estar**) auf Reisen sein
la **vida** das Leben ▶4/Ac
el **vídeo** das Video ▶1/C
**viejo/-a** alt ▶5/A
el **viento** der Wind ▶7/B
el **viernes** Freitag ▶4/Ac
la **violencia** die Gewalt ▶6/B
la **visita** der Besuch ▶2/A
**visitar** besuchen ▶7/B
*la* ***vista*** *die Aussicht* ▶Supl./A
**vivir (en …)** (in …) leben, wohnen ▶1/C
el **voleibol** Volleyball ▶4/B
el **volumen** die Lautstärke ▶4/C; **a todo ~** in voller Lautstärke ▶2/B
**volver** (o → ue) zurückkehren ▶3/B; **~ a casa** nach Hause kommen
*la* ***vuelta*** *die Runde, der Spaziergang* ▶Supl./A

Y

**y** und ▶¡Hola!
**¿Y qué?** *fam.* Na und? ▶3/Ac
**ya** schon, bereits, jetzt sofort ▶3/B
**ya no** nicht mehr ▶2/C

Z

las **zapatillas (de deporte)** *pl.* die Turnschuhe ▶5/Ac
el **zapato** der Schuh ▶5/Ac
el **zumo** der Saft ▶6/Ac

# DEUTSCH-SPANISCHES WÖRTERBUCH

Die Zahl hinter dem Pfeil zeigt die Fundstelle an.
Verben mit Besonderheiten sind blau gedruckt, siehe **Los verbos** ab S. 181.
**Grundschrift** = obligatorischer Wortschatz
***kursiv*** = fakultativer Wortschatz

A

**ab** + *Zeitangabe* desde ▶4/Ac
**abbiegen** girar ▶7/Ac
**Abend** la noche ▶3/Ac; **am ~** por la noche ▶3/C; **Abendessen** la cena ▶2/A; **zu ~ essen** cenar ▶4/C
**aber** pero ▶1/A
**abfahren** *(Bus, Zug)* salir ▶4/C
**Ach was!** ¡Qué va! ▶3/B
**Achterbahn** la montaña rusa ▶7/B
**Adresse** la dirección ▶2/Ac
**alle** todo/-a ▶1/A; todo el mundo ▶7/A; todos los / todas las + *sust.* ▶7/A
**Allee** la avenida ▶2/Ac
**allein (sein)** (estar) solo/-a ▶2/B; estar a solas ▶5/C
**alles** todo *adv.* ▶2/C
**als** *(zeitlich)* cuando + *ind.*, *conj.* ▶6/A
**also** pues ▶1/A
**alt** viejo/-a ▶5/A
**Alter** la edad ▶2/Ac; **in meinem ~** de mi edad ▶7/A
**Amtssprache** la lengua oficial ▶6/Ac
**an** (+ *S.*) en (+ *sust.*) ▶1/A
**Andalusien** Andalucía ▶7/B
**andere/r/-s** otro/-a ▶6/B
**Anfang (am)** principio ▶U6/A
**anfangen (*etw.*)** empezar *algo* ▶3/Ac;
**anfangen, *etw.* zu tun** empezar a + *inf.* (e → ie) ▶3/Ac
**Anfänger/in** el/la principiante ▶4/C
**Angebot** la oferta ▶5/A; **im ~ sein** estar de oferta ▶5/A
**Angst** el miedo ▶4/C; **~ vor *etw.* haben** tener miedo de *algo* ▶4/C
**anhören (*etw.*)** escuchar *algo* ▶1/B
**ankommen** llegar ▶2/A
**anmelden (sich für *etw.* )** apuntarse (a *algo*) ▶4/B

**anrufen *(jdn)*** llamar (a *alguien*) por teléfono ▶3/B
**ansehen *(etw.)*** mirar *algo* ▶1/B; ver *algo* ▶2/A
**anstrengend** agotador/a ▶4/C
**antworten *(etw.)*** contestar *algo* ▶1/C
**Anzahl** el número ▶2/Ac
**anziehen *(etw.)*** ponerse *algo* ▶3/C
**Apotheke** la farmacia ▶7/Ac
**Arbeit** el trabajo ▶6/B
**arbeiten** trabajar ▶5/C
**Argentinien** Argentina ▶6/B
**ärgern (sich über *jdn*)** enfadarse con *alguien* ▶5/C
**arm** pobre ▶6/B
**Ärmel** la manga ▶5/Ac
**Atmosphäre** la marcha *fam.* ▶7/A
**auch** también ▶¡Hola!; ~ **nicht** tampoco ▶4/B
**auf** encima (de) ▶2/B; en ▶1/A
**auf einmal** de repente ▶1/C
**Auf Wiedersehen!** ¡Adiós! ▶1/C
**aufgeregt** estar nervioso/-a ▶4/A
**aufhören, *etw.* zu tun** dejar de + *inf.* ▶5/C
**aufmüpfig** rebelde ▶5/C
**aufpassen (auf *etw.*)** poner atención (a *algo*) ▶4/A
**Aufsatz** la redacción ▶4/A
**aufsetzen *(etw.)*** ponerse *algo*
**aufstehen** levantarse ▶3/C
**aufwachen** despertarse (e→ie) ▶3/C
**Auge** el ojo ▶4/C
**Augenblick** el momento ▶2/C
**aus** de ▶¡Hola!
**ausgehen** salir (yo salgo) ▶4/C
**aushalten *(etw./jdn)*** aguantar *algo* / a *alguien* ▶5/C
**außerdem** además ▶4/B
***Aussicht*** *la vista* ▶Supl./A
**aussteigen (aus dem Bus)** bajarse (del bus) ▶4/C
***Auster*** *la ostra* ▶4/A
**auswendig** de memoria ▶4/A

B
**Badezimmer** el cuarto de baño ▶2/A
**bald** pronto ▶1/C
**Balkon** el balcón ▶2/B
**Ball** el balón ▶4/B
**Banane** el plátano ▶6/Ac
**Band** *Musikgruppe* el grupo ▶2/Ac
**Basketball** el baloncesto ▶4/B
***Baskisch*** *el vasco* ▶¡Hola!
**bevor** + *Verb* antes + *verbo* ▶6/B
**beantworten *(etw.)*** contestar *algo* ▶1/C
**beenden *(etw.)*** terminar *algo* ▶5/B
**befinden (sich)** estar ▶2/A
**befriedigend** *Schulnote* el suficiente ▶4/A
**begabt sein** ser la estrella ▶1/B
**begegnen *(jdm)*** encontrarse con *alguien* (o → ue) ▶6/A
**Begegnung** el encuentro ▶1/Ac
**Bein** la pierna ▶4/C
**beinahe** casi ▶3/B
**Beispiel** el ejemplo ▶5/C; **zum ~** por ejemplo ▶5/C
**bekommen *(etw.)*** recibir *algo* ▶1/C
***belebt*** *animado/-a* ▶Supl./B; *marchoso/-a* ▶Supl./B
**Berater/in** el/la asesor/a ▶6/B
**Berg** la montaña ▶4/C
**berühmt** famoso/-a ▶6/Ac
***besser als*** *mejor que* ▶Supl./A
***beste/r/-s*** + *S. el/la mejor + sust.* ▶Supl./B; **(beste) Freund/in** el mejor amigo, la mejor amiga ▶2/C
**besteigen *(etw.)*** subir *algo* ▶4/C
**bestellen *(etw.)*** pedir *algo* (e → i) ▶5/C
**Besuch** la visita ▶2/A
**besuchen** visitar ▶7/B
**Bett** la cama ▶2/B
**bewölkt** estar nublado/-a ▶7/B
**bezahlen *(etw.)*** pagar *algo* ▶6/A
***billig*** *barato/-a* ▶Supl./B
**bis** hasta ▶4/Ac; **~ bald!** ¡Hasta pronto! ▶1/C
**bisschen** (+ *S.*) un poco (de + *sust.*) ▶¡Hola!
**bitte** por favor ▶3/A
**bitten *(jdn* um *etw.)*** pedir *algo* a *alguien* (e → i) ▶5/C
**blau** azul ▶5/Ac
**bleiben** quedarse ▶6/A
**blond** rubio/-a ▶5/Ac
**Blume** la flor ▶6/Ac
**böse (auf *jdn*) werden** enfadarse con *alguien* ▶5/C
**Boulevard** la avenida ▶2/Ac
**Bowlingbahn** la bolera ▶3/A
**brauchen *(etw.)*** necesitar *algo* ▶2/B
**brennen** quemar ▶7/B
**Brille** las gafas *pl.* ▶5/Ac
**Brot** el pan ▶5/B
***Brötchen (belegtes)*** *el bocadillo* ▶Supl./A
**Brücke** el puente ▶1/Ac
**Bruder** el hermano ▶2/A
**Buch** el libro ▶1/B
**Buchhandlung** la librería ▶3/Ac
**Büro** la oficina ▶7/B
**Bursche** el chaval *fam.* ▶7/A
**Bus** el bus ▶3/Ac

C
**Café** el café ▶6/Ac
**Cafeteria** la cafetería ▶1/B
**CD** el cedé ▶3/A
**Chaos** el caos ▶4/C
**Chat** el chat ▶1/C; **Chatnachricht** el mensaje de chat ▶1/C
**Chor** el coro ▶4/B
**Clique** la peña *fam.* ▶2/C
**Computer** el ordenador ▶2/B
***cool*** *guay* ▶Supl./A
**Cousin/e** el/la primo/-a ▶6/A

D
**da** ahí ▶5/A
**dahinter** detrás ▶2/B
**damals** entonces ▶3/B
**danach** después ▶2/C
**danke** gracias ▶1/B
**dann** entonces ▶3/B; luego ▶7/Ac
**darunter** debajo ▶2/B
**das ist ...** este/-a es... ▶1/A
**dass** que ▶3/B
**dasselbe** lo mismo ▶7/A
**denken (an *etw.*)** pensar (en *algo*) (e → ie) ▶2/C; **(*etw.* über *etw.* ~)** opinar *algo* (de *algo*) ▶5/C
**Denkmal** el monumento ▶1/Ac
**Dessert** el postre ▶5/B
**deswegen** por eso ▶4/B
**Deutsch** *Schulfach* Alemán ▶4/Ac
**Deutschland** Alemania ▶6/B
**diese/r/-s (da)** ese, esa, esos, esas *adj.* ▶5/Ac; **diese/r/-s (hier)** este, esta, estos, estas *adj.* ▶5/Ac
**Ding** la cosa ▶3/B
**diskutieren** discutir ▶5/A
**doch** sí ▶1/A
**Dorf** el pueblo ▶4/C
**dort (drüben)** allí ▶1/A
**draußen** fuera ▶6/A
**dunkel** oscuro/-a ▶5/A; *Haut- und Haarfarbe* moreno/-a ▶5/Ac
***durchqueren*** *recorrer* ▶Supl./B
**duschen (sich)** ducharse ▶3/C
**DVD** el DVD ▶2/B

E
***Eckball*** *el tiro de esquina* ▶4/B
**egoistisch** egoísta *inv.* ▶2/C
**eigene/r/-s** propio/-a ▶2/B
**einfach** fácil ▶1/C
**Eingang** la entrada ▶3/A
**einige** unos/-as *pl.* ▶5/A
**einkaufen gehen** ir de compras ▶5/A
**Einkaufszentrum** el centro comercial ▶3/A
**einmischen (sich in *etw.*)** meterse en *algo* ▶5/C
**einsteigen (in den Bus)** subir (al bus) ▶4/C
**eintragen (sich für *etw.*)** apuntarse (a *algo*) ▶4/B
**eintreten** entrar ▶4/B
**Eintrittskarte** la entrada ▶3/A
**einverstanden** estar de acuerdo ▶6/B
**Einwohner/in** el/la habitante ▶6/Ac
**Eltern** los padres *pl.* ▶2/A
**Ende** el final ▶3/B; **am ~** al final ▶3/B
**endlich** por fin ▶3/B
**eng** estrecho/-a ▶5/A
**Englisch** el inglés ▶¡Hola!
**entscheiden *(etw.)*** decidir *algo* ▶6/B
**Entschuldige.** ¡Disculpa! ▶6/A
**entstehen** nacer (c → zc) ▶6/B

**Erdkunde und Geschichte** *Schulfach* Geografía e Historia ▶4/Ac
**Erfolg** el éxito ▶6/B
**Ergebnis** el resultado ▶2/C
**erhalten** ***(etw.)*** recibir *algo* ▶1/C
**erinnern (sich an *etw.*)** acordarse (de *algo*, o → ue) ▶3/C
**erklären (*jdm etw.*)** explicar *algo* a *alguien* ▶4/B
**erwachsen** mayor ▶5/C
**erzählen (*etw.*)** contar *algo* (o → ue) ▶3/B; **Erzähl!** ¡Cuéntame! ▶6/A
**Es ist ... Uhr.** Es la una. / Son las ... ▶3/Ac
**Es ist nämlich so, dass** + *Satz.* Es que + *Satz.* ▶6/A
**essen (*etw.*)** tomar *algo* ▶1/B; comer *algo* ▶4/A; **zu Abend** ~ cenar ▶4/C; ***Was wollt ihr ~?*** *¿Qué vais a tomar?* ▶Supl./A
**Esszimmer** el comedor ▶3/C
**etwas** algo ▶1/B
**Euro** el euro ▶5/A

F
**fabelhaft** fenomenal ▶1/A
**fahren (nach ...)** ir (a) ▶3/A
**Fahrrad** la bici *fam.* (= la bicicleta) ▶3/B; **(mit dem) ~ fahren** ir en bicicleta ▶3/B
**fallen** caerse ▶4/C
**Familie** la familia ▶2/A
**fantastisch (sein)** ser una pasada *fam.* ▶7/A
**fast** casi ▶3/B
**fehlen** faltar ▶3/C
**Ferien** las vacaciones *pl.* ▶1/A
**Ferienlager** el campamento ▶7/A
**Ferienhaus** el chalé ▶7/A
**Fernseher** la tele *fam.* (= la televisión) ▶2/A
**Fest** la fiesta ▶1/Ac
**Festival** el festival ▶6/A
**Film** la peli *fam.* (= la película) ▶2/A
***finden*** **(*etw./jdn*)** *encontrar algo / a alguien* (o → ue) ▶Supl./B
**Flamenco** *Musik* el flamenco ▶2/Ac
**Fluss** el río ▶1/Ac
**folgen (*etw./jdm*)** seguir *algo / a alguien* (e → i) ▶7/Ac
**Foto** la foto *fam.* ▶1/C
**Frage** la pregunta ▶4/A
**fragen (*etw.*)** preguntar *algo* ▶1/C
***Französisch*** *Sprache el francés* ▶1/B
**Freund/in** el/la amigo/-a ▶1/Ac; **(feste/r)** ~ el/la novio/-a ▶2/A
**Frieden** la paz ▶5/B
**fröhlich** alegre ▶3/B
**Frosch** la rana ▶3/B
**Frucht** la fruta ▶6/Ac
**früh** temprano ▶3/Ac
**früher** antes *adv.* ▶5/C
**Frühstück** el desayuno ▶4/C

**für** para ▶1/Ac; **~ mich/dich** para mí/ti ▶1/Ac
**furchtbar** fatal ▶1/A
**Fußball** *Sportart* el fútbol ▶1/Ac;
**Fußballstadion** el estadio de fútbol ▶1/Ac
**Fußmarsch (langer)** la caminata ▶7/A

G
**Gabel** el tenedor ▶5/B
**Galicien** Galicia ▶7/B
**Ganz und gar nicht!** ¡Qué va! ▶3/B
**geben (*jdm etw.*)** dar *algo* a *alguien* ▶4/A; pasar *algo a alguien* ▶5/B; **es gibt** hay ▶2/B
**Gebirge** la montaña ▶4/C; la sierra ▶7/A
**geboren werden** nacer (c → zc) ▶6/B
***gebraucht*** *de segunda mano* ▶Supl./B
**Geburtstag** el cumpleaños (= el cumple *fam.*) ▶2/C; **~ haben** cumplir ... años ▶3/B
**Geduld** la paciencia ▶5/C
**gefallen** gustar ▶4/B
**gegen** contra ▶4/B
**gegenüber** enfrente (de) *adv./prep.* ▶7/Ac
**geheim** secreto/-a ▶7/A
**Geheimnis** el secreto ▶5/C
**gehen (zu)** ir (a) ▶3/A; **in die achte Klasse** ~ estudiar segundo de ESO ▶1/B; **(weg)~** salir ▶4/C; **(ans Telefon) ~** ponerse (al teléfono) ▶5/B;
**Geht es dir gut?** ¿Estás bien? ▶4/C;
**Geht schlafen!** ¡A dormir! ▶4/C
**geistesabwesend sein** estar en las nubes ▶3/C
**gelb** amarillo/-a ▶5/Ac
**Geld** el dinero ▶3/A
**gemeinsam** juntos/-as ▶3/B; ~ *Zimmer/Wohnung* compartido/-a ▶2/B
**genau** justo *adv.* ▶6/A
**genial** genial *adv./adj.* ▶1/A
**genug** bastante ▶2/B
**gerade *getan* haben (*etw.*)** acabar de + *inf.* ▶5/B
**(immer) geradeaus** todo recto ▶7/Ac
**gern haben (*jdn*)** querer a *alguien* ▶3/C
**gern tun (*etw.*)** gustar ▶4/B
**gerührt (sein)** estar emocionado/-a ▶7/B
**Geschenk** el regalo ▶2/C
**Geschichte** la historia ▶1/B
**Geschwister** los hermanos *pl.* ▶2/A
**Gesicht** la cara ▶5/B
**gestern** ayer ▶6/A
**Gewalt** la violencia ▶6/B
**gewinnen (*etw.*)** ganar *algo* ▶6/B
***gewöhnen (sich an etw./jdn)*** *acostumbrarse a algo/alguien* ▶Supl./B
**gewöhnlich** normal ▶5/C
**Gitarre** la guitarra ▶1/C

**Glas** el vaso ▶5/B
**glauben** creer ▶3/B
**gleich** ahora ▶1/B; pronto ▶1/C; ~ *identisch* igual ▶5/A
**Glück** la suerte ▶2/C
**glücklich** feliz ▶4/A
***Graffiti*** *el grafiti* ▶3/C
**gratis** gratis ▶3/A
**grenzen (an *etw.*)** limitar con *algo* ▶6/Ac
**groß** grande ▶2/B; *Körpergröße* alto/-a ▶5/Ac; **größer** mayor ▶5/C
**großartig** fenomenal ▶1/A
**Größe** *Kleidung* la talla ▶5/A
**Großeltern** los abuelos *pl.* ▶2/A
**Großmutter** la abuela ▶2/A
**Großvater** el/la abuelo ▶2/A
**grün** verde ▶5/Ac
**Gruppe** el grupo ▶2/Ac
**Gruß** el recuerdo *Brief* ▶7/B; el saludo ▶7/B
**grüßen (*jdn*)** dar recuerdos a *alguien* ▶7/B
**gut** bien *adv.* ▶1/A; bueno/-a *adj.* ▶2/C; *Schulnote* el notable ▶4/A; ~ **Tag!** Buenos días. ▶1/B; ~ **Wetter sein** hacer buen tiempo ▶7/B
**Gymnasium** el instituto ▶1/B

H
**Haar** el pelo ▶5/Ac
**haben (*etw.*)** tener *algo* (yo tengo) ▶2/A; **keine Lust (auf *etw.*)** ~ pasar de *algo* ▶3/A;
***Hafen*** *el puerto* ▶Supl./B
**Hallo!** ¡Hola! ▶¡Hola!
**Hand** la mano *f.* ▶4/C
**Handy** el móvil ▶2/C
**hassen (*etw./jdn*)** odiar *algo/a alguien* ▶4/A
**hässlich** feo/-a ▶3/B
**Hauptstadt** la capital ▶6/Ac
**Haus** la casa ▶1/C
**Hausaufgaben** los deberes *pl.* ▶1/C
**heiß sein** hacer calor
**heißen** llamarse ▶¡Hola!/
**helfen (*jdm*)** ayudar a *alguien* ▶6/B
**hell** claro/-a ▶5/A
**Hemd** la camisa ▶5/Ac
**hervorragend** estupendo ▶1/A
**Herzliche Grüße** *Brief* Un abrazo ▶7/B
**Herzlichen Glückwunsch!** ¡Felicidades! ▶3/C; ~ **zum Geburtstag!** ¡Feliz cumpleaños! ▶3/C
**heute** hoy ▶1/B; ~ **Nachmittag** esta tarde ▶3/A
**Hexe** la bruja ▶3/C
**Hey!** ¡Oye! *fam.* ▶1/A
**hier** aquí ▶1/A; ~ **in der Nähe** por aquí ▶7/Ac
**hinausgehen** salir ▶4/C
**hineingehen** entrar ▶4/B
**hinfallen** caerse ▶4/C

**hinkommen** llegar ▶ 2/A
**hinlegen (sich)** acostarse (o → ue) ▶ 3/C
***hinsetzen (sich)*** *sentarse* (e → ie) ▶ Supl./B
**hinter** detrás de ▶ 2/B
**hinunterfahren (die Piste)** bajar por (la pista) ▶ 4/C
**Hitze** el calor ▶ 7/B
**hoch** alto/-a ▶ 5/Ac; **... Meter ~ sein** tener una altura de ... metros ▶ 6/Ac
**Höhe** la altura ▶ 6/Ac
**Hof** el patio ▶ 1/B
**hören *(etw.)*** escuchar *algo* ▶ 1/B; **Hör mal.** ¡Oye! *fam.* ▶ 1/A; **Hören Sie.** *¡Oiga!* ▶ Supl./A
**Hose** los pantalones *pl.* ▶ 5/Ac
**hübsch** bonito/-a ▶ 2/C
**humorvoll** gracioso/-a ▶ 3/B
**Hunger** el hambre *f.* ▶ 4/A

I
**Idee** la idea ▶ 4/A
**immer** siempre ▶ 1/A; **~ mit der Ruhe!** ¡Tranquilo/-a! ▶ 3/B; **~ wenn** cuando + *ind.* ▶ 5/C
**in** en ▶ 1/A; **~ der Nähe (von ...)** cerca (de...) ▶ 6/Ac; **~ Ordnung** vale ▶ 2/A
**Information** la información ▶ 1/C
**Inline skaten** patinar ▶ 7/A
**interessant** interesante ▶ 2/B
**international** internacional ▶ 6/B
**Internet** el/la Internet ▶ 1/C; **Internetcafé** el cíber *fam.* (= el cibercafé) ▶ 7/A
***Interview*** *la entrevista* ▶ Supl./B

J
**ja** sí ▶ 1/A
**Ja, bitte?** *Telefonieren* ¿Diga? ▶ 5/B
**Jacke** la chaqueta ▶ 5/Ac; **Windjacke** la cazadora ▶ 5/Ac
**Jahr** el año ▶ 2/Ac; **Ich bin ... Jahre alt.** Tengo ... años. ▶ 2/Ac
**Jeans** los vaqueros *pl.* ▶ 5/Ac
**jede/r, jedes** + S. cada + *sust. (inv.)* ▶ 4/Ac
**jemand** alguien *inv.* ▶ 4/B
**jetzt** ahora ▶ 1/B; **~ sofort** ¡Ya! ▶ 3/B ahora mismo ▶ 5/A
***Jugendliche*** *el/la joven* ▶ Supl./B
**Juhu!** ¡Yuju! ▶ 7/A
**Junge** el chico ▶ 1/A; el chaval *fam.* ▶ 7/A

K
**Kaffee** el café ▶ 6/Ac
**kalt sein** hacer frío ▶ 7/B
**Kälte** el frío ▶ 7/B
**kämpfen** luchar ▶ 6/B
**Kanal** el canal ▶ 6/Ac
***Kanaren*** *Canarias pl.* ▶ 3/Ac
**Kantine** el comedor ▶ 3/C
**Kanusport** el piragüismo ▶ 7/A
**kaputt** roto/-a ▶ 5/A
**Karibik** el Caribe ▶ 6/A
**Karte** la tarjeta ▶ 3/C
**Käse** el queso ▶ 3/C
**kastanienbraun** castaño ▶ 5/Ac
***Katalanisch*** *Sprache el catalán* ▶ ¡Hola!
**Katalonien** Cataluña ▶ 7/B
**Kathedrale** la catedral ▶ 1/Ac
**kaufen *(etw.)*** comprar *algo* ▶ 3/B
**Keine Ahnung!** Ni idea. ▶ 6/A
***Kellner/in*** *el/la camarero/-a* ▶ Supl./A
**kennen (lernen) *(etw./jdn)*** conocer *algo/a alguien* (c → zc) ▶ 5/C
**Kilometer** el kilómetro ▶ 6/Ac
**Kind** el/la niño/-a ▶ 5/C
**Kino** el cine ▶ 3/A
***Kirche*** *la iglesia* ▶ Supl./A
**Klar!** ¡Claro! *adv.* ▶ 1/Ac
**Klasse** la clase ▶ 1/B; el aula *f.* ▶ 4/B;
**Klassenarbeit** el examen ▶ 4/Ac;
**Klassenkamerad/in** el/la compañero/-a ▶ 6/A
**klatschhaft** cotilla *inv.* ▶ 7/A
**Kleid** el vestido ▶ 5/Ac
**klein** pequeño/-a ▶ 2/B
**Klima** el clima ▶ 7/B
**klingeln (an der Tür)** llamar a la puerta ▶ 6/A
**Kolumbien** Colombia ▶ 1/A
**kommen** venir (e → ie) ▶ 3/A; llegar *ankommen* ▶ 2/A; **nach Hause ~** volver a casa ▶ 3/B; **ans Telefon ~** ponerse (al teléfono) ▶ 5/B
***Kommentar*** *el comentario* ▶ 4/A
**können** poder (o → ue) ▶ 3/B; ***etw.* tun ~** poder + *inf.* ▶ 2/C; saber + *inf.* ▶ 4/C
**kontrollieren *(etw./jdn)*** controlar *algo / a alguien* ▶ 5/C
**Konzert** el concierto ▶ 6/A
**Kopf** la cabeza ▶ 4/C; **Kopfschmerzen** el dolor de cabeza ▶ 4/C
**kosten** costar (o → ue) ▶ 5/A
**Krach** la bronca ▶ 5/C
**krank sein** estar enfermo/-a ▶ 4/C
**Küche** la cocina ▶ 2/A
**Kuli (= Kugelschreiber)** el boli *fam.* (= el bolígrafo) ▶ 1/B
**Kultur** la cultura ▶ 7/B
**Kulturzentrum** el centro cultural ▶ 3/A
**kurz** corto/-a ▶ 5/Ac
**kurzärmlig** de manga corta ▶ 5/Ac
**Kuss** el beso ▶ 3/C

L
**Laden** la tienda ▶ 5/A
**Lampe** la lámpara ▶ 2/B
**Land** el país ▶ 6/Ac
**lang** largo/-a ▶ 5/Ac; **langärmlig** de manga larga ▶ 5/Ac
**langsam** despacio *adv.* ▶ 4/C
**langweilen (sich)** aburrirse ▶ 4/A
**langweilig** aburrido/-a ▶ 2/B
**lassen** dejar ▶ 5/B; ***jdn* in Ruhe ~** dejar a *alguien* en paz ▶ 5/B; ***jdm* seinen Willen ~** dejar a *alguien* a su aire ▶ 7/A
**laufen** correr ▶ 3/Ac
**laut** alto/-a ▶ 5/Ac
**Lautstärke** el volumen ▶ 4/C; **in voller ~** a todo volumen ▶ 2/B
**leben (in)** vivir (en) ▶ 1/C
**Leben** la vida ▶ 4/Ac
**legen *(etw.)*** poner *algo* ▶ 4/A
**Lehrer/in** el/la profesor/-a (= el/la profe *fam.*) ▶ 1/Ac
**leiser stellen *(etw.)*** bajar *algo* ▶ 4/C
**lernen *(etw.)*** aprender *algo* ▶ 1/C estudiar ▶ 1/B
**lesen *(etw.)*** leer *algo* ▶ 1/C
**letzte/r, letztes** último/-a ▶ 6/A
***letztens*** *el otro día* ▶ Supl./B
**Leute** la gente *sg.* ▶ 1/Ac
**Liebe/r ...** *Brief* Querido/-a ... ▶ 7/B
**lieben *(etw./jdn)*** querer *algo/a alguien* (e → ie) ▶ 3/C
**lieber wollen *(etw.)*** preferir *algo* ▶ 2/C
**Lieblings-**(+ S.) favorito/-a ▶ 2/Ac;
**Lieblingsmusik** la música favorita ▶ 2/Ac
***Lied*** *la canción* ▶ Supl./B
**liegen** estar situado en ▶ 6/Ac
**links (von)** a la izquierda (de) ▶ 2/B
**Liste** la lista ▶ 3/C
**Löffel** la cuchara ▶ 5/B
**Lust auf *etw.* haben** ~ ganas de *algo* ▶ 2/A; **Lust haben, *etw.* zu tun** ~ ganas de + *inf.* ▶ 2/A
**lustig** divertido/-a ▶ 2/B; *Person* alegre ▶ 3/B

M
**machen *(etw.)*** hacer *algo* ▶ 2/C; **Das macht nichts.** No pasa nada. ▶ 4/B
**Mädchen** la chica ▶ 1/A
***Maisfladen*** *la arepa* ▶ 3/C
**Mal** la vez ▶ 5/B; **zum ersten ~** por primera vez ▶ 6/B
***Mama*** *la mamá fam.* ▶ 2/A
**manchmal** a veces ▶ 2/B
**Mannschaft** el equipo ▶ 4/B
**Mathematik** *Schulfach* Matemáticas *pl.* (= Mates *fam.*) ▶ 4/Ac
**mehr** más ▶ 7/B; **~ oder weniger** más o menos ▶ 1/A
**Mehrzahl (von *etw.*)** la mayoría (de *algo*) ▶ 2/C
**Meisterschaft** el campeonato ▶ 6/B
**Menge (eine) (...)** un montón (de *algo*) *fam.* ▶ 4/A
**merkwürdig** curioso/-a ▶ 2/B
**Meter** el metro ▶ 6/Ac
**Messer** el cuchillo ▶ 5/B
**mies** fatal *adv./adj.* ▶ 1/A
**Million** el millón ▶ 6/Ac
**Minute** el minuto ▶ 3/Ac
**Mischung** la mezcla ▶ 6/B

**mit** con ▶ 1/A; ~ **dir** contigo ▶ 2/C; ~ **mir** conmigo ▶ 2/C
**mitmachen (bei *etw.*)** apuntarse (a *algo*) ▶ 4/B
**mitnehmen (*etw./jdn*)** llevar *algo/a alguien* ▶ 5/Ac
**Mittag** el mediodía ▶ 3/C
**mittags** a mediodía ▶ 3/C
**Mode** la moda ▶ 5/A
**mögen (*etw.*)** gustar ▶ 4/B
**möglich** posible ▶ 2/B
**Moment** el momento ▶ 2/C; **im** ~ por el momento ▶ 6/A
**Monat** el mes ▶ 3/B
**morgen** mañana *adv.* ▶ 1/C; **Morgen** la mañana ▶ 3/Ac; **am Morgen** por la mañana ▶ 3/C
***Museum*** *el museo* ▶ Supl./B
**Musik** la música ▶ 2/Ac
***Musiker/in*** *el/la músico/-a* ▶ Supl./A
**müssen** necesitar *algo* ▶ 2/B; tener que + *inf.* ▶ 3/A
**Mutter** la madre ▶ 2/A
***Muttersprache*** *la lengua materna* ▶ Supl./A
**Mütze** la gorra ▶ 2/B

**N**
**na gut** bueno ▶ ¡Hola!
**Na und?** ¿Y qué? *fam.* ▶ 3/Ac
**Na, komm!** ¡Anda! *fam.* ▶ 7/A
**nach** a *Richtung* ▶ 3/A; *zeitlich* después de + *sust.* ▶ 4/A; *zeitlich* después de + *verbo* ▶ 6/B; ~ **Hause** a casa ▶ 2/A; ~ **Lust und Laune** a mi aire ▶ 5/C
**Nachbar/in** el/la vecino/-a ▶ 1/A
**nachher** luego ▶ 7/Ac
**Nachhilfe** *Schulfach* Tutoría ▶ 4/Ac
**Nachmittag** la tarde ▶ 3/A; **heute** ~ esta tarde ▶ 3/A; **am** ~ por la tarde ▶ 3/C
**Nachname** el apellido ▶ 2/Ac
**Nachricht** el mensaje ▶ 1/C; el recado ▶ 5/B
**Nacht** la noche ▶ 3/Ac; **nachts** por la noche ▶ 3/C
**Nachtisch** el postre ▶ 5/B
**nahe (...)** cerca (de ...) *adv./prep.* ▶ 6/Ac
**Name** el nombre ▶ 2/Ac
**natürlich** claro *adv.* ▶ 1/Ac; **Natürlich** (+ *Satz*). Claro que (+ *Satz*). ▶ 2/A
**Naturwissenschaften** *Schulfach* Ciencias Naturales *pl.* ▶ 4/Ac
**neben** al lado (de) ▶ 2/B
**nehmen (*etw.*)** tomar *algo* ▶ 1/B; coger ▶ 7/Ac
**nein** no ▶ 1/B
**nervös sein** estar nervioso/-a ▶ 4/A
**nett** majo/-a ▶ 3/B
**neu** nuevo/-a ▶ 1/A
**neugierig** curioso/-a ▶ 2/B
***neulich*** *el otro día* ▶ Supl./B

**nicht** no ▶ 1/B; ~ **mehr** ya no ▶ 2/C; ~ **nötig sein** No hace falta. ▶ 6/A; ~ **wahr?** ¿Verdad? ▶ 1/A
**nichts** nada ▶ 6/A; no ... nada ▶ 7/B
**nie** nunca ▶ 3/B; no ... nunca ▶ 7/B
**niemand** no ... nadie ▶ 7/B
**noch (immer)** todavía ▶ 1/B; ~ **einmal** otra vez ▶ 7/Ac
**Norden** el norte ▶ 6/Ac
**normal** normal ▶ 5/C
**Note** la nota ▶ 4/A; **(gute/schlechte)** ~ **bekommen** sacar (buenas/malas) notas ▶ 4/A
**Nummer** el número ▶ 2/Ac
**nur** sólo ▶ 4/Ac

**O**
**o.k.** bueno ▶ ¡Hola!; vale ▶ 2/A
**ob** si ▶ 5/C
**Obst** la fruta ▶ 6/Ac
**oder** o ▶ 1/B
**öffnen (*etw.*)** abrir *algo* ▶ 4/B
**Öffnungszeiten** el horario ▶ 4/Ac
***oft*** *a menudo* ▶ Supl./B
**ohne** sin + *sust.* / + *verbo* ▶ 5/C
**Onkel** el tío ▶ 7/A
***Orange*** *la naranja* ▶ Supl./A
**organisieren (*etw.*)** organizar *algo* ▶ 6/B
**Ort** el lugar ▶ 5/C; *el sitio* ▶ Supl./B
**Osten** el este ▶ 6/Ac

**P**
**P.S.** *P.D. (= posdata)* ▶ 4/A
**(ein) paar** unos/-as *pl.* ▶ 5/A
***Papa*** *el papá fam.* ▶ 2/A
**Park** el parque ▶ 1/Ac
**Party** la fiesta ▶ 1/Ac
**Pause** el recreo ▶ 1/B
**Person** la persona ▶ 6/Ac
**Petze** el chivato, la chivata *fam.* ▶ 5/C
**Piste** la pista ▶ 4/C
**Plan** el plan ▶ 7/A
**Plantage** la plantación ▶ 6/Ac
**Platz** la plaza ▶ 1/Ac
**plaudern** charlar ▶ 1/B
**plötzlich** de repente ▶ 1/C
**Pop** *Musik* el pop ▶ 2/Ac
**Portugiesisch** *Sprache* el portugués ▶ 6/Ac
**Post** *Amt* Correos ▶ 7/Ac
**Poster** el póster ▶ 2/B
**Prinzessin** la princesa ▶ 3/C
**pro** por ▶ 4/Ac
**proben (*etw.*)** ensayar *algo* ▶ 4/B
***probieren (etw.)*** *probar algo* (o → ue) ▶ Supl./A
**Problem** el problema *m.* ▶ 2/B
**Produkt** el producto ▶ 6/Ac
**Produzent/in** el/la productor/a ▶ 6/Ac
**Programm** el programa *m.* ▶ 6/A
**Projekt** el proyecto ▶ 6/B
**Prüfung** el examen ▶ 4/Ac; la prueba ▶ 4/B

**Pullover** el jersey ▶ 5/Ac
**Punkt** el punto ▶ 6/B; **(um) Punkt (... *Uhr*)** (la/s ...) en punto ▶ 3/Ac
**Pyrenäen** los Pirineos *pl.* ▶ 4/C

**R**
**Rap** el rap ▶ 2/Ac
**Rat** el consejo ▶ 5/C
**Raum** *Platz* el espacio ▶ 2/B
**rebellisch** rebelde ▶ 5/C
**Rechnung** la cuenta ▶ 6/A
**rechts (von)** a la derecha (de) ▶ 2/B
**Regal** la estantería ▶ 2/B
**Regel** la regla ▶ 6/B
**Region** la región ▶ 6/Ac
**regnen** llover (o → ue) ▶ 7/B
**reichen (*jdm etw.*)** pasar *algo a alguien* ▶ 5/B
**Reise** el viaje ▶ 6/B; **auf** ~ **sein** estar de viaje ▶ 7/Ac
**Religionsunterricht** Religión (= Reli *fam.*) ▶ 4/Ac
**rennen** correr ▶ 3/Ac
***Reportage*** *el reportaje* ▶ Supl./B
***Reporter/in*** *el/la reportero/-a* ▶ Supl./B
**Respekt** el respeto ▶ 6/B
**Resultat** el resultado ▶ 2/C
**Richtung** la dirección ▶ 2/Ac
**Rock** *Kleidung* la falda ▶ 5/Ac; *Musik* el rock ▶ 2/Ac
**Rollschuh laufen** patinar ▶ 7/A
**rosa** rosa ▶ 5/Ac
**rot** rojo/-a ▶ 3/C
**Rücken** la espalda ▶ 4/C
**Rucksack** la mochila ▶ 1/B
**ruhig** tranquilo/-a ▶ 3/B

**S**
**Sache** la cosa ▶ 3/B
**Saft** el zumo ▶ 6/Ac
**sagen (*etw.*)** decir *algo* ▶ 5/B, **Sag bloß!** ¡No me digas! ▶ 6/A
**Salat** la ensalada ▶ 5/B
**Salz** la sal *f.* ▶ 5/B
**satt haben (*etw./jdn*)** estar harto/-a (de *algo/alguien*) ▶ 4/A
**Schau mal!** ¡Mira! ▶ 1/A
**schick** de fiesta ▶ 5/A
**schicken (*etw.*)** mandar *algo* ▶ 2/C
**Schiedsrichter** el árbitro ▶ 6/B
**Schinken** el jamón ▶ 5/B
**schießen (ein Tor)** *Sport* meter (un gol) ▶ 4/B
**schlafen** dormir (o → ue) ▶ 3/C
**Schlange** *Personen* la cola ▶ 3/A
**schlecht** mal *adv.* ▶ 1/A; malo/-a *adj.* ▶ 2/C
**schlechtes Wetter sein** hacer mal tiempo ▶ 7/B
**schließen** cerrar (e → ie) ▶ 3/Ac
**schließlich** al final ▶ 3/B
**Schmerz** el dolor ▶ 4/C
**schmerzen** doler (o → ue) ▶ 4/C
**Schnee** la nieve ▶ 4/C

**schon** *doch* sí ▶ 1/A; *bereits* ya ▶ 3/B
**schön** bonito/-a ▶ 2/C
**Schrank** el armario ▶ 2/B
**schreiben** ***(etw.)*** escribir *algo* ▶ 1/C;
**schreien** gritar ▶ 6/B
**schüchtern** tímido/-a ▶ 3/B
**Schuh** el zapato ▶ 5/Ac
**Schule** el colegio (= el cole *fam.*) ▶ 3/C
**Schüler/in** el/la alumno/-a ▶ 1/B
***Schülerzeitung*** *el periódico escolar* ▶ Supl./B
**Schulfach** la asignatura ▶ 4/Ac
***schulisch, Schul-...*** *escolar* ▶ Supl./B
**schwarz** negro/-a ▶ 5/Ac
**schweigen** callarse ▶ 6/A
**Schwester** la hermana ▶ 2/A
**schwierig** difícil ▶ 2/B
***Second Hand-*** *(+ S.) de segunda mano* ▶ Supl./B
**See** el lago ▶ 6/A
**sehen** ***(etw.)*** ver *algo* ▶ 2/A
**Sehenswürdigkeit** el monumento ▶ 1/Ac
**sehr** muy ▶ 1/A; ~ **gut** *Schulnote* el sobresaliente ▶ 4/A
**sein** ser ▶ 1/A; *sich befinden* estar ▶ 2/A; **Es sind (34°).** Estamos a (34°). ▶ 7/B
**seit** + *Zeitangabe* desde ▶ 4/Ac; **seitdem** desde entonces ▶ 6/A
**Seite** la página ▶ 1/C; *räumlich* el lado ▶ 2/B
***seltsam*** *raro/-a* ▶ Supl./A
**servieren (*jdm etw.*)** poner *algo* a *alguien* ▶ 5/B
**Sicherlich** Seguro que (+ *Satz*). ▶ 5/A
**Sie** *Anrede* usted/es ▶ 1/A
**singen** ***(etw.)*** cantar *algo* ▶ 4/B
**Ski fahren** esquiar ▶ 4/C
**SMS** el SMS ▶ 2/C
**so** así ▶ 4/A; **so ... wie** *Vergleich tan ... como* ▶ Supl./A
**Sohn** el/la hijo ▶ 2/A
**Sommer** el verano ▶ 6/A; **Sommerferien** las vacaciones de verano *pl.* ▶ 7/A; **Sommerfestival** el festival de verano ▶ 6/A
**sondern** sino ▶ 6/B
**Sonne** el sol ▶ 7/B; **sonnig sein** hacer sol ▶ 7/B
**Sozialkunde** *Schulfach* Educación para la Ciudadanía y Derechos ▶ 4/Ac
**Spanien** España ▶ 1/B
**Spanisch** *Sprache* el español ▶ ¡Hola!
**spät** tarde *adv.* ▶ 3/C; **später** más tarde ▶ 5/B
***spazieren gehen*** *dar una vuelta* ▶ Supl./A
**Spiel** el juego ▶ 6/B; *Wettkampf* el partido ▶ 4/B
**Spielregel** la regla de juego ▶ 6/B
**spielen** *Instrument* tocar ▶ 1/C; *Sport, Spiel* jugar a (+ *sust.*, u → ue) ▶ 4/B

***Spießchen*** *el pincho* ▶ Supl./A
**Sport** el deporte ▶ 2/C; *Schulfach* Educación Física ▶ 4/Ac
**sportlich** deportista *inv.* ▶ 3/B
**Sprache** la lengua ▶ ¡Hola!
**sprechen (von)** hablar (de) ▶ 1/B
**Stadion** el estadio ▶ 1/Ac
**Stadt** la ciudad ▶ 1/Ac; **Stadtzentrum** el centro de la ciudad ▶ 1/Ac
**Stärke** el fuerte ▶ 4/A
**stattfinden** tener lugar ▶ 6/B
**stehen (*jdm* gut/schlecht)** quedar (bien/mal) a *alguien* ▶ 5/A
***Stell dir vor!*** *Ausruf ¡Imagínate!* ▶ 1/A; ¡Fíjate! ▶ 6/A
**stellen** ***(etw.)*** poner *algo* ▶ 4/A
**sterben (vor Hunger)** morirse (de hambre) ▶ 4/A
**Stimmung** la marcha *fam.* ▶ 7/A
**Stockwerk** el piso ▶ 2/A
**Strand** la playa ▶ 6/A
**Straße** la calle ▶ 2/Ac
**Streber/in** el empollón / la empollona ▶ 4/A
**Streit** la bronca ▶ 5/C; ~ **haben** tener bronca ▶ 5/C
**streiten** discutir ▶ 5/A
**streng** estricto/-a ▶ 4/A
**Student/in** el/la estudiante ▶ 1/Ac
**studieren** estudiar ▶ 1/B
**Stuhl** la silla ▶ 2/B
**Stunde** la hora ▶ 3/Ac
**Stundenplan** el horario ▶ 4/Ac
**stürzen** caerse ▶ 4/C
**suchen (*etw./jdn*)** buscar *algo*/a *alguien* ▶ 1/B
**Südamerika** América del Sur ▶ 6/Ac
**Süden** el sur ▶ 6/Ac
**super(gut)** super(bien) ▶ 1/A
**Supermarkt** el supermercado ▶ 7/Ac
**Surfen** el surf ▶ 7/B
**sympathisch** simpático/-a ▶ 3/B

## T

**Tag** el día ▶ 1/B
**Tagebuch** el diario ▶ 2/B
**Tante** la tía ▶ 7/A
**tanzen** bailar ▶ 3/A
**tausend** mil ▶ 6/B
**Teamwork** el trabajo en equipo ▶ 6/B
**teilen (*etw.* miteinander)** compartir *algo* ▶ 1/C
**teilnehmen (an *etw.*)** participar (en *algo*) ▶ 6/B
**Telefon** el teléfono ▶ 2/Ac; **ans ~ gehen** ponerse al teléfono U▶ 5/B
**telefonieren** hablar por teléfono ▶ 5/B
**Telefonnummer** el número de teléfono ▶ 2/Ac; **Wie ist deine ~?** ¿Cuál es tu número de teléfono? ▶ 2/Ac
**Teller** el plato ▶ 5/B
**teuer** caro/-a ▶ 5/A
**Theater** el teatro ▶ 4/B; **Theatergruppe** el grupo de teatro ▶ 4/B

**Tisch** la mesa ▶ 2/B
**Tischtennis** el ping-pong ▶ 4/B
**Tochter** la hija ▶ 2/A
**Tomate** el tomate ▶ 3/C
**Tor** *Sport* el gol ▶ 1/Ac; *Spielfeld la portería* ▶ 4/B; *Eingang* la puerta ▶ 4/B
***tod(müde) sein*** estar *muerto/-a* ▶ Supl./A
**Tourist/in** el/la turista *m./f.* ▶ 1/Ac
**Tradition** la tradición ▶ 7/B
**tragen** *Kleidung* llevar *algo* ▶ 5/Ac
**Training** el entrenamiento ▶ 4/B
**träumen (von *etw.*)** soñar (con *algo*, o → ue) ▶ 3/C
**traurig sein** estar triste ▶ 5/C
**Treffen** el encuentro ▶ 1/Ac
**treffen (sich mit *jdm*)** quedar (con *alguien*) ▶ 2/C; encontrarse con *alguien* ▶ 6/A
***Treppe*** *la escalera* ▶ Supl./B
**trinken** ***(etw.)*** tomar *algo* (*Getränk*) ▶ 1/B; *beber algo* ▶ Supl./A
***Trommel*** *el tambor* ▶ Supl./B
***trommeln*** *tocar el tambor* ▶ Supl./B
**T-Shirt** la camiseta ▶ 3/B
**Tür** la puerta ▶ 4/B
**Turnschuhe** las zapatillas (de deporte) *pl.* ▶ 5/Ac
**typisch** típico/-a ▶ 6/Ac

## U

**üben** ***(etw.)*** ensayar *algo* ▶ 4/B
**über** de ▶ ¡Hola!; sobre ▶ 4/A
**überqueren** ***(etw.)*** cruzar *algo* ▶ 7/Ac
**Überraschung** la sorpresa ▶ 2/C; **Überraschungsparty** la fiesta sorpresa ▶ 2/C
**überwachen (*etw./jdn*)** controlar *algo*/a *alguien* ▶ 5/C
**Uhrzeit** la hora ▶ 3/Ac
**Um wie viel Uhr?** ¿A qué hora? ▶ 3/Ac
**um ... Uhr** *Uhrzeit* a la/s ... ▶ 3/Ac
**um zu** + *Inf.* para + *inf.* ▶ 2/B
**Umarmung** el abrazo ▶ 7/B
**Umkleidekabine** el probador ▶ 5/A
**umso besser (für *jdn*)** menos mal (para *alguien*) ▶ 1/B
**umziehen (sich)** cambiarse ▶ 5/A
**unabhängig** independiente ▶ 5/C
**und** y ▶ ¡Hola!; e *vor hi- und i-* ▶ 4/Ac
**ungefähr** (+ *Zahl*) unos/-as *pl.* ▶ 5/A
**Uniform** el uniforme ▶ 3/C
**Universität** la universidad ▶ 1/Ac
**unter** debajo (de) ▶ 2/B
**unterhalten (sich)** charlar ▶ 1/B
**Unterricht** la clase ▶ 1/B
**unterschiedlich** diferente ▶ 2/B

V

**Vater** el padre ▶2/A
***verändern (etw.)*** *cambiar algo* ▶Supl./B
**verantwortlich (für *etw./jdn*)** responsable (de *algo/alguien*) ▶5/C
**verbrennen** quemar ▶7/B
**verbringen (viel Zeit in ...)** pasar (mucho tiempo en ...) ▶1/C
**verdienen *(etw.)*** ganar *algo* ▶6/B
**vergangen/e/s** pasado/-a ▶6/B
**vergehen** *Zeit* pasar ▶4/C
**vergessen *(etw.)*** olvidar *algo* ▶7/A
**Verhalten** el comportamiento ▶6/B
**Verkäufer/in** el/la vendedor/-a ▶5/A
**verlaufen (sich)** perderse (e → ie) ▶6/A
**verlieren *(etw.)*** perder *algo* (e → ie) ▶7/B
**vermissen (*etw./jdn*)** echar de menos *algo / a alguien* ▶3/B
**versetzen (sich in *jdn* hinein)** ponerse en el lugar de *alguien* ▶5/C
**verstecken *(etw.)*** esconder *algo* ▶2/B
**verstehen (*etw./jdn*)** comprender *algo* / a *alguien* ▶1/C; entender *algo* / a *alguien* (e → ie) ▶4/A; **sich mit *jdm* gut/schlecht ~** llevarse bien/mal con *alguien* ▶5/A
**verstummen** callarse ▶6/A
**Verzeihung!** ¡Perdona! ▶7/Ac
**verzichten können (auf *etw.*)** pasar de *algo* ▶3/A
**Video** el vídeo ▶1/C
**viel** mucho *adv.* ▶1/C; mucho/-a *adj.* ▶4/A
**Viertel** *Stadt* el barrio ▶6/B
**voll** estar lleno/-a ▶7/A
**Volleyball** el voleibol ▶4/B
**von** de ▶¡Hola!; **~ ... bis ...** desde ... hasta ... ▶4/Ac
**vor** *räumlich* delante (de) ▶4/B; **Es ist ... vor (... Uhr).** Son las (...) menos ... ▶3/Ac; **vor** + *S. zeitlich* antes de + *sust.* ▶6/A; **vor** + *Verb zeitlich* antes + *verbo* ▶6/B; **vor** + *Zeitangabe* hace + *Zeitangabe* ▶6/A
**vor allem** sobre todo ▶3/B
**vorbeikommen an *(etw.)*** pasar por *algo* ▶6/A
**vorbereiten *(etw.)*** preparar *algo* ▶1/C
**vorher** antes *adv.* ▶5/C
**Vorname** el nombre ▶2/Ac
**Vorspielen** la prueba ▶4/B
**vorziehen** + *Inf.* preferir *algo* (a *algo*) ▶2/C

W

**Wahlfach** Optativa ▶4/Ac
**Wahrheit** la verdad ▶1/A
**Wand** la pared ▶2/B
**Wann?** ¿Cuándo? ▶3/B
**Wärme** el calor ▶7/B
**warten (auf *etw./jdn*)** esperar *algo* / a *alguien* ▶2/A
**Warum?** ¿Por qué? ▶3/A
**Was (für)?** ¿Qué? ▶1/B; **~ bedeutet ...?** ¿Qué significa... ? ▶1/B; **~ du nicht sagst!** ¡No me digas! ▶6/A; **~ für ein/e ...!** ¡Vaya...! *fam.* ▶3/Ac; **~ für ein Zufall!** ¡Qué casualidad! ▶1/A; **~ ist (mit dir) los?** ¿Qué (te) pasa? ▶3/B; **~ ist dein Lieblingsfach?** ¿Cuál es tu asignatura favorita? ▶4/Ac
**Wasser** el agua *f.* ▶5/B
**wegen** por ▶5/A
**weggehen** irse ▶3/C
***wegschlagen (den Ball)*** *sacar el balón* ▶4/B
**weh tun** doler (o→ ue) ▶4/C
**weil** porque ▶3/A
***Weile*** *el rato* ▶Supl./B
**weiß** blanco/-a ▶4/C
**weit** *Kleidung* ancho/-a *adj.* ▶5/A; **~ (weg)** lejos (de) *prep./adv.* ▶7/Ac
**weitergehen** seguir (e → i) ▶7/Ac
**Welche/r, Welches** + *S.***?** ¿Qué (+ *sust.*)? ▶¡Hola!; ¿Cuál/es? ▶5/Ac
**Welt** el mundo ▶2/Ac
**wenig** poco/-a *adj.* ▶4/A
***weniger ... als*** *(Vergleich) menos ... que* ▶Supl./A
**wenigstens** al menos ▶6/B
**(immer) wenn** cuando + *ind., conj.* ▶5/C
**Wer?** ¿Quién? *sg.* ▶1/A; ¿Quiénes? *pl.* ▶1/B; **~ ist am Apparat?** *Telefonieren* ¿De parte de quién? ▶5/B
**werden (... Jahre alt)** cumplir ... años ▶3/B; ***knallrot* ~** ponerse rojo/-a como un tomate ▶3/C; **zum Nervenbündel ~** ponerse como un flan ▶4/B
**werfen (ein Tor)** *Sport* meter (un gol) ▶4/B
**Westen** el oeste ▶6/Ac
**Wetter** el tiempo ▶1/C
**wichtig** importante ▶2/C
**wie** como ▶1/A
**Wie?** ¿Cómo? ▶¡Hola!; **~ alt bist du?** ¿Cuántos años tienes? ▶2/Ac; **~ ärgerlich!** ¡Qué rollo! *fam.* ▶2/A; **~ bitte?** ¿Cómo? ▶7/Ac; **~ geht's?** ¿Qué tal? ▶¡Hola!; **~ ist dein Nachname?** ¿Cuál es tu apellido? ▶2/Ac; **~ ist deine Telefonnummer?** ¿Cuál es tu número de teléfono? ▶2/Ac; **~ peinlich!** ¡Qué corte! ▶5/C; **~ sagt man ... auf Spanisch?** ¿Cómo se dice... en español? ▶1/B; **~ schreibt man das?** ¿Cómo se escribe? ▶1/B
**Wie viel macht das?** ¿Cuánto es? ▶5/A; **Wie viel Uhr ist es?** ¿Qué hora es? ▶3/Ac; **Wie viele Stunden ...?** ¿Cuántas horas...? ▶4/Ac
**wieder (schon)** otra vez ▶7/Ac
**wiederholen *(etw.)*** repetir *algo* (e → i) ▶7/Ac
**willkommen in ...** bienvenido/-a a ... ▶1/Ac
**Wind** el viento ▶7/B
**windig sein** hacer viento ▶7/B
**Windjacke** la cazadora ▶5/Ac
**Winter** el invierno ▶4/C
**wissen *(etw.)*** saber *algo* (yo sé) ▶4/C
**Witz** el chiste ▶4/C
**witzig** gracioso/-a ▶3/B
**Wo?** ¿Dónde? ▶1/C
**Woche** la semana ▶2/C
**Wochenende** el fin de semana ▶3/B
**Woher?** ¿De dónde? ▶¡Hola!
**Wohin?** ¿Adónde? ▶3/A
**wohnen (in** *S.***)** vivir (en + *sust.*) ▶1/C
**Wohnung** la casa ▶1/C; el piso ▶2/A
**Wohnzimmer** el salón ▶2/A
**wollen *(etw.)*** querer *algo* (e → ie) ▶2/C
**womöglich** a lo mejor ▶7/A

Z

**Zahl** el número ▶2/Ac
**zählen *(etw.)*** contar *algo* (o → ue) ▶3/B
***zeigen (jdm etw.)*** *enseñar algo* a *alguien* ▶Supl./A
**Zeit** el tiempo ▶1/C; **die ganze ~** todo el tiempo ▶6/A
**Zeitschrift** la revista ▶4/B
***Zeitung*** *(Tageszeitung) el periódico* ▶Supl./B
**Zentrum** el centro ▶1/Ac
**ziemlich** bastante ▶2/B
**Zimmer** la habitación ▶2/A
**zu (viel/sehr)** demasiado ▶5/C
**zu Hause (bei *jdm*)** en casa (de *alguien*) ▶1/C
**Zucker** el azúcar ▶6/Ac
**zuerst** primero ▶3/C
**zufrieden** estar contento/-a ▶4/A
**zuhören *(jdm)*** escuchar a *alguien* ▶1/B
**zum Beispiel** por ejemplo ▶Supl./B
**zum Glück** menos mal (que) ▶1/B
**zurückkehren** volver (o → ue) ▶3/B
**zusammen** juntos/-as ▶3/B
**zweite/r, zweites** segundo/-a ▶4/A
**zwischen** entre ▶6/B

**Bildquellen:**
© 123RF: S. 134 (oben links), S. 134 (Mitte), S. 104 (oben rechts), S. 127 (unten), S. 118 (links) – andalucia imagen: © Blanes, S. 122 (oben); © Blasco, S. 134 (unten rechts); © F.Pizarro, S. 123 (oben rechts); © Sitjas, S. 142 (2.v.oben) – © Comstock RF, S. 27 (salchicha), S. 27 (frutas) – © Corbis/Reuters/ALBEIRO LOPERA, S. 176 (oben) – Corbis RF: © Hollingsworth, S. 9 (unten) – © Cornelsen, Alonso, S. 90 (oben links), S. 90 (unten links) – © Cornelsen, Amann, S. 26, S. 55, S. 56, S. 117, S. 118 (oben), S. 137 (oben), S. 176 (rechts) – © Cornelsen, Delgado, S. 46, S. 139 (oben), S. 142 (unten) – © Cornelsen, Grimm, S. 27 (bomboneria), S. 63 (links) – © Cornelsen, Hantschel, S. 94 (links) – © Cornelsen, Miller, S. 133 (unten) – © Cornelsen, Moehring, S. 104 (unten) – © Cornelsen, Petter, S. 27 (panaderia), S. 147 (4.v.links) – © Cornelsen, Rathsam, S. 27 (charcuteria), S. 94 (rechts), S. 123 (oben links), S. 173 (rechts), S. 174 (unten rechts), S. 175 – © Cornelsen, Reifenstein, S. 27 (correos), S. 27 (restaurante), S. 27 (supermercados), S. 27 (farmacia), S. 64 oben – © Cornelsen, Revenga Folch, S. 142 2.v.unten – © Cornelsen, Sierra Puparelli, S. 8 (links), S. 10 (5), S. 10 (7), S. 11 (8), S. 11 (9), S. 13, S. 14, S. 15, S. 28, S. 29 (oben), S. 34, S. 35 (rechts), S. 51, S. 54, S. 66, S. 67, S. 69 (unten), S. 70, S. 73, S. 77, S. 86, S. 87, S. 88, S. 92, S. 98, S. 102 (oben), S. 120, S. 121, S. 122 (unten), S. 123 (unten), S. 129, S. 138 (links) – © digitalstock, S. 27 (bocadillo) – © flickr/creative commons Lizenz: kontour-travel.com, S. 105 (links) – © flickr/creative commons Lizenz: nati_fg, S. 114 – © Fotolia.com, S. 27 (pan), S. 27 (curitas), S. 69 (oben), S. 69 (2. v. oben), S. 104 (Banane), S. 90 (oben rechts), S. 102 (unten), S. 75 (links), S. 147 (2.v.rechts), S. 133 (B rechts), S. 156 (B rechts), S. 75 (rechts), S. 135 (Mitte), S. 104 (Pitaya), S. 90 (unten Mitte links), S. 104 (Ananas) – © Fremdenverkehrsamt Spanien, S. 138 (unten rechts) – © iStockphoto, S. 27 (caramelos), S. 35 (links), S. 69 (2.v.unten), S. 154, S. 135 (oben), S. 174 (oben), S. 147 (2.v.links), S. 104 (Guanabana), S. 104 (Papaya), S. 102 (Mitte 2.v.links), S. 147 (3.v.links) – © iStockphoto/Alphotographic, S. 138 (oben) - © iStockphoto/digitalimagination, S. 147 (links) – © Jesús Mariano Pérez, S. 11 (3) – © shutterstock S. 133 (B rechts), S. 156 (B rechts), S. 126, S.174 (links), S. 90 (unten Mitte rechts), S. 133 (B links), S. 156 (B links), S. 90 (unten rechts), S. 102 (Mitte links), S. 102 (Mitte 2. v. rechts), S. 103, S. 90 (oben Mitte), S. 102 (Mitte rechts), S. 118 (unten), S. 147 (rechts), S. 64 unten, S. 133 (A links), S. 156 (A links), S. 104 (oben links), S. 133 (A oben), S. 156 (A oben) – © Shutterstock/AndrusV , S. 173 (links) – © Staatliches Fremdenverkehrsamt Spanien, S. 139 (rechts) – © Unión Deportiva Salamanca S.A.D., S. 11 (4) – wikimedia commons/Creative Commons Lizenz 1.0: © Mediavilla Ezquibela, S. 85 – wikimedia commons/Creative Commons Lizenz: © Gòmez, S. 118 Mitte – © wikimedia commons/GNU Lizenz für freie Dokumentation/Rikouman, S. 10 (1) – wikimedia commons/GNU Lizenz für freie Dokumentation: © Cityzen, S. 63 (rechts) – wikimedia commons/GNU Lizenz für freie Dokumentation: © Piola, S. 127 (oben rechts) – wikimedia commons/GNU Lizenz für freie Dokumentation: © Tequendama, S. 107 – © wikimedia commons: gemeinfrei, S. 139 (unten).

© Alamy/Paul Lindsay, S. 142 (oben) – © Alamy/speedpix, S. 27 (fruteria) – © Avenue Images, S. 9 (oben), S. 29 (unten) – © Barbara Mürdter, S. 45 (unten) – © Collection Christophel, S. 47 (links), S. 53 (rechts) – Corbis: © Jon Hicks, S. 127 (oben links) – Corbis: © Peter Adams, S. 10 (6) – Corbis: © Ward, S. 134 (oben) – Marka: © Fabio Braibanti, S. 105 (rechts) – © Mauritius Images/AGE, S. 8 (rechts), S. 10 (2), S.47 (rechts), S. 134 (unten links) –Mauritius Images: © Pöhlmann, S. 8 (Mitte) – © picture alliance/dpa, S. 135 (unten) – © Sipa Press/Newscom, S. 45 (oben) – ullstein bild: © Engelke, S. 45 (2.v.oben) – Zeitenspiegel: © Ullrich Reinhardt, S. 111.

**Cover:**
© Editorial Planeta / Fondo F. Català-Roca / Archivo Fotográfico AHCO-AC / Compañia, S. 53 (Mitte) – © Wrasse Records Ltd., 2005 Via Lactea / La marmita, S. 53 (links).

**Liedtext:**
© Tronco Records S. L. ED Musicales, Neue Welt Musikverlag GmbH, Hamburg, S. 85.

SALAMANCA
Gta. de la Brigada Caballería Jarama
Avenida de Portugal
Avenida de Italia
Paseo del Doctor Torres Villaroel
Avenida de Portugal
Avenida de Villamayor
Plaza Maestro García Bernal
Plaza del Oeste
Puerta de Zamora
Avenida de Mirat
Plaza des las Carmelitas
Paseo de las Carmelitas
Avenida Filiberto Villalobos
Avenida de Champagnat
Calle de Zamora
San Boal
Plaza de la Fuente
Pl. de Los Bandos
Calle de Toro
Calle de la Gran Vía
Correos
Campo de San Francisco
Paseo de San Vicente
Iglesia de la Vera Cruz
CO. DE LAS ÚRSULAS
C. de Bordadores
CASA DE DOÑA Mª LA BRAVA
Iglesia del Carmen de Arriba
Pl. de la Libertad
TORRE DEL AIRE
Pl. de la Constitución
COLEGIO ARZOBISPO FONSECO
Pl. de los Irlandeses
CASA DE LAS MUERTES
PALACIO DE MONTERREY
CO. SEXMEROS DE LA TIERRA
Sancti Spíritus
Calle Prior
Plaza Mayor
San Blas
RESIDENCIA SANITARIA VIRGEN DE LA VEGA
HOSPITAL GERIÁTRICO
Calle de García Tejado
Calle Ancha
C. Compañía
C. del Prado
SAN JULIÁ N
Iglesia de la Purísima
San Martín
Pl. Isla de la Rúa
Pl. de San Cristóbal
Calle de Cervantes
COMEDOR UNIVERSITARIO
UNIVERSIDAD PONTIFICIA
CLERECÍA
CASA DE LAS CONCHAS
Rúa Mayor
PALACIO DE LA SALINA
Calle de San Pablo
Calle de San Justo
Calle de la Gran Vía
FACULTAD DE GEOGRAFÍA E HISTORIA
PALACIO DE CONGRESOS Y EXPOSICIONES
TORRE DEL CLAVERO
Pl. de Colón
Santísima Trinidad
CONVENTO DE SAN ROMÁN
Calle de la Empedrada
Parque Arqueológico Cerro de San Vicente
Plaza de La Palma
Pl. de Fray Luis de León
MUSEO DE SALAMANCA
CASA-MUSEO DE UNAMUNO
Pl. de Anaya
COLEGIO ANAYA
CONVENTO DE LAS DUEÑAS
Plaza de los Basilios
Iglesia Convento de las Claras
Paseo de
Vaguada
Catedral Nueva
Catedral Vieja
Calle de San Gregorio
Casa Lis
Huerto de Calixto y Melibea
Iglesia Convento de San Esteban
Paseo
Pta. de San Pablo
Paseo del Rector Esperabé
Gta. Ciudad de Brujas
Puente Romano
Tormes
0
100
200
30